本书为广东省国际传播青年人才培养基地第一批培养对象深化扶持培养项目成果,得到广东省2018年文化繁荣发展专项资金(第七批)的资助。

构建广东全面开放新格局深调研

基于城市与文化传播的视角

朱颖 主编

中国社会科学出版社

图书在版编目（CIP）数据

构建广东全面开放新格局深调研：基于城市与文化传播的视角 / 朱颖主编．—北京：中国社会科学出版社，2020.5

ISBN 978-7-5203-5663-3

Ⅰ.①构… Ⅱ.①朱… Ⅲ.①改革开放—研究报告—广东 Ⅳ.①D619.65

中国版本图书馆 CIP 数据核字（2019）第 259097 号

出 版 人	赵剑英
责任编辑	陈肖静
责任校对	刘　娟
责任印制	戴　宽

出　　版	中国社会科学出版社
社　　址	北京鼓楼西大街甲158号
邮　　编	100720
网　　址	http://www.csspw.cn
发 行 部	010-84083685
门 市 部	010-84029450
经　　销	新华书店及其他书店

印　　刷	北京明恒达印务有限公司
装　　订	廊坊市广阳区广增装订厂
版　　次	2020年5月第1版
印　　次	2020年5月第1次印刷

开　　本	710×1000　1/16
印　　张	20.5
插　　页	2
字　　数	295千字
定　　价	99.00元

凡购买中国社会科学出版社图书，如有质量问题请与本社营销中心联系调换
电话：010-84083683
版权所有　侵权必究

目　录

上　篇　国际传播系列

广东企业怎样成功地走进非洲
　　——四家广东企业的非洲投资策略调研
　　　………………… 赵鹏　唐佩阳　李林　肖隆辉　陈燕敏（3）
联结中泰：泰国新华商社团的角色与作用
　　——基于对泰国华人青年商会的调研
　　　　　　　　　　　　　 杨宗楷　方晓旻　胡良光（34）
广东媒体国际传播现状与对策研究
　　——以南方报业传媒集团和广东广播电视台为例
　　　………………………… 王豪菁　邓少涛　涂晓峰（58）
粤港澳大湾区国际形象建构策略研究
　　………………………………… 万婧　王倩　连超（78）
地级市国家级非物质文化遗产走出国门的现状和困境调研
　　——以佛山市、清远市、梅州市为例
　　　………………………………… 莫璇　黄扬梅　黄焱（99）
广东品牌的国际传播路径探索
　　——以深圳、珠海"走出去"企业为例
　　　………………………………… 钟夏　丘倩怡　孙锦（126）

下 篇 区域文化系列

"广东县级融媒建设现状与需求"调研报告
　　——基于"五重维度"框架之下的综合分析
　　……………………………… 毛玉西　蔡文捷　罗丽婷（145）
关于近五年来珠三角地区海外引智政策与成效的调查
　　……………… 王凯　关韵　黄洁华　李莹丹　孙启辉（167）
论历史名人资源与城市形象建构和推广
　　——基于中山、茂名、惠州三地的调研
　　………………… 池溶　叶倩儿　裘蓓蓓　刘佳　谢杭丽（198）
香港、澳门回归后中小学国民教育发展情况的调研报告
　　………………………………………… 辛灵　周莉　谭晶（228）
生态保护地区实现高质量发展的路径探索
　　——以广东韶关、河源、云浮为例
　　………………… 温盛远　梅天恩　刘远朋　罗娉婷　陈烨（256）
广东省大学生网络意识形态安全教育现状及对策
　　——基于广东省35所高校的调研
　　………………… 朱颖　林紫晴　李嘉颖　蔡妙妙　郑雅（287）

上 篇
国际传播系列

广东企业怎样成功地走进非洲
——四家广东企业的非洲投资策略调研

赵鹏　唐佩阳　李林　肖隆辉　陈燕敏[*]

【摘要】 近年来，中国与非洲之间的投资贸易合作越来越繁荣，而"一带一路"倡议的提出更是为中国企业走进非洲提供了一个契机。如何成功走进非洲，成为了中国企业需要面对的一个难题。本报告选取了四家具有代表性的广东企业作为案例进行研究分析，总结了中国企业在非洲投资的经验与不足之处。

【关键词】 中非合作；走出去；本土化；抱团发展

一　前言

（一）中国企业走进非洲的紧迫性

2018年9月3日，中非合作论坛北京峰会隆重开幕。从传播层面而言，这是中非合作论坛机制成立18年以来，最受各方关注的一届论坛。过去18年，中国同非洲的双边贸易额、中国对非洲的投资额等数据都取得突飞猛进的增长：论坛启动当年，中非双边贸易额刚超过100亿美元。

---

[*] 【作者简介】赵鹏，男，羊城晚报社要闻部国际新闻编辑室编辑；唐佩阳，女，广东新快报社编辑；李林，女，广州广播电视台纪录片中心主管，高级编辑；肖隆辉，广东外语外贸大学新闻与传播学院硕士研究生；陈燕敏，广东外语外贸大学新闻与传播学院硕士研究生。

到2017年，中非贸易额达到了1,700亿美元，同比增长14%，中国对非洲投资累计存量已超过1,000亿美元。党的十八大以来，中非在贸易和投资便利化领域的合作更是势头强劲。中国在非洲通过商务部认证考核的经贸合作区有4个，占20个境外经贸合作区的五分之一。

中非投资贸易合作近年来的繁荣主要有三个原因。一是非洲营商环境进一步改善。近年来，非洲一体化速度加快，非洲大陆的自由贸易区建设、单一航空运输市场建设以及非洲人员和商品自由流动都在提速。二是伴随国家出台政策鼓励发展境外经贸合作区以及"一带一路"倡议的提出，政策上的利好与经济上的潜力促使中国企业纷纷"出海"。三是随着中国经济的发展和工资水平的提高，不少劳动密集型的加工业在国内难以生存，需要转移到工资较低地区。北京大学国家发展研究院教授林毅夫认为，当今世界唯有非洲能承接中国劳动密集型加工业的转移，这也是双赢之举。2018年4月，从事对非经贸工作30多年的商务部前副部长、中国国际经济交流中心副理事长魏建国就在"中国与非洲投资环境与机遇研讨会"上指出，"一带一路"背景下的今天是"中国企业走进非洲的最好时期""如果民营企业在未来五到十年内，还未在'一带一路'尤其中非这一块走出去，将是我们整个民企的最大损失"。

中国企业有走向非洲的必要性与重要性，问题在于，现在要如何走进非洲？对此，在作为中国改革开放前沿的广东，在作为国内率先响应"一带一路"倡议的区域之一，广东当地的企业就在中非合作贸易成果中占据了举足轻重的地位。

官方公开数据显示，2017年，广东省对非洲外贸进出口额为2,493.93亿元人民币。同年底，广东在非洲设立境外企业已累计达244家。仅2017年，广东在非洲投资新增企业29家，新增数量仅次于亚洲、北美洲、欧洲，在全球新增企业总数中占比约4%。2017年，广东企业在非洲协议投资额为36,857万美元，同比上升14.03%，广东企业实际投资额6,492万美元，同比上升85.04%。值得注意的是，对非实际投资额在全球各大洲中同比增长最多、最显著，除拉丁美洲小幅增加6.54%外，广东企业对其他大洲实际投资额都大幅下降。①

表1　　　　　　　　2017年广东对外投资市场结构

地区	对外投资实际投资额（亿美元）	占投资总额比重（%）
亚洲	53.4	61
拉丁美洲	8	9.1
北美洲	5.7	6.5
欧盟	2.4	2.8
大洋洲	1.4	1.6
非洲	0.65	0.7

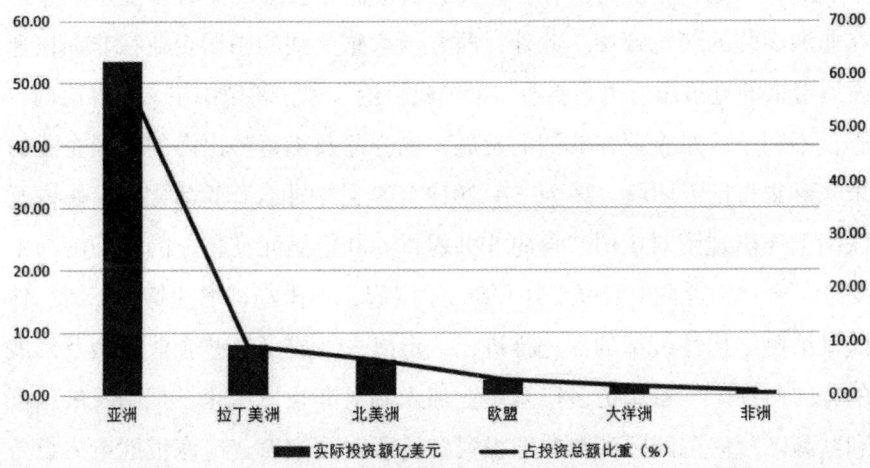

图1　广东对外投资市场结构

数据来源：《广东商务年鉴》。

广东民营企业在非投资的活跃程度与良好前景与国际咨询机构麦肯锡公司于2017年6月30日发布的一项调查报告内容相契合。该调查指出，在非洲投资兴业的中国企业已超过一万家，这一万家企业中九成为规模

---

① 王倩：《去年广东企业在非实际投资6,492万美元　同比激增85%》，羊城派2018年9月3日，http://news.ycwb.com/2018-09/03/content_30081348.htm。

不一、业务多元的私营企业，其中有三分之一为制造业企业。麦肯锡报告还指出，中国企业在非洲投资的盈利相当可观。在1,000家受访企业中，有近1/4表示在一年甚至更短的时间里便能收回初始投资，有近1/3的企业利润率超过20%。① 从贸易、投资到高层次的技术输出，广东与非洲之间的距离在不断拉近。如2018年3月，云从科技与津巴布韦政府签署战略合作框架协议，预示着广州的人工智能技术首次出口到非洲。

然而，广东企业入非并非永远一帆风顺，也不可能一直处在天时地利人和的完美投资环境下。长期以来，在国际上，甚至在非洲当地，广东企业乃至中国企业都还面临着有好故事讲不出来，有好做法被人歪曲的舆论困境。尤其当宏观经济出现下行趋势时，非洲国家投资环境中的不利因素凸显，企业自身存在的问题会暴露，会在一定程度上影响企业在非洲面临的舆论环境。此外，西方国家感受到的中国企业在非洲快速发展带来的竞争压力也会制造"中国威胁论"和"新殖民主义"等论调，不仅不利于广东企业在非洲的发展，也会危及正蓄势出海的中国企业的未来形象与投资环境。甚至，在2018年9月中非合作论坛之际，国内互联网上还出现了对中国"再向非洲提供600亿美元支持"的不理解与不支持声音。与此同时，从2010年一季度起，中国经济增速持续下滑。伴随供给侧结构性改革的深化推进，"走出去"成了一些企业转型及发展的方向所在。"希望更多广东企业加入到对非投资中来，抱团发展，互利共赢。"广东国际商会非洲投资贸易联盟副主席、广东世能电力设备集团有限公司董事长侯建雄如是说。

魏建国则指出，目前想要投资非洲的中国企业仍存焦虑，他将此问题的原因归纳为两个不对称。第一个是信息不对称，主要是包括项目、贷款、市场、政策等信息不对称。第二个是路线不对称，想去非洲投资该找谁，找哪些部门，是自己去还是组团去，是去工业区还是自己单独

---

① 降蕴彰：《麦肯锡：中国投资非洲九成是民企 1/4国企亏损》，财经网2017年7月2日，http://money.163.com/17/0702/14/COBLSN83002581PP.html。

买地建厂，没有明确的路线。①入非面临着机遇、不确定的未来、巨大的风险、丰厚的利润……那些取得阶段性成功的先行者又有什么经验可以反馈给后来者呢？本报告分析了中国企业走进非洲面临的风险与启示，以深圳华为、珠海星汉智能、广东新南方集团和深圳传音手机这四家在对非投资中取得丰硕成果的广东民营企业为调研对象，充分解析在新时代新背景及新的国际政治经济环境下，在非洲这块同时蕴含巨大商机与风险的热土上耕耘收获，民营企业需要怎样的准备及对策。

（二）中国企业走进非洲面临的主要风险

非洲固然是一片投资与发展的热土，但在大多数普通国人眼里也是"未开化""贫瘠""危险"的代名词。2017年，国产电影《战狼2》票房大火，就有熟悉非洲现状的媒体人指出，经过艺术加工的电影并不等同于现实。《战狼2》里的故事发生的所在地位于非洲某国，很大程度反映了中国人对非洲的刻板印象：狮子与大草原、疫病横行、战火纷飞、政局不稳……如果以为《战狼2》里的非洲就是现实版的非洲，中国人恐怕永远都不想踏上这块土地。

事实上，进入新世纪后，非洲大陆实际上整体是在由乱趋稳，经济连续多年快速增长——1995—2014年间，非洲经济年均增长5%左右，发展速度仅次于东亚板块，呈现出勃勃生机。在《羊城晚报》2018年9月的一篇报道中，尼日利亚广东经济自贸区负责人邓愚指出，广东民企已经错失了不少在非洲发展的"头啖汤"。相比之下，江浙、福建甚至北方内陆省份的不少民企更为积极，做到了广东企业没有做到的事，"现在不少企业家心态偏于安逸，而且对非洲的了解不足，负面印象太多，导致错失了一些机会"。广东人有敢为天下先的精神，有"勇闯非洲"念头的企业势必前赴后继，但摆脱对非洲的刻板印象、识别真实风险这一步是不可或缺的。

---

① 魏建国：《现在是中国企业走进非洲的最好时期》，金融网2018年6月8日，https://hcggg.com/rong/495300.html。

1. 政策法律风险

非洲国家有被殖民的历史，虽然相对落后，但是由于在殖民历史中受欧洲文化的影响，其法律制度建设事实上又颇为复杂和发达。相关政策的不透明及对当地法律法规的不熟悉，或对目的国政策变动的预期与准备不足，已成为广东乃至中国企业进入非洲的主要障碍。

中信保广东分公司项目险处处长蒋韶华曾举例说，不少广东企业在国外投资时，既买了地也做了充分的计划，但是当前期工作基本完成后，目的国产业政策突然发生大幅调整，不仅补贴没有拿到，前期工作投入的大笔资金也收不回，往往损失惨重。可见，单个企业对投资目的国产业政策变动的防范能力是很弱的。又如2017年4月27日，摩洛哥工业、投资、贸易和数字经济部发布公告，裁定自中国等国进口的冰箱产品存在倾销，对自中国进口产品征收税率为27.56%的临时反倾销税。根据2016年的数据，我国对摩洛哥出口冰箱占比最大的企业正是广东顺德的海信科龙电器股份公司。虽然海信科龙电器股份公司2016年出口摩洛哥冰箱台数为2,188台，相较于整个行业的产量来说影响不算巨大，但摩洛哥是第一个对我国家电产品进行反倾销的北非国家，业内更关注的是非洲新兴经济体在政策保护上的"蝴蝶效应"。如今，还有部分非洲国家政府出台政策，严格限制中国在非投资。

2. 安全风险

中国社科院经济所2018年10月发布的报告指出，当前非洲安全形势较之冷战期间和冷战结束初期已大为改善。目前来看，除南苏丹、中非共和国、刚果（金）东部、马里北部等少数国家和地区仍有局部冲突外，非洲国家进入独立以后较为稳定的阶段。总体和平的局面为非洲国家经济增长奠定了基础。

但是，由于历史及大国地缘政治博弈、国内党派相争等原因，非洲国家的政局又往往容易陷入动荡。这给在当地投产的中资企业带来了巨大的挑战与风险。比如以中石油为代表的中国企业就因2011年的利比亚政治动荡，直接终止了其在利比亚大量的已建和在建海外项目，损失据统计达数十亿元。

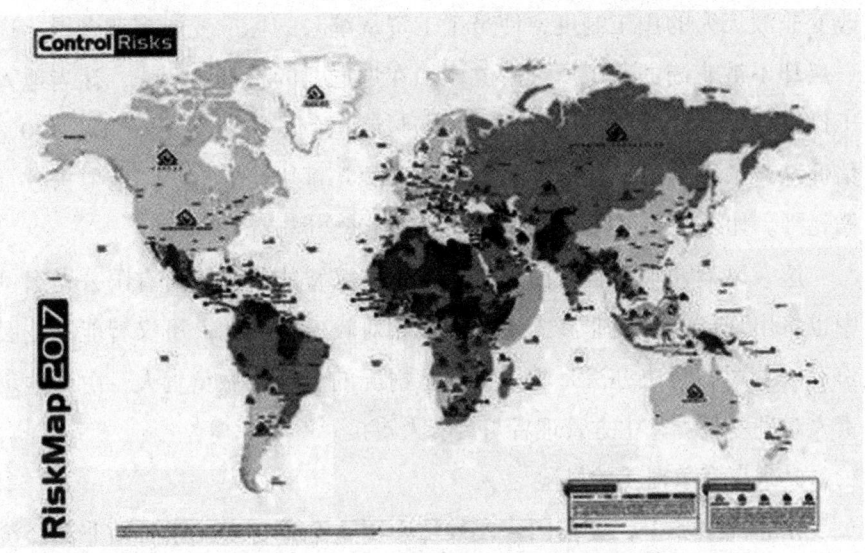

图 2　2017 世界投资风险地图

上图为国际风险管控机构化险咨询集团 2017 年在约翰内斯堡向中资企业发布的"2017 世界投资风险地图",预测了 2018 年在全球及非洲经营投资面临的风险因素。红色区域为风险较高地区,非洲大陆上的红色区域仍是全球占比中最高的。

3. 文化差异风险

从社会结构、人际关系、自我认知乃至时间敏感性等方面来看,中国与非洲在文化上存在明显差异,而这一差异对进驻非洲的中国企业产生巨大影响。中国的人口老龄化来势汹汹,而非洲却拥有充足的年轻劳动力。中位年龄只有 19 岁的非洲,预计到 2050 年人口将增加一倍,达到逾 20 亿,而且到 20 世纪末还将增加一倍。联合国报告称,未来 50 年内,非洲将成为全球最大的劳动力市场。许多广东企业进驻非洲后,出于人力成本的考虑,也会实施团队本土化的进程。[①]

然而,有的中国管理团队来到非洲,直接着手于中国化的企业改革,

---

① 中国社科院经济所:《经济走势跟踪(1865 期)非洲应该抓住经济发展的新机遇》,搜狐网 2018 年 10 月 17 日,http://www.sohu.com/a/260028152_786236。

改变非洲工人的用工制度，使员工工资从统一的标准变成多劳多得。这一点却不被非洲的劳工所理解。比如在肯尼亚的首都内罗毕，让当地人工作超过8小时是不可能的，周六周日加班更不可能。在这个几乎100%信仰基督教的地方，他们宁可放弃1天赚几百块钱的机会，也要去教堂做礼拜。如果不能很好地安排，这种习惯就会影响正常生产。

这一风险在本报告后面列举的珠海星汉智能科技股份有限公司案例中也将出现。为解决非洲人工作效率相对较低的问题，星汉智能科技股份有限公司的解决办法是聘请更熟悉情况的当地人做负责人，由当地负责人对进度负责，中方管理者与负责人对接。

4. 来自竞争对手的风险

在非洲事务上，更多国家在效仿中国这个先行者。联合国非洲经济委员会（UNECA）的数据显示，非洲与印度贸易额已从2001年的72亿美元跃升逾10倍至2014年的780亿美元，使印度成为非洲第四大贸易伙伴。欧洲也意识到了这方面的外交和商业挑战。2017年，德国推出了它所称的"非洲马歇尔计划"，承诺向对非洲投资的企业提供公共资金。更多类型的参与者给非洲领导人与消费者带来了更多选择。

与此同时，产品质量问题一直是中国企业扩张海外市场的一大障碍。2014年，国家质检总局发布了《2014年度全国出口埃及商品质量状况》白皮书，报告严厉指出，中国产品在非洲面临信誉危机。我国出口非洲产品质量水平远远低于我国对欧美国家出口产品质量，主要表现在质量不合格、标识不准确、售后服务体系不健全、假冒知名品牌、涉嫌商业欺诈等方面。而为保护本国消费者的人身安全，非洲国家日益重视进口商品的质量。从原先绝大多数产品没有相应标准到密集出台各类标准，质量安全要求日益规范。由于产品的问题突出，我国产品在非洲的信誉已经受到严重威胁，进口国政府甚至认为我国在出口产品质量控制和贸易政策上存在歧视性待遇，有意向非洲国家倾销劣质产品。

面对这一风险，后面列举的深圳传音控股的案例之所以能在非洲市场脱颖而出，也是摒弃了当初"做山寨手机"这一选项，专注打响自有品牌。只有做好品牌，才是企业在非洲得以长期发展的根本。此外，企业选择的项目要保证不容易被复制，以避免随之而来的恶性竞争。

5. 投资国当地的舆论风险

近年来，广东企业通过对外直接投资等方式在非洲快速发展，取得的成绩有目共睹，成为粤非合作关系的重要内容。在2018年中非合作论坛北京峰会期间，媒体针对广东企业走进非洲做了大量报道，形成了较好的国内舆论环境。

但在国际上，特别是在非洲当地，广东企业乃至中国企业还都面临着有好故事讲不出来，有好做法却被人歪曲的舆论困境。西方国家感受到了中国企业在非洲快速发展带来的竞争压力，也会制造"中国威胁论"和"新殖民主义"等论调，不利于广东企业在非洲的发展。

非洲有长达百余年的西方殖民史，西方企业也长期经营非洲。非洲目前的很多商业规则和法律法规受西方影响很大，中国企业在非洲颇有"客场作战"的感觉。国际上并不是所有人都愿意看到中非关系的发展。特别是西方一些人仍然在用"冷战"思维看待中非关系，对中国与非洲的合作进行攻击和指责，炮制"中国威胁论""中国掠夺资源论""中国新殖民主义论"等种种不实论调，抹黑中国在非形象，给中非合作的健康稳定发展造成不利影响。[1]

西方媒体将中非能矿合作开发报道为"中国对非洲资源的掠夺"，将中国企业参与非洲基础设施建设、提供优惠贷款等举措歪曲为"中国掠夺非洲资源的工具和手段"。西方媒体还不断指责中国企业在非洲开展"圈地运动"、在发生饥荒的国家"掠夺粮食"、在矿山生产中"奴役"非洲人民等等。这些负面报道在中国企业与非洲国家开展重大项目合作时往往产生很大干扰。

在全球宏观经济放缓和非洲经济下滑的形势下，西方媒体又抛出"中国经济放缓成为非洲崛起的障碍"和"中国将会对非洲乘机掠夺"等新论断。这些观点虽然只是西方媒体惯用宣传手法的延续，但在当前的经

---

[1] 驻加蓬经商参处：《中国企业投资非洲需注意的问题》，中华人民共和国商务部网站2014年8月5日，http://www.mofcom.gov.cn/article/i/dxfw/gzzd/201408/20140800686902.shtml。

济形势下，也很容易起到负面作用。

对于中国企业在非洲发展过程中出现的问题，西方媒体习惯于夸大宣传。其关注点聚焦于劳动条件、安全生产、劳资矛盾、环境保护等方面，而这些负面宣传往往成为非洲国家一些利益团体开展党派斗争的工具，在选举年和政权更迭时期表现尤其明显。

此外，当有些中国企业出口到非洲或者在非洲生产的产品出现质量问题时，西方媒体就会大做文章，歪曲中国把非洲作为"劣质产品的大市场"，只注重在非洲销售产品而不是把非洲当作合作伙伴。

西方媒体将中国与非洲之间的产能合作和产业对接指责为"中国为甩包袱向非洲转移大量落后产能"和"中国产业转移将大规模污染环境"等，无疑对中国企业下一步在非洲的发展造成不利影响。

面对这样的舆论困境，广东企业在非洲当地应该如何作为，如何用事实反击西方媒体的歪曲报道就成了企业的必修课。

在调研中，我们发现了一些企业的好的做法，如华为摩洛哥公司在当地积极参与公益事业、广东新南方集团参与中国政府医疗援非项目等。这些促进民心相通的举动都产生了良好的社会效果，有助于中国企业形象的提升，对西方媒体的不实报道也是有力的回击。

（三）案例选取与研究方法

本报告选取的四家广东企业分别位于广州（新南方集团）、深圳（华为、传音控股）和珠海（星汉智能）。这三个城市所代表的珠三角地区是广东对外经贸最活跃的区域。四家企业案例也具有代表性，分别代表了广州企业进入非洲的四种可行路径。其中，华为和新南方集团都在非洲深耕十年以上，两家采取的策略不尽相同。星汉智能和传音手机算是较晚进入非洲的后起之秀，前者借与非洲当地企业的合作拓展销售和服务网络；后者则专攻非洲市场，成为非洲手机行业的冠军。

这些企业在非洲取得的成功经验能为后来者提供扎实的借鉴。本研究采取文献资料分析法和案例调查法相结合的方式，对四家企业的案例进行研究分析。在案例调研阶段，我们主要采取访谈和材料分析的方法对四家企业分别进行了调查。

二 广东企业成功投资非洲的四个案例

中国企业应该怎样才能"走进非洲",企业到非洲投资"掘金",有哪些路径可以选择?以下四家广东企业的案例或许可以提供一些参考。

(一)"借船出海"——星汉智能在南非的智能卡业务

星汉智能科技股份有限公司(以下简称星汉智能)于2011年在珠海成立。该公司一直致力于提供数据信息交互安全的解决方案,业务遍布全球,在非洲市场也取得了重大突破。星汉智能依托强大的技术与智能化的解决方案,在全球积累了超过70个国家与地区的100多家客户,智能卡发卡量跻身世界前五。该公司在中国香港、新加坡、迪拜、印度尼西亚设立了研发及数据中心,又相继在南非、印度、孟加拉成立了制造中心,它们在星汉智能全球数字化的智能安全推广中都扮演着深入合作、共创发展的重要角色。

在国家"一带一路"倡议的引领下,星汉智能成为了广东省"走出去"的代表性企业。2016年8月,星汉智能科技(非洲)有限公司(以下简称"星汉非洲")在南非成立。2017年,星汉非洲通过了Visa、MasterCard的认证,充分显示了星汉非洲在金融卡制造领域的实力。2018年11月,星汉非洲又通过了中国银联的审核认证,这使星汉非洲成为了全非洲大陆唯一一家通过世界三大支付品牌(银联、Visa、MasterCard)认证的金融卡生产企业。

星汉非洲已经成为了南非当地生产线最多、产能最强、发卡量最多的企业,是该国银行业首选合作的供应商。

作为广东省"走出去"的企业代表,星汉智能一直致力于为全球电信及金融行业提供安全支付产品和相关系统服务,积极把握国家"一带一路"倡议发展机遇,在中国香港、新加坡、巴拿马、中东、南非等地设立了研发、销售和生产中心。星汉智能的产品和解决方案广泛应用于金融、通信、交通、政府等领域,凭借优质产品和服务在海内外积累了50多个国家与地区的合作伙伴,市场覆盖欧洲、非洲、南美、东南亚、中东等国家和地区。

我们在调研中了解到,在"走出去"的过程中,星汉智能根据合作伙伴和客户不同的情况和需求,经过前期实地考察和调研,在合适的时间和地点进行投资设厂,实现本地化经营,从而更好地服务于客户。这种通过与当地成熟企业合作的方式,能够迅速地帮助星汉智能在非洲找到落脚点,拓展服务和销售网络。

2017年10月17日,星汉智能与毛里求斯金融科技公司 Pex 签署了合作协议。该项合作协议约定双方从即日起将在非洲范围内合作推广支付产品以及相关的服务。

Pex 是毛里求斯领先的金融科技公司,于2008年成立,在毛里求斯和肯尼亚设有分支机构,并为非洲地区15个国家的多家金融机构提供包含银行卡管理系统、风险管理系统、ATM、收单系统等多种服务。

星汉智能与 Pex 的合作是强强联手。Pex 的后台系统与星汉智能先进的支付产品的结合,可以为非洲的金融客户提供一站式的服务,达到多赢的效果。在非洲其他一些国家和地区,由于安全等原因暂不能设厂,星汉智能的业务人员就可以通过非洲第三国的合作企业为他们提供服务和产品。

图3　2018年8月在南非约翰内斯堡落成的星汉非洲新办公楼

2016年8月，星汉智能与南非本地公司合资成立星汉智能科技（非洲）有限公司，成为首家在非洲建立银行卡生产中心的中国企业。目前星汉非洲年产能已达3,000万张以上。

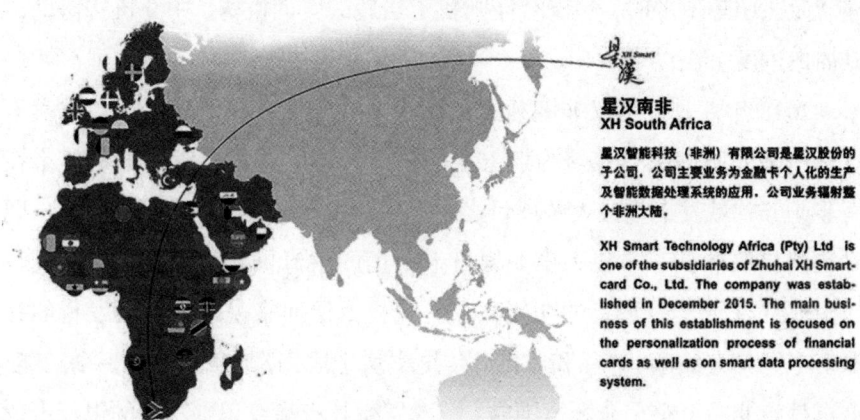

图4　星汉非洲业务覆盖情况

星汉智能卡股份有限公司国际市场销售总监、总经理助理冯俊腾是非洲区业务的主要负责人，他参与见证了星汉非洲从无到有的发展历程。

2015年，星汉智能定下进军非洲的战略。冯俊腾在2015年下半年至2016年上半年，多次前往南非进行市场开拓和建厂前调研，包括考察合作伙伴、确定工厂选址、了解当地政策法规、调研市场规模和覆盖率等。

为打开非洲市场，星汉智能选择了一条"本土化、见效快"的路子。不同于直接建设新厂，星汉智能充分调研了当地已有工厂，通过洽谈合作的形式，把星汉智能的技术带到非洲当地，并使公司项目迅速在本土落地。

在团队成员方面，星汉智能选择具有一定海外经验的人士，要求不仅能听懂、会说英语，还要做到充分理解对方文化，能进行有效沟通。目前，星汉非洲共有20人，4人是从国内各个部门遴选出来派往南非的，16人为聘请的南非本地员工。

在非洲开拓业务的过程中，冯俊腾及其团队也遭遇到了一些难题。例如，非洲人工作效率相对较低，当地的办事流程也较长，办一个资格证有时需要花费好几个月时间。当地工人们经常做一天歇一天，事情不容易推进。面对这些情况，星汉智能冯俊腾团队聘请了更熟悉情况的当地人做负责人，由当地负责人负责进度，他与负责人对接。而在当地办理营业执照等事务时，星汉智能则找了当地的咨询机构、中介机构协助，以加快进度。

2018年6月，星汉非洲独家中标南非社保局社保卡项目，并与发卡行——南非邮储银行签署为期五年的供卡合同。这是星汉非洲近年来在南非业务领域发卡量最大的项目之一，预计发卡量在5,000万张以上，同时也使星汉非洲一举成为南非银行卡市场的主流供应商。星汉非洲发行的南非社保卡具有独特的功能亮点。从技术层面来说，该项目发行的社保卡不但具有磁条、芯片和非接等传统支付手段，还加载了指纹识别功能。这也是南非乃至整个非洲范围内，首次发行具有指纹识别功能的银行卡。星汉非洲后续还将与南非邮储银行以及本地银行继续展开更深入的合作，为其提供更多最新的支付科技服务。截至2018年10月，星汉非洲已经为南非社保局社保卡项目提供超过400万张社保卡，陆续通过南非邮储银行换发给本地区社保受益人。

星汉智能是第一批真正从国内走进非洲的智能卡行业企业。其优势在于抢占了先机，同时拥有技术优势，再加上能借助现有中介及平台与非洲本土合作伙伴有效沟通，保证最终产品符合对方的预期，从而得以拿下市场。

星汉智能的做法比较适合有志于到非洲投资的中小企业。这类企业力量薄弱，在非洲缺乏销售渠道和服务网络，可以在对当地做充分调研之后，选择当地的政府、企业作为合作对象，借助对方的渠道逐渐打开市场。

（二）参与援非项目积累合作基础——广东新南方集团在非洲立足

广东新南方集团有限公司（以下简称新南方集团）成立于1994年，是一家国际化综合性投资集团。新南方集团以中医药产业为投资重点，投资领域同时涉及房地产、能源、酒店、金融、文化、新零售等。

2004年，广东新南方集团有限公司与广州中医药大学长期从事青蒿素抗疟研究和中药抗病毒研究的专家群体共同创办了广东新南方青蒿科技有限公司。该公司是集研发、生产、销售为一体的现代新型医药企业，核心业务涉及青蒿等中药的种植、提取、新药研发、生产以及全球营销。

自2006年起，新南方集团以青蒿抗疟项目为切入点，通过在科摩罗、多哥、巴布亚新几内亚等国家推行"复方青蒿素快速清除疟疾项目"，用原创复方青蒿素药物成功拯救了数百万人的生命，成为援外的"中国名片"。

经过十几年的低回报高投入的发展期，随着青蒿素在非洲科摩罗岛国的成功，以及世卫组织对青蒿素的高度认可，现在非洲很多国家都要求跟新南方集团进一步合作。

"国之交在于民相亲"。通过医疗援助的投入，新南方集团在非洲赢得了民心，也与非洲许多国家的政府形成了良好的合作关系。新南方集团与非洲各国交往时，手里多了一张闪亮的名片，也让非洲国家对中国企业多了一份感情。因此在后续的经济项目合作中也能占得先机。

图5 肯尼亚副总统鲁托（右三）和广东新南方集团总裁朱拉伊（右二）共同出席珠江经济特区奠基仪式

2015年9月，肯尼亚通过了该国历史上第一部经济特区法案，旨在推动经济特区成立，推进肯尼亚工业化进程。新南方集团看到了其中的机遇。在经过自己和同事们多次的考察和综合评估后,朱拉伊认为肯尼亚的地理位置优越,政治基本稳定,气候条件良好,经济发展前景广阔。后来便与肯尼亚政府达成合作意向,在肯尼亚建立经济特区。肯尼亚副总统鲁托和广东新南方集团有限公司总裁朱拉伊共同见证了该经济特区的奠基仪式。

图6　广东新南方集团在肯尼亚投资的珠江经济特区效果图

被肯尼亚政府寄予厚望的珠江经济特区,三期总投资20亿美元,占地8平方公里,位于海拔2,200米的高原城市埃尔多雷特。由广东新南方集团与肯尼亚DL集团下属的肯尼亚非洲经济特区有限公司合作建设的特区第一期工业园区(700英亩/2.835平方公里)已经启动,预计两年内完成。该区是以农产品加工、高新技术产业(生物医药、电子产品)、家具业、轻工业(纺织服装)、机械、建筑业六大产业为龙头,目标成为以原材料加工为主体,工程、营销和贸易并进发展的经济特区。

建立珠江经济特区并非新南方集团首次试水在非洲经营一片园区。2013年,新南方集团取得尼日利亚奥贡广东自由贸易区的管理权,相继引进轻工、家具、建材、五金、木材加工等32家优质企业,安排5,000名工人就业,有力推动了当地经济的发展。

对于很多一时找不到进入非洲切入点的企业,新南方集团的案例具有一定的启发性。从中央到地方,从医疗到动物保护,中国政府部门都有各色的援非项目。企业可以结合自身特点和想进入的目标国参与中国政府部门的援非项目。采取这种方法风险较小,在参与援非项目的过程中可以为企业做好前期调研准备工作,为后续投资非洲打下基础。

(三)从非洲"起跑"——传音控股在非洲的扩张之路

传音控股成立于2006年,旗下拥有新兴市场知名手机品牌TECNO、Itel及Infinix,还包括售后服务品牌Carlcare,智能配件品牌Oraimo以及家用电器品牌Syinix。经过10余年的发展,传音现已成为手机行业的中坚力量。2017年,传音在全球销售了将近1.3亿部手机,出口量居中国手机企业第一。据IDC数据,2017年传音旗下各品牌手机在非洲的市场总份额中排名第一,达到45.9%,在全球市场的手机销量中排名第四。[①]2018年,传音被Facebook和毕马威评为"中国出海领先品牌50强"之一。

传音旗下三大手机品牌(TECNO、Itel 和 Infinix)均入选非洲商业杂志 African Business(2018 年 6 月版)发布的 2017/2018 "最受非洲消费者喜爱的品牌"百强榜单,分别位列第 7、第 16 及第 28 位。其中,TECNO 连续多年位居中国品牌之首。基于巨量的手机入口资源,传音同时还大力发展移动互联网应用业务。例如,针对非洲音乐,传音开发了音乐播放器 Boomplay Music,月单曲播放量超过 10 亿次。

图 7 传音手机埃塞俄比亚工厂

---

① 王全浩:《45% 市场份额,"非洲手机之王"传音控股欲闯科创板》,《新京报》2019 年 3 月 18 日。

2006年，传音控股创始人竺兆江从一家知名手机厂商的销售公司常务副总位置上离职，创立了这家公司。此前，在长期的海外征战中，竺兆江已经积累了对国际市场的充分认知。

传音当时有两个选择，一是做山寨手机，贴牌生意来钱快，还有一个是建立自主品牌，但要投入很多并且长期坚持。确立了自建品牌的方向后，传音接下来面临着选择怎样的市场。

当时，绝大多数手机品牌都在争抢进入高端市场，没有一家手机品牌是专注于其他发展中国家的。而非洲是手机渗透率最低的大洲，而且人口增长潜力最大，这就意味着发展空间最大。

2008年7月，传音锁定非洲市场。在当时的非洲手机市场上，诺基亚和三星等品牌占据主导地位。但与三星等在非洲只做"国际标准"产品不同，传音一开始就确立了定位，是一家专门为非洲用户定制、关心本地消费者的品牌。竺兆江把中国市场行之有效的"农村包围城市"战略带到了非洲，从贫穷的地方做起，建渠道、打广告，从三星和诺基亚等强劲的先行者手中分取市场。

传音的营销策略非常"接地气"。初到非洲，传音一边与运营商合作，一边建立起了完善的销售渠道网络，并投入很大精力进行推广，在电线杆、贫民窟、机场道路旁等场所，贴满了刷墙广告。最初，非洲用户摔坏手机后往往只能被迫更换一台手机。于是，传音以此为切入点引入售后服务，不仅维修手机还搭售配件。强大的售后服务大大提高了用户的黏性，也让当地消费者很有安全感。2010年，传音正式在非洲建立专门为旗下各品牌提供售后服务的Carlcare客服中心，成为率先在非洲本地自建售后服务网络的外国手机企业之一。

传音为开拓非洲市场，把焦点放在消费者体验上。通常情况下，非洲用户拍出来的照片效果不佳。与一般手机脸部识别不同，传音手机加强了弱光暗光下的拍照效果，增强了针对非洲消费者的美颜功能，切中了喜欢拍照的非洲人的痛点——夜晚光线不足时，非洲人拍出来的照片往往一团漆黑。传音大量搜集当地人的照片，积累大量的数据，创造性地制定了针对非洲人物特征的算法，利用机器学习开发五官特征点定位，并在此基础上进行深度学习，为非洲消费者开发出深度定制的美肤模式，帮助非洲消费者用手机拍出更加满意的照片。

由于当地基础设施薄弱，非洲一天中经常有 8 到 10 个小时处于缺电状态，当地甚至衍生出专门给手机充电的生意。传音以此为切入点，开发了大功率手机电池，例如连续使用 21 天的超长待机电池，这些手机反过来还可以充当移动电源，当手电筒用或者为其他小电器充电。这在电力紧张的非洲，经常能派上用场。

非洲不同运营商之间跨网打电话成本非常昂贵，用户往往有多张 SIM 卡在换来换去，为了避免用户频繁换手机卡，传音便推出了惊人的四卡四待手机。能歌善舞的非洲人民非常喜欢音乐，传音专门开发了一款音乐手机，配备多个大功率的扬声器。

最初的营销占据很重要一部分，后期又针对消费者的痛点做出了大量本地化创新改进工作，没有这些创新传音是不可能获得今天的地位的。

在手机市场的开拓让传音打开了在非洲的销售渠道。目前，传音产品已经覆盖非洲家庭生活的方方面面，其中包括智能电视、家庭影院、空调、冰箱、微波炉、电热水壶、洗衣机等。传音公司由此成立了家用电器品牌 Syinix，发挥渠道优势和品牌效应，销售家电产品。这些产品也同样契合了当地需求，例如一些风扇充电后可持续使用四五个小时，以保证半夜停电后能使用到天亮。

非洲物流很不发达，而传音的销售网络遍布各个角落，网上下单后就能门店取货。其他互联网手机品牌在短时间内很难撼动传音在非洲的地位。

传音手机在非洲的成功是比较难以复制的。我们在调研中发现，传音之所以能成功，一方面归功于他们有深耕非洲市场的"战略定力"。从 2008 年起锁定非洲市场之后，传音就心无旁骛地在这个大洲发展，一直到在非洲市场做成"冠军"之后才向印度、东南亚等市场扩展。另一方面则归功于他们针对非洲用户痛点，不断改进产品和服务。传音在洞察消费者需求、产品研发方面，自始至终关注细节，这是这家公司能在非洲市场取得巨大成功的关键所在。

(四) 扎根、服务当地——华为在北非坚持本土化策略

1987年成立的华为技术有限公司是全球化的明星企业。该公司是全球领先的ICT（信息与通信）基础设施和智能终端提供商，在通信网络、IT、智能终端和云服务等领域有着深厚的积累。从1998年起，华为开始进入非洲市场，目前已经是非洲最大的通信服务商，市场占有率超过30%。

当华为计划要走国际化路线的时候，"所有肥沃的土地都被西方的公司占领了。只有那些荒凉的、贫瘠的和未被开发的地方才是我们扩张的机会"，任正非曾这样说道。作为一个新兴市场的国际化公司，与作为竞争对手的成熟跨国公司相比，华为缺乏先进的产品技术和丰富的国际化管理经验。因此，华为一开始不能直接和大型跨国公司进行正面的竞争。然而，在发展中国家等新兴市场中，通信设备市场一直被大型跨国公司忽略，华为认为这无疑是一个很有潜力的、待发掘的市场机会。所以，华为决定开拓发展中国家市场，然后再慢慢地向发达国家市场渗透。

一开始，华为采取了在各个国家"撒种子"的策略。华为往每一个国家或地区都会派出一到两个人，把他们作为"种子"，希望他们能够开拓当地市场，找到潜在的用户。随着对国际市场理解的不断加深，华为开始把国际化重点放在了发展中国家和新兴市场上。基于这种考虑，华为在1996年进入了俄罗斯市场，1997年进入拉丁美洲市场，1998年进入非洲市场，2000年进入亚洲市场。

华为于1999年前后进入北非市场。以摩洛哥为例，经过20年的发展，华为已成为摩洛哥最主要的信息与通信解决方案供应商，其市场份额超过30%，领先爱立信、诺基亚、西门子和阿尔卡特等其他友商。由于紧邻欧洲，北非是欧洲通信设备巨头的必争之地。华为是如何在众多竞争对手中脱颖而出的呢？

2011年年初北非局势动荡，1月份突尼斯的政局开始动荡，但华为的员工始终坚守北非，和客户在一起。2011年当年，华为在突尼斯的销售创了历史新高，对华为北非地区的盈利贡献率达到10%。在埃及局势最危险而西方公司全部撤离的时候，华为的员工依然坚守在埃及，包括

华为员工的家属和总裁的家属也都留在埃及。利比亚局势最紧张的时候，华为公司还有4个员工坚守。在最困难的时候坚守，使华为成为客户在任何时候都值得信赖的伙伴。一旦局势稳定下来，华为的营业额就会大涨。

2015年2月至2017年9月，张华昱被派驻摩洛哥，担任华为运营商业务法国电信摩洛哥子网技术负责人。在调研采访中，张华昱告诉笔者，目前华为摩洛哥公司大约有300名员工，其中中国员工只占1/3，其他的均为非洲当地员工，大部分是摩洛哥员工。扎根摩洛哥20年，华为不仅把最先进的通信技术引入摩洛哥，还在当地培养了大量技术人才，解决了上百人的就业问题。此外，华为在摩洛哥每年采购的工程和服务都以百万美元计算，对当地的经济和社会发展贡献良多。

不仅如此，华为在当地还积极履行社会责任，赞助当地的教育、妇女、儿童和环保事业。穆罕默德五世大学位于摩洛哥首都拉巴特，是摩洛哥著名的综合高等学府。该校拥有一批高水平研究人员，许多研究需海量数据运算和分析，但目前摩洛哥高校及研究机构没有与其需求相适应的高性能计算平台，这不仅严重影响了其研究进度，而且使其在高性能计算领域对外依赖严重。

为摆脱这一困境，该校从2016年9月起开始寻求与华为公司合作。该校校长赛义德·阿马扎耶表示，中国与摩洛哥始终保持着非常友好的合作关系，他相信与华为的合作也将是成功的，这不仅将提升摩洛哥高校的研究能力，也将推动华为高科技成果的技术转化和应用。[1]

华为公司是中国企业走出去的代表，20多年来积累了丰富的经验。华为的成功很难用一两句话概括清楚，我们选取的案例也只能提供一个很小的切片，对这家员工达18万人的国际化公司无疑是"管中窥豹"。不过，就我们在调研中的发现，可以得出以下几条经验。1.华为在北非市场制胜的首要因素是客户利益至上，扎根当地。无论在怎样动荡危险的情况下，都有人坚守，客户随时可以找到他们，正所谓"患难见真情"。

---

[1] 卢苏燕：《华为将助力摩洛哥高校高性能计算建设》，新华网2017年4月4日，http://www.xinhuanet.com/world/2017-04/04/c_1120748857.htm。

而在局势稳定之后,"华为的营业额就能大涨"。2.华为坚持本土化,雇佣当地员工,采购当地服务,为当地解决就业问题,带动当地经济发展。3.积极履行社会责任,提升企业形象和知名度,这是华为能够成功融入当地的重要原因。

三 广东企业投资非洲的趋势和启示

(一)大势所趋:从传统产品输出发展到产能合作

1. 对非传统贸易空间缩小

过去的非洲工业化程度低,生产水平低下,所以很多国内的工业产品严重依赖进口。但是随着非洲这几年的发展,基础设施建设水平不断提高,再加上非洲许多国家例如肯尼亚、坦桑尼亚政府加大对工业化的扶持力度,非洲本土的工业化水平有了一定程度的提升,对进口商品的依赖程度有所下降。

随着人口红利的消失和工业原料的成本上升,中国本土制造的商品价格日渐走高,逐渐失去了价格优势。因此,非洲对传统的商品贸易需求有了一定的下降,贸易空间缩小。

2. 民营企业对非投资日趋活跃

中国与非洲的友好关系是在老一辈革命家的关怀下培养起来的。在过去,中国对非洲的投资也大都带有援助性质,多是国企参与。随着非洲大陆的政局整体趋于稳定,经济发展势头保持迅猛,中国的民营企业也嗅到了其中的商机。

广东是中国民营企业最活跃的区域之一,许多企业在"走出去"过程中也把目光投向非洲。2016年9月,第二届对非投资论坛在广州举行,在论坛上正式发布的《广东对非投资合作背景、重点和对策建议》研究报告显示,民营企业对非投资具有自发性和传导性强、贸易带动效应高、合作发展空间广、投资回报优、市场反应敏锐等特点,是粤非贸易和投资的主力军,也是广东对非投资合作的优势和特色所在。

广东民营企业对非投资合作的典型也不断涌现。比如,东莞华坚集团率先于 2011 年在埃塞俄比亚成立华坚国际鞋城有限公司，是将部分"中国制造"变成"非洲制造"的第一个走进非洲的中国制鞋企业。在取得初步成功之后，华坚集团决定在埃塞俄比亚投资建设华坚国际轻工业园，占地面积 126 公顷，总投资 32 亿元人民币，将于 2020 年建成，届时该园区集聚的员工人数将达 10 万人。①

3. 粤企在非洲扎根的意识越来越强

对非洲的投资领域越来越多，在投资方式上也越来越多地具备扎根当地的意识。广东世能电力设备集团有限公司以进入乌干达市场为开端，把业务拓展重点全面放在非洲市场。世能集团在乌干达投资的产业园区，总预算为 2.3 亿美元，截至 2016 年已投入约 3,000 万美元，预计到 2019 年完成全部投资，产值将达 8 亿美元以上，可解决当地约 2,000 人就业，每年直接带动约 1 亿美元的产品出口。②

包括上述的广东新南方集团、传音控股、华坚集团等，越来越多的粤企，在对非投资上面有一个新的共识，即从在非洲建设基础设施转向帮助非洲国家建立和做强工业体系。对非投资正更多走向扎根的阶段，不仅让产品走进非洲，还让设备、厂房落到非洲，把技术和管理理念带到非洲，帮助非洲培育自己的人才队伍及运维体系。可见，广东企业在非洲扎根的意识越来越强。同时，非洲国家自身对工业化体系的需求愈发强烈，这也是推动中国对非投资更加注重当地化发展的客观因素。

（二）共同启示：抱团投资联手并行 互利共赢规避风险

中国企业在当地开展工作，时常遇到"水土不服"等问题。案例中探讨的上述四家广东企业在非洲投资的探索，给其他广东企业进入非洲市场积累了丰富的经验。

1. 深入市场调研，确定明确的目标市场

上述四家走进非洲的广东企业，都是在经过长期的前期调研之后才决定进入非洲市场的。"知己知彼，百战百胜"，企业从运筹帷幄开始

---

① 邢一行：《华坚集团在埃塞俄比亚"授人以渔"》，环球网 2016 年 4 月 28 日，http://world.huanqiu.com/hot/2016-04/8831175.html?agt=15438。

② 邱登科：《民企成广东对非投资生力军》，《民营经济报》2016 年 9 月 1 日。

就有明确的目标市场有助于企业员工准确地执行决策，而能否针对非洲市场推出切中需求的产品和服务则决定了企业最终能否立足非洲市场。

在"走出去"的过程中，星汉智能根据合作伙伴和客户不同的情况和需求，经过前期实地考察和调研，在合适的时间和地点进行投资设厂，实现了本地化经营，从而更好地服务于客户。这种通过与当地成熟企业合作的方式能够迅速地帮助星汉智能在非洲找到落脚点，拓展服务和销售网络。

诞生于华强北的传音控股，在国内默默无闻，但在非洲却是街知巷闻。传音控股在非洲市场的成功与其紧密的本地化运营策略息息相关。

2. 企业家的决策是否正确，是企业能否成功进入非洲的关键因素

毕业于南昌航空大学机械电子工程专业的竺兆江，是传音控股股份有限公司的创始人，也是一手打下传音非洲江山的关键人物。竺兆江毕业后进入了当时被称为"手机中的战斗机"的波导公司，从销售传呼机的小业务员做起，最终成为了波导下面的销售公司的常务副总经理。在创建传音之前，竺兆江走遍90多个国家和地区，积累了丰富的视野与经验。2007年，竺兆江拍板，传音2008年开始锁定非洲市场。10多年来，产品不在国内销售而是集中精力占领非洲市场，成为传音一直坚持的战略。从其产品发布会的地点上可见端倪：2017年3月在肯尼亚，2016年8月在埃及，2016年4月在尼日利亚……

在全国恢复高考的第二年，朱拉伊考入广州中医学院（现为广州中医药大学），师承广州中医药大学首席教授、长期从事青蒿素临床研究的李国桥。1994年，他创办了广东新南方集团有限公司，向中医药领域进发。2003年，李国桥教授的青蒿科研项目因撤资被迫中断。朱拉伊得知后，带来了6000万元支持研究继续开展，他与青蒿的"长跑关系"也就此拉开。因为坚信"青蒿素一定会成功"，在13年时间里，朱拉伊一直在坚持。2015年5月，世界卫生组织已经认可了复方青蒿素快速清除疟疾方法，并向全球各岛国推广。

3. 择优参与中国政府援非项目，在当地建设良好的企业形象

广东新南方青蒿药业股份有限公司副总经理、广东新南方中医研究院全球清除疟疾研究中心副主任邓长生从 2004 年开始参与青蒿抗疟项目。在柬埔寨取得良好效果后，该项目于 2006 年进入非洲科摩罗。

截至 2018 年 6 月，青蒿抗疟项目已投入人民币将近 1 亿元，其中大部分来自中国政府的资助，也有大约 2/5 来自企业方面的投入，例如新南方的药物基本上是以成本价参与项目的运作。这个项目获得成功后，在国际社会引起了比较好的反响。这之后，越来越多的国家开始主动联系新南方集团，探讨抗疟项目方面的合作。[1]

根据自己企业的优势，参与中国政府的援非工作，能让企业在非洲当地建立良好的企业形象，能让当地民众更容易认同和接受企业。

由于从中国走出去在非洲投资的企业越来越多，在非洲生活和工作的中方外派人员和华人的数量也在不断增加。广东新南方集团也考虑将其治疗方案向大型的国有企业、对疫区外派人员较多的组织进行推广，特别是与在非洲投资，并在公益投入方面有需要的企业进行合作。

这样的做法既是承担了中国企业的社会责任，也为自己带来了更多商机。

4. 抱团发展，参与中国企业的经济园区建设

上文案例中提到，广东新南方集团在肯尼亚、埃塞俄比亚都投资了经济园区(特区)，其他广东企业如华坚集团等，也都在非洲投资工业园区。未来广东企业若想进入非洲，可以转变思路，与其他中国企业抱团发展，避免单打独斗。

广东企业抱团投资、联手并行是避免风险、较易成功的有效途径。不同的企业可以根据产业上下游分工合作，实现产业链整体转移。一来可以在非洲形成产业链上的集聚效应，二来也符合多数非洲国家实现工业化的战略。广东企业应充分利用中非产业园区开展合作。中非产业园不仅可以使入园企业享受更多优惠政策，而且有利于企业之间优势互补、信息共享，增强风险抵御能力，从根本上解决企业境外基础设施投入不足、

---

[1] 广东外语外贸大学非洲研究院：《配合国家外交政策，提升医疗援非的效率和效果》，广东外语外贸大学官网2018年6月21日，http://ias.gdufs.edu.cn/info/1584/1839.htm。

上下游产品不配套及社会治安影响生产经营等问题,为企业更好地降低成本、参与国际竞争提供条件。

四 总结

走进非洲不是一拥而上,不是盲目投资。正如广东省财政厅和省政府发展研究中心等制作的《广东对非投资合作背景、重点与对策建议报告》中提出的建议,粤资企业在农业经济、轻工制造、旅游开发、基础设施建设、新能源开发、职业技术培训等领域优势明显,且与非洲国家经济发展水平具有较好的互补关系,可以作为投资合作的首选领域。具体到操作上,广东企业家群体要结合自身特点选择投资领域,尤其要重视前期市场调研工作。经验表明,最好的调研是在投资前先进行贸易——贸易不仅可以帮助企业更好地熟悉当地投资环境,还可为企业在当地生产打下较好的市场基础,让企业有一个较高的起点。

此外,非洲很多市场还处于开发的前期,机会很多,但不出去就永远谈不上"走出去",要亲自去开拓,并在长期耕耘的过程中不断收获经验。在这一进程中,企业家的视野及正确决策十分重要。

再者,广东企业抱团投资、联手并行是避免风险、较易成功的有效途径,建议联合上下游企业,形成产业链整体转移。产业链整体转移已成为国际产业转移的新趋势,走进非洲可以联合上下游企业,形成产业链上的集聚效应。

同时,广东企业可以充分利用中非产业园区开展合作。中非产业园不仅可以使入园企业享受更多的优惠政策,而且有利于企业之间优势互补、信息共享,增强风险抵抗力,从根本上解决企业境外基础设施投入不足、上下游产品不配套及社会治安影响生产经营等问题,为企业更好地降低成本、参与国际竞争提供条件。

最后,针对广东企业在非洲所面临的文化、政策等多方面的风险问题,企业在非洲不要只注重项目的建设,也要适当融入社区,进行公益投入,建设良好的企业形象。公益活动能成为沟通在非中国企业和非洲社区的一道桥梁，为中国的企业提供更好的公关效果。

参考文献：

都伟：《中国企业投资非洲面临的政治风险及应对策略》，《现代经济探讨》2016 年第 3 期。

罗会钧、黄春景：《中国企业对非洲投资的政治风险管理》，《云南财经大学学报》2009 年第 4 期。

王鑫：《"一带一路"下中国企业海外投资风险研究》，黑龙江大学博士论文，2018 年。

吴洋、孟佳伟：《中国企业对外直接投资困境及对策研究——以非洲为例》，《时代金融》2017 年第 2 期。

闫妍：《中国中小企业走进非洲的风险分析》，《中国外资》2012 年第 18 期。

张文君、任荣明：《中国企业海外投资的政治风险及应对策略》，《现代管理科学》2014 年第 12 期。

周大启：《中国企业在非洲投资趋势与建议》，《科技与企业》2016 年第 1 期。

附：

访谈记录 1

访谈对象：张华昱（曾担任华为法国电信摩洛哥子网负责人）

访谈人：赵鹏

问：请问您在摩洛哥时常驻哪座城市？主要负责哪些工作？

答：我当时常驻卡萨布兰卡，其他城市如首都拉巴特、菲斯等也会因为工作原因经常前往。华为作为主要运营商承担了法国电信在摩洛哥全境的业务，因为摩洛哥曾是法国殖民地，所以这个国家仍然依赖法国的电信运营商，我们主要负责电信基站的维护、网络的运营等业务。

问：请问华为在摩洛哥有多少员工，中国员工有多少？

答：华为在摩洛哥的员工大约有 300 人，中国员工有 100 人，其他的都是当地员工。管理层方面，中国人占绝大多数。

问： 在跟摩洛哥员工沟通上，有没有困难？

答： 摩洛哥的主要语言是法语和英语，我们在跟当地员工交流时主要使用英语。摩洛哥人比较自由散漫，对待工作不像中国员工那样严肃认真，有时需要勤加督促。举个例子，我刚到摩洛哥时，带两个当地工人去维修一处基站，结果两个人嫌基站所在的山坡比较高，爬上去比较费力，要求额外的补贴，并以此为借口"磨洋工"。这是当地老员工对新来的中国员工的一种"抵抗"，以此来试探我们的底线。如果在这个时候你不能坚持原则，以后就更难带他们工作。这种情况下，就考验你的沟通能力。

另外，受法国影响，工会的力量在摩洛哥也很大，很多企业经常遇到罢工等问题。在这种情况下，企业领导层不能一味施压，需要积极跟工人沟通，快速掌握工人诉求。华为在员工内部建立了一些比较好的机制，比如经常组织当地员工与中国员工聚会联欢，员工家中有人生病等及时慰问，每年预算一部分经费进行公益活动等——以这些柔性的方式对待员工，会化解很多矛盾。

问： 中国员工在摩洛哥工作、生活，有哪些不容易适应的地方？

答： 摩洛哥治安总体良好，但一个人上街有时会遇到偷盗和抢劫。中国员工最不适应的地方还是饮食。摩洛哥是穆斯林国家，当地肉食主要是牛羊肉，主食多为面食，不容易吃到大米，很多中国员工对此不太适应。

问： 华为如何与当地政府处理好关系？

答： 华为是摩洛哥最重要的电信网络服务提供商之一。政府很多项目需要跟我们合作，大部分时候是他们需要我们。摩洛哥的政府工作效率不高，也存在腐败现象，我们有时候会通过给予政府项目优惠等方式处理好与政府的关系。

问： 北非经过一段时间的骚乱与动荡，这对你们在摩洛哥的业务有没有影响？

答： 即使在局势最紧张的时候，华为也有人坚守在北非各个国家。我在摩洛哥时，曾收到恐怖分子威胁炸掉基站的电子邮件。我们给他们回了邮件,说明如果基站被炸毁,卡萨布兰卡周边的通讯就都会瘫痪,他们也会受影响。最终,他们取消了这个计划。

访谈记录 2

访谈对象:朱拉伊(新南方集团总裁朱拉伊)
访谈人:戴曼曼

问:一些企业家对您的快速清除疟疾项目的评价是——根除疾病、不见效益,这对一家药企来说是自杀式行为,您怎么看?

答:我是学医出身,就是要把疟疾消灭掉。我不担心产业的继续,因为青蒿素不只可以治疗疟疾,还可以开发其他产品,比如我们发现青蒿素对治疗免疫系统疾病非常有效,所以相关的抗肿瘤、糖尿病的药物研发都正在进行。我们不能像西方某些药企一样,他们希望欠发达国家永远依赖他们的药物。我的企业是为了治好病,不是为了卖药。解决疾病的痛苦,这是一个药企必须具备的社会责任。

问:青蒿素项目在新南方集团布局非洲市场中扮演了什么样的角色?

答:在青蒿素项目中,用中国方案不仅可以挽救生命,还可以帮助非洲国家每年减少上千万美元的公共支出,给当地带来利益,最容易被沿线国家接受。我认为,"一带一路"是用中国理念助力非洲崛起,用青蒿素药物在非洲消灭疟疾的项目则是实实在在帮助非洲百姓,这让我们在非洲受到广泛好评,与非洲国家政府间的合作也越来越顺畅。

问:为什么新南方集团会想到到非洲去建设特区?

答:这有多方面的因素,可以说既有双方经济发展升级的需要,也有中非经济合作的现实基础。一方面,新南方集团和非洲结缘于青蒿素,非洲人民对于新南方集团、对于我们中国都非常有感情,更愿意从情感上接纳我们。另一方面,非洲的自然资源和人力资源都非常丰富,无论是对接国内的产业转型升级发展,还是响应国家"一带一路"倡议,作为企业能够进入非洲,无论是对于企业自身发展,还是国家外交形象来讲,都是一件大为有益的好事。

特别要提到的是，之所以可以在肯尼亚建设经济特区，也是因为肯尼亚政府非常欢迎，高层一直强调学习"中国模式"，还颁布了特区法案。虽然现在肯尼亚的经济并不特别发达，但是前景可期。

问：为什么您比较看好肯尼亚的发展？

答：肯尼亚的自然风光十分优美，气候条件也十分适宜，发展特色旅游业有很大的空间。另一方面，这里自然资源丰富，气候条件良好。农业是目前肯尼亚的支柱产业，未来也有发展成为"世界粮仓"的潜力。

此外，就是肯尼亚的劳动力价格便宜。对于发展劳动密集型的产业来讲，是不可多得的机遇，比如当地的安保人员的一个月的工资折合成人民币约为 800 元。同时，各类机构也看好包括肯尼亚在内的东非发展。而且肯尼亚当前的政局比较稳定，也非常开明，愿意接受外界新观点，沟通起来也比较便利。

问：肯尼亚的经济特区有哪些优惠政策？

答：根据肯尼亚的《经济特区法案》，肯尼亚成立专门的经济特区管理局（SEZA），成立并管理一站式服务中心，帮助在经济特区投资的企业处理所有非 SEZA 直接负责的许可、批文等的申请，协调与相关政府或私营部门的相关事项等。

在经济特区投资企业的财产权将被充分保护，不会被国有化或征收；所有资本和利润都可调回本国，不受外汇管制；工业产权和知识产权将受到保护；所有产品及服务可遵照东非共同体的海关法在关税区内出口及出售。

同时，所有获得经济特区牌照的企业、开发商及运营商将享有全部税种的豁免，并获得不超过所有正式雇员人数 20% 的工作签证，特殊行业可在 SEZA 的推荐下获得额外数量的工作签证。

问：进驻珠江经济园区的企业，可以享受到哪些福利？如果中国人去当地发展，是否会有困难？

答：如果说困难的话，肯定会有一些，比如语言障碍，但是正是这给了园区内企业一个优势。园区建设由新南方与当地企业合作完成，除去一些基础设施建设和基本物业服务，我们还会对进驻企业负责，为他们提供在肯尼亚发展的解决方案，包括各类的预案工作。换句话说，新南方集团就是入驻企业的开路先锋，也会承担和当地政府的沟通工作。同时，由于我们的医药背景，更可以做入驻企业的健康守护神。

所以我认为这种抱团出海的模式还是非常适合中国企业的。同时，特区内的企业也可以享受到特区方案规定的一系列的福利，比如税种的豁免、工作签证发放等等。

联结中泰：泰国新华商社团的角色与作用
——基于对泰国华人青年商会的调研

杨宗楷　方晓旻　胡良光[*]

【摘要】本次调研聚焦改革开放后从中国赴泰国发展的华人华侨商业群体以及在泰国本土成长起来的新一代华裔商人群体组织，以2000年在曼谷成立的"泰国华人青年商会"为个案，以小见大分析泰国新华商社团发展的历史和现状，就泰国新华商社团的角色和作用展开探讨。此次调研主要采取文献资料收集、深度访谈和问卷调查等多种手段相结合的方法进行，走访了中华全国归国华侨联合会、中共汕头市委统战部等单位，选取多位侨务专家学者和会员企业家并进行深入访谈。为更好地发挥泰国新华商社团正能量、促进中泰两国深化友好合作、推动"一带一路"新发展建言献策。

【关键词】泰国新华商；华人青年商会；一带一路

世界上几乎每个角落都有中国人的身影。据不完全统计，目前海外华人遍布100多个国家和地区，总人数已超过5,000万。目前泰国是华人最多的国家之一，华人华侨数量已达900万，占泰国人口约14%，是除泰人之外最大的族群。在泰国，华商在经济社会中的地位举足轻重，华

---

[*]【作者简介】杨宗楷，男，潮州市广播电视台电视传媒中心时政新闻部主任；方晓旻，女，汕头经济特区报社《汕头特区晚报》新闻编辑室副主任；胡良光，男，南方日报时政新闻部国际传播工作室主任。

商社团的影响力十分巨大。

在"一带一路"倡议的新时代背景下,在改革开放40年的重要节点上,本次调研聚焦改革开放后从中国赴泰国发展的华人华侨商业群体以及在泰国本土成长起来的新一代华裔商人群体组织,以2000年在曼谷成立的"泰国华人青年商会"为个案,以小见大分析泰国新华商社团发展历史和现状,就泰国新华商社团的角色和作用展开探讨,并为更好地发挥泰国新华商社团正能量、促进中泰两国深化友好合作、推动"一带一路"新发展建言献策。

一 引言

21世纪以来,全球治理体系面临新旧转换的历史节点。随着全球化的深入推进,国际力量对比发生变化,以中国为代表的新兴市场国家迅速崛起,国际影响力持续扩大,在国际事务中发挥了日益重要的积极作用。

2013年,中国国家主席习近平提出"一带一路"倡议,这是在中国与世界关系发生历史性变化的背景下提出来的,是全球治理变革的必然产物,体现了中国参与全球治理的努力。共建"一带一路"顺应了全球治理体系变革的内在要求,彰显了同舟共济、权责共担的命运共同体意识,为完善全球治理体系变革提供了新思路、新方案。

泰国是东盟重要成员和第二大经济体,曾被誉为"亚洲四小虎"之一,是"21世纪海上丝绸之路"沿线重要国家,也是中国在该地区最亲密的合作伙伴之一。中泰同为亚洲重要发展中国家,都有着悠久灿烂的历史文化,两国友好交往源远流长。特别是建交40多年来,中泰关系始终保持稳定健康发展势头,成为国家间和睦相处、共同发展的典范。"中泰一家亲",中国连续五年成为泰国最大贸易伙伴,是泰国第三大投资来源国,泰国是中国在东盟第三大贸易伙伴。①

---

① 吕健:《弘扬中泰传统友好关系 打造新型国际关系典范——纪念中泰建交43周年》,中华人民共和国外交部官网2018年7月14日,https://www.fmprc.gov.cn/。

在中泰两国源远流长的交往历史中，泰国华人华侨是一个不可忽视的群体。目前，泰国华人华侨数量已多达 900 万，地位举足轻重，影响力十分巨大。特别是改革开放 40 多年来，随着中泰全方位友好合作蓬勃发展，中国民间经贸文化往来日益频繁，中国公民赴泰经商、旅游、定居的人数不断攀升，泰国新华商群体日益庞大，由他们组成的泰国新华商社团正成为泰国一支不可忽视的新生力量。

社团是社会生活的重要内容之一。华人华侨社团是以华人华侨为主要成员构成的，是以地缘、血缘、业缘、经济利益、政治目的、慈善意图、兴趣爱好、宗教信仰、学术教育等为纽带而自愿组成的民间组织机构。泰国华人社团规模庞大、数量众多，在泰国华人社会发展史上具有重要的地位。

泰国新华商社团主要由中国改革开放后赴泰的新华商组成。与泰国老华商社团相比，新华商社团具有传统泰国华人社团的特点，又有自己独特的面貌，在未来中泰两国打造新型国际关系典范、推进"一带一路"建设中将起到重要而积极的作用。本次调查研究聚焦泰国新华商社团，重点以泰国华人青年商会为研究对象。作为泰国第一个华人青年组织，泰国华人青年商会是泰华社会中最具影响力与代表性的新华侨、新移民团体，在泰国新华商社团中极具代表性。本次调研着重研究泰国华人青年商会的成立背景、人员构成、运作模式和主要活动，通过对该商会组织的分析、归纳、总结，管窥泰国新华商社团的共性和特点，并给出对策建议。

此次调研主要采取文献资料收集、深度访谈和问卷调查等多种手段相结合的方法进行。我们走访了中华全国归国华侨联合会、中共汕头市委统战部、汕头市外事侨务局、汕头市归国华侨联合会、潮州市归国华侨联合会，专程拜访了泰国华人青年商会会长李桂雄等多位会员企业家并进行深入访谈，采访了暨南大学、韩山师范学院等侨务专家学者，还到中国国家图书馆、广州市图书馆、潮州市图书馆、汕头大学图书馆查阅相关资料，参考了专业论文和著作 20 多篇（部），并利用中国驻泰王国大使馆网站、国务院侨办网站、泰国华人青年商会网站、泰国华人总商会网站等的网络资源，力争全面、准确、深入地把握调研对象真实情况，使调研更加科学严谨。

二 泰国华人青年商会发展历史背景与现状

（一）华人赴泰及泰国华人社团发展历史背景

1. 华人移民泰国历史基本脉络

自秦汉起，中国就与今天泰国地域上的各小国有文化经济上的往来。有史可考的中国人迁移泰国的活动始于素可泰王朝，一些航海者、商人和水手成为最早的华侨。1766年暹罗首都大城被缅甸军队攻陷，华人之子郑信（达信）率民众光复都城并建立了吞武里王朝，并招徕大批中国人移居泰国，大批闽粤移民（尤其是潮州移民）在这个时期来到泰国。

19世纪是中国人向泰国移民的重要时期。从1855年开始一直到第一次世界大战，泰国不仅处于一个和平时期，而且经济繁荣发展。19世纪后半期以来每年都有数万中国移民涌入泰国。这种大规模的移民在20世纪初达到历史最高水平，此后移民入境的数量逐渐减少。从1949年中华人民共和国成立到20世纪70年代初，中国大陆居民向泰国的移民活动基本停止。[①]

1975年，中泰两国建交。改革开放后，中泰两国经贸文化合作持续升温，规模、领域和层次不断提升。1978年8月1日，国务院颁布实施《关于放宽和改进出国归侨侨眷出境审批的意见》，1979年2月又进一步简化了出国审批的程序，为归侨侨眷出国出境提供了方便。改革开放后特别是20世纪90年代以来，中泰民间贸易急速增长，中国公民赴泰迎来一个前所未有的新高潮。

2. 泰国华人华侨社团发展历史

泰华社团的渊源可以追溯到泰华秘密会社。泰华秘密会社成员的祖籍地缘色彩强烈，强调同姓宗亲联合，有严密的行业垄断。19世纪下半

[①] 潘少红：《泰国华人社团史研究》，厦门大学硕士论文，2008年。

叶以来，泰国陆续出现华人社团，从数量和活动状况看，这些社团都具有浓厚的传统色彩。

进入20世纪，泰国华侨社团处于持续发展过程。特别是第二次世界大战后，大量不同形式的泰华社团如雨后春笋般产生。一是社团数量增多，各类社团纷纷出现，地缘性、业缘性、血缘性社团在旧有基础上继续发展，慈善性社团、政治性社团、文缘性社团及其他类社团也应运而生。二是社团在组织理念、组织形式、社会功能等方面有别于传统组织，社团规模扩大，渐趋活跃，对社会变迁作出新的适应，在泰华社会中的作用日益明显。这个时期产生了泰国华侨报德善堂、泰国中华总商会、泰国潮州会馆、泰国潮安同乡会等泰华社会重要社团。

据泰国官方近期统计，泰国现有华人社团总数在2,000个以上，仅曼谷一地就有400个左右，新的社团还在不断涌现。①这些社团在承担联系乡谊、传承文化、服务会员、发展慈善福利事业等传统功能外，还逐渐跨越畛域，不再局限于服务社团会员，而是积极参与到泰国的政治活动和社会公益活动中，促进了华人与泰人的融洽相处，已成为中泰友好的桥梁，同时还积极与世界各地华人社团交往，为促进泰国与世界各地的友好交流和经贸往来做出巨大贡献。

（二）泰国华人青年商会发展历史及现状

1. 泰国华人青年商会成立背景

20世纪90年代，被誉为亚洲"四小虎"之一的泰国经济发展迅速，中国改革开放也如火如荼，中泰民间贸易急速增长，中国人赴泰经商发展迎来高峰。许多中国人初来乍到，对泰国文化、法律等缺乏了解，与泰国人时有摩擦。当时，在泰华人社团众多，但基本以地缘或宗亲为纽带，且以潮汕、福建和海南等地域社团为主，外人难以融入，对改革开放后从中国大陆各省市赴泰的新移民而言，缺乏足够的凝聚力和向心力。与此同时，泰中之间的小额贸易几乎都是由中国新移民完成的，这些新移民在事业取得成就之后，迫切需要在社会上发出自己的声音。因此，

---

① 杨锡铭：《泰国潮人社团概况》，第四届潮学国际研讨会论文。

迫切需要成立一个更开放、更包容、更高效的青年华商社团，将新华侨、新移民"聚沙成塔"。

此外，泰国华人社团发展多年，自身也开始面临危机。社团普遍存在青黄不接的情况，主体呈现老龄化趋势，社团活动对年轻人的吸引力不足。此外，新老华侨互相支持、互相容纳的程度还不够。为此，众多泰华社团也开始积极寻求变革之道。一种方式是在大型社团内部设立青年部、青年组、青年联谊会，比如有着150年历史的泰华进出口商会，就在10多年前设立属下青年联谊会，旨在培养下一代接班人；另一种方式则鼓励华裔青年成立独立的青年社团组织，专注吸引和服务在泰新华商。

在这样的大背景下，一方面，赴泰新华侨迫切需要一个崭新的青年华商社团提供服务；另一方面，传统泰华社团也有寻求自身变革发展的内在需要。在这样双重需求下，泰国华人青年商会应运而生。2000年7月1日，中泰建交25周年。当天，泰国华人青年商会（THAI YOUNG CHINESE CHAMBER OF COMMERCE）正式成立，广东汕头潮阳籍泰国青年企业家李桂雄当选首任会长。

2. 泰国华人青年商会发展概况

泰国华人青年商会的立会目的在于促进会员之间的友好关系，促进正当的康乐活动，维护会员尊严，促进泰中两国与国际的文化交流和经贸往来，服务社会，为新华侨争取权益，尊敬先侨，培养新一代华人华侨接班人。泰国华人青年商会会址设于泰国曼谷，会员必须是具有华人血统的青年，不论性别，年龄必须满18周岁、不超过55周岁。会员必须赞同商会宗旨、认同商会章程，且由一名会员介绍加入。

成立以来，泰国华人青年商会积极促进泰中两国、促进泰国与世界各国民间的经济、贸易、文化、科技的合作与交流，弘扬、继承中华民族传统文化，热心社会福利与慈善事业，努力提高和强化会员的社会地位与经济实力。商会还一直为泰华新移民引路，协助会员更好地融入泰国社会，帮助会员对外发展商贸合作关系，培养新一代的华侨接班人，向各社团输送青年人才，维护会员在泰的合法权益，逐渐成长为一个充满正气、朝气的青年华人群众团体，积极参与祖（籍）国的经济建设和统一大业，受到泰中两国政府的表彰和老一辈华侨的好评。

2017年，泰国华人青年商会成立17周年之际，泰国总理巴育·占奥差专门致函祝贺，评价泰国华人青年商会"作为促进泰中两国贸易、投资和旅游的平台，在推动国家经济可持续发展、支持社会慈善与福利事业中发挥了重要作用"[①]。

3. 泰国华人青年商会会员基本情况

泰国华人青年商会现有会员约2,000名，主要为改革开放40年来赴泰国工作经商的中国各省、市、自治区及港、澳、台地区的同胞以及泰国出生的华裔青年。从国籍构成上看，中国籍会员约占七成，泰国籍会员约占三成；从会员祖籍构成上看，广东潮汕籍会员约占总人数一半以上，其中70%是改革开放之后赴泰国发展的新潮商，约七八百名。

泰国华人青年商会核心成员为商会执委会委员，约400名。他们从事的行业主要是服务业、制造业、建筑及地产、IT及网络、食品业、运输物流、金融保险、传媒业、旅游、农业、快消品行业、电子、餐饮、文化艺术、市场及广告、医疗行业、教育等等。[②]

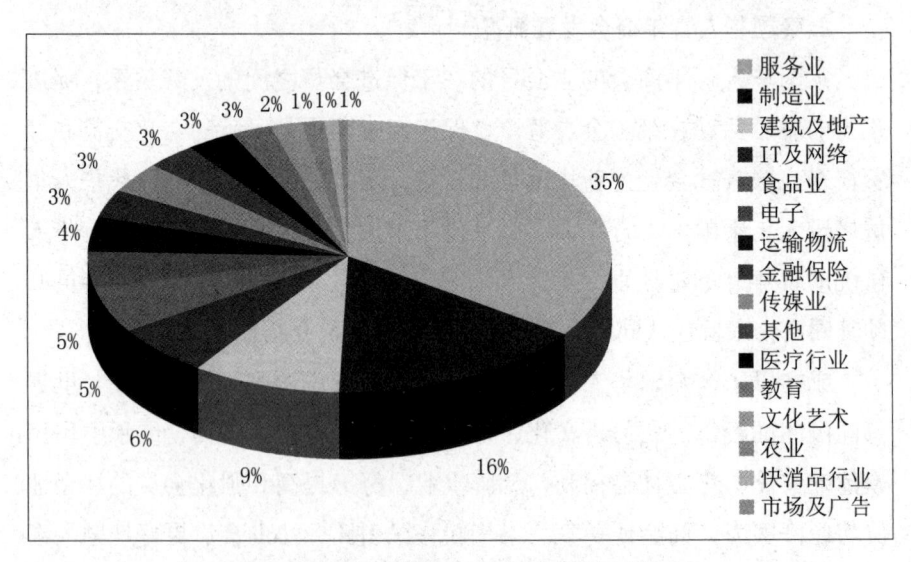

图1　泰国华人青年商会执行委员行业分布

---

① 李桂雄：《推进中泰交流　促成多方共赢》，《时代潮人》2017年第3期。
② 泰国华人青年商会第九届执行委员通讯录，2016—2018年。

从泰国华人青年商会会员的基本情况看,他们大多是已取得一定成就或掌握一定专业技能的企业家、经济师、工程师、会计师、医师、教师、作家、艺术家和新闻工作者等,是年轻的精英和企业经营的决策者。与老一辈华侨相比较,他们普遍有较好的受教育经历,眼界开阔、见多识广,商业眼光独到,有较强的现代经营管理意识。

三 泰国华人青年商会主要活动

泰国华人青年商会作为泰华社会年轻的工商业社团,其职能作用来自于会员依据章程联合授权,可归纳为自律、服务、代表。泰国华人青年商会既有工商业社团共性的职能,又有承担社会责任的独特功能,在组织协调会员的工商业活动、理顺泰国政府和华商关系、促进中泰经济交流与合作中,扮演着不可或缺的角色。

自2000年成立至今,泰国华人青年商会秉承创会宗旨,在促进泰中两国与国际的文化交流和经贸往来、弘扬中华文化、服务社会,为新华侨争取合法权益等方面积极工作,在泰华社会和中泰关系发展中发挥了很大作用。

(一)推动泰中经贸合作

泰国是东盟重要的国家,也是中国在本地区最亲密的合作伙伴之一。从经贸关系来看,中泰合作互利互惠,共进双赢,在各领域都取得了长足进步。在此大背景下,泰国华人青年商会十分重视发挥自身沟通中泰、联系青年华商的优势,积极推动泰中两国经贸交流合作。

2010年,泰国华人青年商会牵线搭桥,促成了泰国正大集团与广东湛江的"新农村"农业合作项目。为推动泰国正大集团项目落地湛江,泰国华人青年商会会长李桂雄与正大集团副总裁李闻海深入研究、探讨,成功地推进项目落地与实施。该项目投资将超过80亿元,正大集团与湛江市采取"政府+企业+银行+农民"的合作模式,建设年产1亿只肉鸡和100万头生猪的现代养殖基地以及南美白对虾工厂化养殖示范项目,最终在湛江建设起完整的产业链条。该项目是湛江有史以来规模最大的农业合资项目，也是湛江辐射范围最广、带动农户最多、产业化水平最高的农业龙头项目①。

2015年3月28日，中国国家发展改革委、外交部、商务部联合发布了《推动共建丝绸之路经济带和21世纪海上丝绸之路的愿景与行动》。在推动建设"一带一路"的历史大背景下，泰国华人青年商会积极响应，与香港中国商会合力在泰国启动了中国商品基地——"泰国东盟城"项目。该项目位于曼谷素万那普国际机场附近，占地超过1万亩，由泰国华人青年商会部分会员与香港经纬集团共同打造，建设学校、酒店、会展中心、服装城等综合体。"东盟城"未来将成为中国商品借助泰国中心位置向东盟辐射的大平台，也是泰国吸引中国投资、繁荣贸易的新窗口。

此外，泰国华人青年商会还先后在北京、上海、深圳、温州和广州等地设立代表处、联络处，多次举办中泰两国工商界经贸洽谈会和旅游推介会，积极推进泰中经贸交流往来。商会现有2,000多名会员中，90%以上与中国都有往来。②仅深圳一市，泰国华人青年商会会员投资、合作的企业就不胜枚举；深圳企业也通过泰国华人青年商会的支持走向泰国。

（二）增进中泰相互了解

泰国华人青年商会还通过创办媒体，广泛介绍中国发展状况，促进中国与泰国乃至东南亚国家之间的相互了解。2005年12月，与中国中央电视台合作的泰国中文电视台（TCTV）正式成立，泰国华人青年商会会长担任董事长兼台长。2008年1月，泰国中文电视台正式开播，目前电视信号覆盖东南亚十几个国家和地区，每日播放时事新闻、纪录片、文艺节目等，以普通话辅以泰文字幕为主要形式，也有潮汕话、客家话等方言栏目。每年中国"两会"，泰国中文电视台不仅对会议开幕式和闭幕式进行直播，还对大会细节进行报道。2008年北京奥运会、2010年上海世博会举办期间，泰国中文电视台精心准备节目播出。遇到中国重大事件，泰国中文电视台还派出摄制组进行现场采访报道。泰国华人青年

---

① 郭丹、黄武：《正大现代农业基地遂溪奠基　汪洋等出席》，湛江新闻网2010年12月31日，http://news.gdzjdaily.com.cn/zjxw/content/2010-12/31/content_1319348.shtml。

② 李桂雄：《推进中泰交流　促成多方共赢》，《时代潮人》2017年第3期。

商会为深化两国民众交往和互动提供了一个全新、宽广的文化、经济、生活交流平台，成为传播中国声音的重要窗口。

为响应"一带一路"倡议，2016年3月，泰国华人青年商会会长李桂雄的泰中文化传媒集团与东方网络公司合作创办"丝绸之路电视台"（SRTV）并在泰国曼谷进行试播。该电视台全部采用泰语播放中国相关电视节目，进一步促进中泰两国的人文交流。时任中国驻泰国大使馆文化参赞陈疆认为，在中泰关系日趋紧密的大背景下，"丝绸之路电视台"的独到之处在于全部以泰文的形式播放有关中国的内容，这必将成为其核心竞争力所在[①]。中国国际广播电台亚洲站站长陈安也肯定了该电视台用当地语言传播中国文化的价值，认为这种形式将受到泰国受众的欢迎，潜移默化地提升了泰国民众对中国的了解。

（三）支持华文华语教育

华文教育是中华文化的根基，泰华社团向来重视华文教育。但20世纪50—70年代，中泰交往一度断绝，华文教育受到限制，直到20世纪80年代末华文教育才挣脱束缚。[②] 对于出生、成长于泰国的年轻一代华人华侨，他们较为缺乏华文华语环境，直接导致第二代以后泰国华人华侨中文水平参差不齐，第三代、第四代华裔甚至不会说中文，对祖国家乡缺乏了解，难以产生情感共鸣。

有鉴于此，近年来，泰国华人青年商会大力推动中泰文化交流。仅2013年，就组织了广东民乐团到泰国演出，组织了4次中国书画艺术交流展，让更多在泰华人华侨以及泰国人民认识了中国的文化艺术。泰国华人青年商会还组织了多个华人青少年夏令营回中国认祖寻根，了解家乡的风俗和文化，并推荐了50多名学生到中国求学。目前，商会许多会员的子女已入读厦门大学、暨南大学等高校。经过多年努力，泰国华人青年商会已经与中国四个省市的数所大学建立了合作关系，服务华人华

---

① 张春晓、明大军：《中泰文化交流打造优秀品牌项目——访中国驻泰国大使馆文化参赞陈疆》，新华网2015年7月20日，http://www.xinhuanet.com/world/2015-07/20/c_1115974896.htm。

② 张应龙：《海外潮团发展现状》，广东人民出版社2015年版，第39页。

侨学习中文和中华优秀传统文化。

(四) 慈善救济服务社会

成立多年来,泰国华人青年商会在慈善救济、服务社会方面做了大量工作。无论是发生风灾、水灾等自然灾害,还是发生重大交通意外,泰国华人青年商会都积极捐资赠物,参与救助,服务泰国社会,支援家乡建设。

2011年7月,泰国遭遇有史以来最大洪灾。泰国华人青年商会成立救灾小组参加到抗洪救灾慈善行列,发动青年商会成员捐献善款500万泰铢。时任泰国总理英拉感谢泰国华人青年商会善举,并对商会助人为乐的高尚品质和精神给予高度评价。2017年,泰国再次发生水灾,泰国华人青年商会又捐出善款,奉献爱心。此外,商会还大力支持泰国社会事务,先后捐款赞助泰国政府反洗黑钱委员会筹办的慈善基金、泰国中华赠医所及百姓慈善总会等,每年还组团慰问孤儿院和养老院,举办"敬老爱幼"慈善福利活动。

图2　泰国华人青年商会执委到泰华孤儿院慰问孤儿

图片来源:泰国华人青年商会官网。

泰国华人青年商会对祖国家乡慈善事业的支持更是不遗余力。2013年4月和2014年8月,四川雅安、云南鲁甸分别发生地震,泰国华人青年商会第一时间紧急行动，积极伸出援助之手，两次均捐出100万泰铢，通过中国驻泰王国大使馆捐献灾区，受到大使馆高度评价。2013年8月，广东潮汕地区遭受洪水灾害。泰国华人青年商会捐出善款300万泰铢，表达泰国华人青年商会同胞对灾区人民的关心和亲切慰问之情。2018年，潮汕地区再次遭受洪灾，泰国华人青年商会多次就灾后救援工作召开会议，积极参与抗洪救灾行动，向潮汕地区捐款500万泰铢。此外，商会还积极支持家乡各项建设。2016年，泰国华人青年商会、泰国汕头国际裕成投资集团发起筹建"潮汕名贤文化广场"，并带头认捐1亿元，这是汕头市潮阳区近几年来自侨界最大的一笔捐款。

除了开展慈善救济和社会服务，泰国华人青年商会还积极参与国际重大灾难救助工作。2018年7月，普吉岛发生翻船事故。灾难发生后，泰国华人青年商会与泰中侨商联合会立即筹备援助力量，并派遣多位商会成员、志愿者到普吉岛现场以及医院参加救援，积极协助救援行动，为此次事故中的伤员和家属提供便利。同时，积极配合中国驻泰王国大使馆的指示开展后续工作，并呼吁泰国政府有关单位严惩违规旅游业者，对中国遇难者和受伤者家属进行相应赔偿。

（五）联系世界华人社团

世界华人侨团众多，开展侨团间的联系互动，有利于敦睦乡情乡谊，增进彼此了解，促进交流合作。泰国华人青年商会在联系华人社团方面同样做了许多工作。

2008年，泰国华人青年商会与泰国潮州会馆、国际潮青联合会成功主办第五届国际潮青联谊年会。潮州会馆是泰国规模最大的华人社团，其当时已经成立70年，而泰国华人青年商会成立刚满8年。新老两个华人华商社团联合主办的这届潮青峰会取得圆满成功，2,000多名来自世界各地的杰出潮青见证了泰国华人青年商会的实力，这是国际潮青联谊年会历史上规模最大、规格最高的一次盛会。

泰国华人青年商会会务快稳发展，经常组织对外访问，主办和参加国内外会议、接待来访代表团等已超过200场，取得了有效的成绩。泰国华人青年商会还与中国多个城市工商联、商会、青联建立友好关系，目前已与中国200多个城市政府和工商界组织进行过互访交流。不仅如此，泰国华人青年商会还参与了中国第一家涉侨民间智库深圳市侨商智库研究院的创办。深圳市侨商智库研究院简称"侨商智库（Overseas Chinese Think Tank）"，是由深圳市汕头商会发起、泰国华人青年商会等海内外知名社团组织共同创办的高端人才思想库，旨在打造侨商第一智囊团，成为华侨华人高端人才思想库。

此外，由泰国华人青年商会会长创办的泰中文化传媒集团，还顺应移动互联网日渐兴起的趋势，倾力打造了App"华人头条"。该款产品突出"侨"字特色，是专为海外华侨华人和出境人群量身定制的App，提供中国和海外新闻资讯、生活服务、信息发布、华人求助、线上社区等服务，满足华侨华人信息需求和社交需求，受到海外华侨华人的热捧，也成为连接海外华侨华人的信息桥梁和情感纽带。

四　泰国新华商社团特点

从历史的角度看，老一代华商往往是为了求生存而背井离乡到泰国发展，其面临的生活环境相对恶劣，自身的知识水平普遍不高，与祖国的互动也显得单一且不频繁。新华商多数成长于和平与稳定的环境中，拥有更加良好的发展基础、较高的学历水平、开放包容的国际视野、联结中泰的热情动力以及积极参政议政的能力。因此，以新华商为主体构成的社团也呈现出不同于老华商社团的特点和趋势。

作为泰国第一个青年华人组织，泰国华人青年商会也是泰华社会中最具影响力与代表性的新华侨、新移民团体，在泰国新华商社团中极为典型。通过对其成立背景、发展历程、组织结构和主要活动进行分析梳理、归纳总结，可以窥见以泰国华人青年商会为代表的泰国新华商社团具备如下主要特点。

（一）章程完备，架构科学

章程，是社团经特定的程序制定的关于组织规程和办事规则的规范性文书，是一种根本性的规章制度，甚至可以说就是一个社团的"宪法"。

考察泰国华人青年商会章程，共计10章88条，对商会名称宗旨、会员资格条件、组织职务、任期任命、选举权利、会费经费财务等逐条作出明确规定，严谨细致。

从宗旨看，泰国华人青年商会首先强调"崇敬皇上陛下、皇后殿下以及皇室成员，遵守国家法律"，体现了商会作为泰国社会工商业组织扎根当地的应有属性；将"促进会员之间的友好关系、促进正当的康乐活动、维护会员的尊严"作为商会最重点工作，体现了商会对会员的服务属性；将"促进泰中两国与国际的文化交流和经贸往来、服务社会"作为使命，则体现了泰国华人青年商会作为华人社团应有的担当；"为新华侨争取权益，尊敬先侨、培养新一代华侨接班人"则体现了泰国华人青年商会作为新华商社团的重要作用。

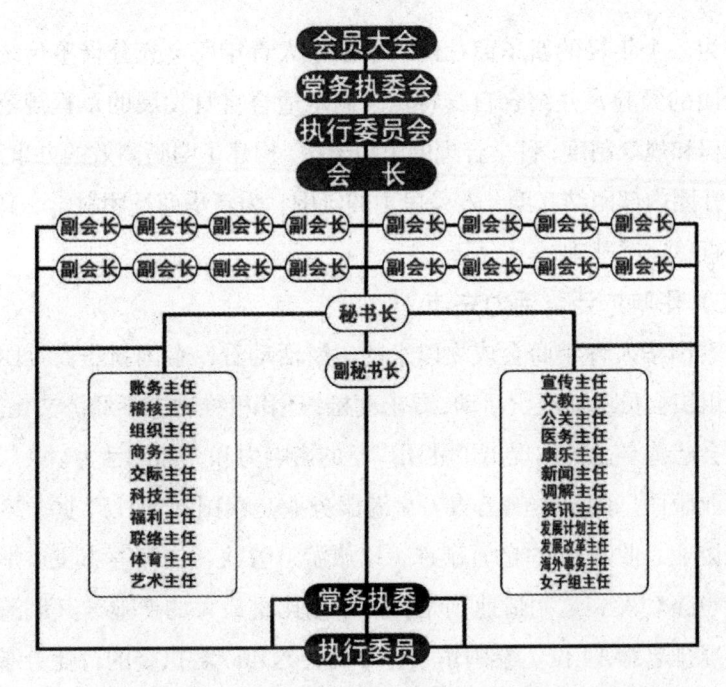

图3　泰国华人青年商会第九届执行委员会组织结构图

从组织职务看，会员大会由商会全体会员组成，为商会最高权力机构，为制定本会方针、章程的最高组织，会长为商会最高管理者和执行者；

会员大会每年开经常会议一次，商会执行委员会每两个月举行会议一次。此外，商会执行委员会还下设副会长若干人，会长助理若干人，商会秘书长一人，副秘书长若干人，并设财务等18个委员会，涵盖商会事务方方面面，使社团事务开展井然有序。①

传统泰国华人社团多以地缘性为联结，其成员不少是同乡，甚至多有亲戚血缘关系。以泰国华人青年商会为代表的泰国新华商社团，成员来自中国各省、市、自治区及港、澳、台湾地区，有一部分则是泰国本土华裔，因此社团内更加强调"民主"和"友爱"两个主题。因此，商会章程第五章"选举权利"对选举资格、选举程序作出详细规定，体现了民主、公平的原则。另外，商会还设置了"名誉会长"和"名誉顾问"等职，请泰国重要侨领、知名人士担任，也体现了新华商对老一辈侨领的尊重。

作为一个年轻的新华商社团，泰国华人青年商会充分借鉴传统泰国华人社团的经验，并结合自身特点，制定适合自身发展的章程规范。完备的章程和规章制度，科学合理的组织架构，构建了明晰高效的办事流程，营造了社团内部团结互助、友爱民主的氛围，为新华商社团科学、高效、有力运行奠定了基础。

（二）影响广泛，活力充沛

从泰国华人青年商会成立以来的主要活动看，泰国新华商社团不仅经常性组织会员参加经贸活动，寻求商机，还积极推动中泰经济文化交流，投身社会慈善事业，体现出了社团广泛的影响力和充沛的活力。

商业版图广阔，影响力大。旅游服务业是泰国的支柱产业，2017年泰国旅游业总收入2.75亿万泰铢，以旅游、餐饮、住宿等为主要形态的服务业也蓬勃发展。制造业则是目前泰国比重最大的产业，其制造业产值在全球排名第14位。泰国华人青年商会约400名执委的行业分布遍及近20个行业，行业分布前四位分别是服务业、制造业、建筑地产、IT及网络，与泰国产业结构高度吻合，在泰国经济活动中具有较大影响。

---

① 百度百科：泰国华人青年商会，https://baike.baidu.com/。

商会会务活跃,活动频繁。社团的生命在于活动,活动搞得好,对内能凝聚会员向心力,提升社团活力,对外能吸引注意力,进而提高社团知名度,吸引更多会员加入,带来更多资源和影响力,环环相扣。考察近年来泰国华人青年商会的一系列活动,对社团内包括提供各种经贸信息、法律服务,举办联谊会、节日团拜会、茶话会等,还举行了各种文化艺术体育活动,增进会员间的交流沟通,提升社团凝聚力;对外则举办了许许多多有影响力的活动,如上文所述的各种经贸、文化、慈善等活动,形成很大影响。

图 4　泰国华人青年商会会长李桂雄荣获"2016—2017 泰国头条新闻年度风云人物"

图片来源:泰国华人青年商会官网。

龙头引领有力,势头良好。俗话说,火车跑得快,全靠车头带。社团是由社员自愿组成的组织,其活动能力很大一部分取决于社团首领。社团首领热心社团事务,领导能力强,影响力大,则社团事务兴、发展旺。在泰国华人青年商会的发展历程中,会长李桂雄所做的贡献极为引人注目。作为泰国新华商的代表人物,李桂雄本身就是一位非常成功的企业家,他名下的泰国环球集团等企业实力雄厚。他还兼任泰国中华总商会副主席、泰国工商总会副主席、国际潮青联合会会长等职务,尤其难能可贵的是，李桂雄以服务社团、服务新华商为己任，热心社团事务，为创办泰国华人青年商会耗费大量心血。近年来，他更以会长身份多次组织会员到中国各省市考察，广泛联系泰国和世界各地侨团。李桂雄说自己"大约只有20%的精力用于自己的生意，其余时间与精力留给青商会"，可谓为商会发展殚精竭力。可以说，正是有了强有力的社团首领，才使社团有了目前的巨大影响力。

（三）心怀祖国，情系桑梓

泰国华人华侨向来有关心故园桑梓的优良传统，历史上泰国华人华侨大力支持祖国家乡建设发展的事迹不胜枚举。作为改革开放后赴泰发展的新华商及其团体，这种爱国爱乡的情怀更是有增无减，呈现出更大的力度和多元的方式。

泰国新华商社团反对"台独"，支持祖国和平统一大业。比如泰国华人青年商会的多位社团首领就分别担任中国和平统一促进会理事会理事和中国多个省市的和平统一促进会理事会理事。他们还参与中国公共外交，为中国开展多领域、多渠道、多层次公共外交提供大力支持。泰国华人青年商会会长李桂雄作为海外侨胞还应邀列席中国政协会议，会议期间，他结合自身经历，积极提出一系列建设性议题。另外，从泰国华人青年商会的主要活动看，多年来商会多次对祖国家乡开展慈善活动，在发生地震、台风、洪涝等自然灾害的时候，会员都积极响应，为家乡人民献上关怀与帮助，也体现了浓浓的桑梓情谊。

老一辈泰国华人华侨爱国爱乡，回国回乡慷慨捐助慈善事业，其赤子情怀、仁心善举令人感动。但受"不赚家乡钱"观念影响，老一辈泰国华人华侨对祖国家乡的支持主要集中在慈善捐助上，回国回乡投资办实业的相对较少。与老一辈华侨不同，泰国新华商十分愿意回国回乡投资，实现共赢发展。一方面是新华商观念的转变，另一方面也得益于中国日益完善的投资环境和更加开放的市场环境。比如著名侨乡广东汕头，近两年筹办汕头华侨经济文化合作试验区，就受到泰国华人青年商会会员的高度关注。商会与汕头方面签署《泰国华人青年商会与中国汕头华侨经济文化合作试验区关于共建华侨板泰国服务基地合作框架协议》，共同参与到家乡的发展中。

对子女的教育同样体现了泰国新华商及其社团的家国情怀。除了大力推广华文教育、弘扬中华优秀传统文化外，许多新华商还将子女送回国内就读就学。比如泰国华人青年商会会长李桂雄的儿子就到厦门华侨大学就读，不仅能自如地运用中文，而且深入学习中华文化。目前，商会大部分会员的子女都有在中国读书或者游学的经历，许多会员子女毕业后在中国大陆工作谋取发展。访谈中，泰国华人青年商会多位会员都表达了希望子女到中国深造发展的愿望。

(四) 扎根泰国，融入当地

作为泰国新华人华侨的工商社团，新华商社团扎根泰国，积极融入当地主流社会，为泰国的繁荣发展做出了应有的贡献。

从社团的宗旨看，泰国华人青年商会首先强调"崇敬皇上陛下、皇后殿下以及皇室成员，遵守国家法律"，充分表达了对泰国皇室的拥戴之意。另外，社团也十分注重与泰国官方保持友好关系，每逢社团的重大活动，都邀请泰国政要和社会知名人士出席，而泰国政要和官方人士也乐意参与，拉近彼此的距离。每逢泰国遭遇自然灾难或事故，新华商社团也积极行动，承担应有的社会责任，树立良好形象。近年来泰国发生多次水灾，泰国华人青年商会都积极响应，捐款捐物，扶助灾民，多次受到泰国官方高层的肯定和好评。

近年来，来泰发展的新华侨、新移民日益增多，泰华社会的各省市商会团体如雨后春笋般成立，泰国华人青年商会许多成员都担任了泰华社团的领导者，成为了企业精英和商界的先锋人物，在很多领域都取得了显著的成绩，有不少杰出会员当上了政府部门和部长军警顾问，成为新侨的榜样。

(五) 推动交流，促进合作

泰国新华商一直以来以推动中泰经贸文化交流为己任，发挥自身独特优势，搭建沟通两国往来的友谊桥梁。改革开放40多年来，中国综合国力不断增强，经济以惊人的速度迅速发展，商机无限。同时，泰国近几十年也保持较好的发展势头，特别是提出"泰国4.0"计划以来，其合作发展的愿望更加强烈。当前,中国"一带一路"倡议也得到包括泰国在内的许多东南亚国家的积极响应,这为泰国新华商社团在推动中泰经贸交流合作上提供了更广阔的舞台。

泰国新华商一般都是改革开放后赴泰发展的,与先辈当年迫于生计下南洋不同,他们赴泰是为了寻求更好的发展。改革开放后,中国商机无限,许多泰国新华商也抓住这个契机,积极在泰中两国寻求合作发展机会。考察多年来泰国华人青年商会的主要活动,从引入泰国资本到中国投资,到帮助中国企业走进泰国、走进东南亚,社团在推动中泰经贸合作方面发挥了重要的作用,产生了巨大的影响。据统计,泰国华人青年商会约90%的会员都与中国有业务上的来往。

一方面,泰国新华商心怀祖国家乡,同时扎根泰国,十分有意愿推动两国经贸文化往来。与老一辈华侨相比,他们大部分早年有在中国发展的经历,对中国有较为深刻的理解;来到泰国后又积极融入当地,熟悉泰国法律和商业运行规则。兼有中泰文化背景,使他们在作为沟通联系的桥梁时显得游刃有余。另一方面,从泰国华人青年商会会员的行业分布看,前四位分别是服务业、制造业、建筑地产、IT及网络,这与泰国产业结构高度吻合,也是中国当前经济活动中的热点。新华商自身强烈的发展需要,也促使他们把目光投向巨大的中国市场。可以说,泰国新华商大力推动中泰两国经贸交流,是经济全球化发展使然,是两国在"一带一路"大背景下寻求合作发展的选择,也符合新华商整体利益,有其自身强烈愿望。

另外,在推动各地华人社团交流合作方面,泰国新华商社团的表现也相当积极、显眼。一方面,新华商社团注重和泰国国内传统华人社团的沟通联系,加强合作,提升自身影响力,为更多华人服务。另一方面,新华商社团还不断拓展对外联系范围,积极与国际华人社团联系,呈现出跨区域、全球化的趋势,客观上拓展了泰国新华商的经贸网络,为其自身商业发展提供更多机遇,同时也使国际华人社团联系更加紧密,对于全球华人增强凝聚力、加强经济文化交流有积极的意义。

五 关于做好泰国新华商社团工作的建议

在中国改革开放 40 多年的进程中,海外华人华侨发挥了重要作用;在中国与世界各国友好合作的历史中,华人华侨贡献巨大。泰国是海外华人华侨聚居最多的国家之一。中泰一家亲,广大华人华侨同当地人民和睦相处,为泰国经济繁荣、社会进步做出了重要贡献,也为中泰友好发挥了不可替代的桥梁和纽带作用,成为中泰友好合作的亲历者、见证者和推动者。

中国特色社会主义进入新时代,"一带一路"建设和构建人类命运共同体为全球治理贡献了中国方案和中国智慧,为中泰互利共赢发展注入了新的活力。祖(籍)国国际地位显著提高,使泰国华人社团提升影响力、谋求新发展有了更为坚强的后盾。近年来,泰国华人社团进入了调整变革、更新换代的阶段。展望未来,以新华商为主体的社团将日益成为重要的力量,其规模化、主流化和国际化的趋势正在强化。进一步发挥泰国新华商社团的桥梁纽带作用,无疑将对促进中泰合作、"一带一路"建设等起到积极的作用。

作为中国第一大侨乡,广东泰国乡亲众多,且联系十分频繁,在开展对泰侨务工作上积累了丰富的经验。如何充分发挥血缘、亲缘、地缘和商缘等优势,进一步引导以泰国华人青年商会为代表的泰国新华商社团,助力祖国和家乡发展,同圆共享"中国梦",促进中泰合作共赢迈上新台阶,是值得进一步思考的课题。

(一)完善机制,统筹规划

随着中央、省、市等机构改革的逐步推进、落地,外事、侨务工作的领导更加有力,职能更加清晰,资源也更加集中。可在国家外交、统战等政策大框架下,坚持老华商、新华商并重的原则,做好基础性工作,完善顶层设计,加强面向泰国新华商社团的统筹规划工作。

一是做好调研。委托专业机构开展深入调研,摸清泰国新华商社团的总体情况,掌握特点,把握重点,完善对接机制。二是出台规划。研究制定《泰国新华商社团联谊合作规划与实施方案》，投入人、财、物等相应资源，做实做细工作，选择重点社团进行培育，通过一个时期（如3—5年）的努力，形成一批可靠、可信的"龙头"新华商社团。三是加强督办。定期跟进规划和方案实施情况，总结经验，改进不足，促进工作不断取得新进展。

（二）改进作风，精准服务

通过深度访谈和问卷调查，我们了解到，不少泰国新华商高度认同祖（籍）国和广东近些年来的发展，认为"一带一路"建设快速推进也给他们带来了许多新机遇。其中，一部分泰国新华商近年来频繁回国，参加各式各样的活动，因此对祖（籍）国和家乡的情况十分熟悉，开展相关工作也更加得心应手；也有相当一部分新华商，或是由于离乡已久缺乏认知，或是在泰国长大，对原乡颇感陌生。总体来说，他们对祖（籍）国和家乡的发展变化，尤其是经济动态、涉外涉侨政策、招商引资、科技创新等信息尤为关注。

过往在为侨服务、为华人服务方面，或多或少存在粗放低效、浮于表面等问题。对此，相关部门应进一步重视、加以解决。

一是改进工作作风。配备政治上强、作风优良、专业水平高的人才队伍，建立责任清单，认真了解新华商的关注点、兴趣点，倾听他们的心声，找到最大公约数。二是提升服务能力。强化服务意识，主动提供服务，发现问题解决问题。对于新华商或社团提出的合理合法需求，建立完善跟踪服务和反馈机制。通过践行新理念、引入新技术、采用新手段，当好新华商贴心人，尽最大可能争取新华商的信任、拥护。三是增强引导能力。鼓励、支持重点联系的泰国新华商社团更好地服务、融入当地社会；凝心聚力、汇集众智、发挥群力，进一步促进中泰友好合作。

（三）以侨为桥，借力传播

"国之交在于民相亲，民相亲在于心相通。"国际政治的历史和现实反复证明，国家间关系的交好离不开人民心灵交流的软助力。正因为如此，"民心相通"被视作"一带一路"建设的重要一环。民心相通，关键在于增进彼此的交流和了解。在新时代，要进一步加强对侨传播的引导力和影响力，把传播学、舆论学、新闻学的规律运用到对侨传播工作中去，实现有效的对外传播。同时，努力使华人华侨成为传播中国声音、讲述中国故事的一支重要舆论力量。

一是扩大泰华社会国际传播的受众面。通过深度访谈和问卷调查可知，不少泰国新华商迫切渴望了解更多中国资讯，特别是经济、商贸、社会等方面的信息。他们对祖国大陆既熟悉又陌生，华文媒体打开的就是一扇让他们了解中国、了解家乡的窗口。除了要积极向泰国华商传播中国新闻资讯，也要通过他们，向更多泰国华人传播中国声音，让泰国华商在中国推进国际传播能力建设方面发挥重要作用。二是加强海外宣传平台建设。在调研中我们发现，泰国华人青年商会中有不少从事传媒行业的会员。以侨搭桥，借力泰国华文传统媒体和新媒体传播，有助于讲好中国故事，传播好中国声音，展示中国新形象。特别是国内地方媒体要用好盘活得天独厚的华侨资源，融合泰国华文媒体，加强横向联系，促进渠道、内容、产业等多方面合作，开展更多"走出去、请进来"采访活动，进一步扩大外宣阵地，提升广东、中国的国际知名度和影响力。

（四）精准对接，谋求多赢

不同于老华商，泰国新华商与祖（籍）国和家乡的联系，早已不是单向输血式的关心扶持，而已转变为互动共赢式的携手发展。在服务构建开放型经济新体制、共建"一带一路"方面，遍布全球的华商网络及海外侨（社）团是广东经济"走出去"和"引进来"的优势所在。泰国华人华侨具有熟悉当地投资环境、法律政策、语言人文等天然优势，因此，需要精准对接泰国新华商社团的需求，以文化为纽带，以经贸为中心，以结果为导向，建立常态化、机制化、多元化的平台，推动实现互利共赢发展。

一是打造"广东－泰国新华商协作网络"品牌。结合泰国新华商的特点和需求，建立一个不同于传统华商的交流协作机制，在共建"一带一路"的背景下重点推出以经贸投资、农业旅游、创新发展等为主题的各类活动，推动信息互通、资源互享、优势互补、成果互用，持之以恒，久久为功，为泰国新华商社团与海内外各界提供携手发展的机会，营造良好的发展氛围。

二是引导新华商社团迭代升级。通过加强交流培训，支持泰国新华商社团转型升级，建立现代管理制度，吸收更多具备全球视野和专业技能的当地华裔青年加入商会，更好地嫁接政策、资本、科技等资源，使其日趋专业化、国际化。中国华侨历史学会副会长、暨南大学教授张应龙认为，广东应该注重发挥泰国华人青年商会等新华商社团的作用，采取切实可行的措施来加强与社团的关系，扶助社团发展。比如可与新华商社团联合举办一些推动中泰合作的重要活动，并委托商会组织实施，以此进一步提高商会在泰国的地位。

三是激发新华商社团"连接器"的潜能。从本次调研结果来看，泰国新华商的商业版图集中于传统产业领域，与泰国的经济结构十分契合，与中国产业发展呈梯度式分布，双方互补性强，互动前景广阔。基于此，可借助新华商社团的力量，按"共建共享"的理念，重点推进广东制造、通信技术、数字经济、金融、跨境电商等优势产业在泰国落地发展，同时推动泰国农业、旅游等产业在广东和中国的多点开花、深度发展。张应龙建议，可以泰国新华商社团为依托，帮助广东企业、中国企业了解泰国投资环境和政策，或代为招聘当地工作人员，加强与当地资源对接，以节省企业运营成本，减少投资风险，使中国企业"走出去"走得更加平稳，使社团在合作中得到发展，使粤泰合作、中泰合作不断结出新的硕果，为构建人类命运共同体做出新的积极贡献。

（广东外语外贸大学新闻与传播学院研究生翁婉瑜、杨尚文对此文有贡献）

一　参考文献

曹云华：《泰国华人社会初探》，《世界民族》2003年第2期。

陈晓宏：《战后中泰关系视域下的泰国华人认同研究》，广西民族大学硕士论文，2013年。

邓金花：《1970年代以来前往泰国的中国新移民研究》，厦门大学硕士论文，2007年。

范锦荣：《泰国华人政治参与研究》，暨南大学硕士论文，2011 年。

郭梁：《东南亚华侨华人经济简史》，经济科学出版社 1998 年版。

黄素芳：《泰国华侨华人研究的历史与现状》，《八桂侨刊》2007 年第 9 期。

霍媛：《华人与泰国现代化发展》，华东师范大学硕士论文，2016 年。

康晓丽：《二战后东南亚华人的海外移民》，厦门大学出版社 2015 年版。

康晓丽：《二战后泰国华人的海外移民：数量估算、原因和影响分析》，《八桂侨刊》2016 年第 1 期。

邱会珍：《1975 年以来泰国华侨华人与中泰关系研究》，华侨大学硕士论文，2016 年。

潘少红：《泰国华人社团史研究》，厦门大学硕士论文，2008 年。

施坚雅：《泰国华人社会：历史的分析》，厦门大学出版社 2010 年版。

汪慕恒：《东南亚华人企业集团研究》，厦门大学出版社 1995 年版。

温广益：《"二战"后东南亚华侨华人史》，中山大学出版社 2000 年版。

吴崇伯：《泰国华人企业集团的兴起与发展》，《华侨华人历史研究》1998 年第 2 期。

徐晞：《泰国华人工商业社团的发展轨迹与治理创新》，《东南亚研究》2013 年第 1 期。

云冠平、陈乔之：《东南亚华人企业经营管理研究》，经济管理出版社 2000 年版。

张应龙：《海外潮团发展现状》，广东人民出版社 2015 年版。

植万禄：《新华商树立海外华商新形象》，《出国与就业》2002 年第 1 期。

钟恺琳：《抓住机遇，享"一带一路"发展红利——〈房地产导刊〉泰国考察行》，《房地产导刊》2015 年第 12 期。

朱芳：《泰国华人经济状况及其走向》，《当代亚太》2001 年第 9 期。

二　参考网站

中华人民共和国驻泰王国大使馆：http://th.china-embassy.org/。

国务院侨务办公室网站：http://www.gqb.gov.cn/。

泰国华人青年商会网站：http://www.tycc.org/。

泰国中华总商会网站：https://www.thaicc.org/。

世界华人网：http://www.wuca.net/。

新华网：http://www.xinhuanet.com/。

中国侨网：http://www.chinaqw.com/。

广东媒体国际传播现状与对策研究

——以南方报业传媒集团和广东广播电视台为例

王豪菁　邓少涛　涂晓峰*

【摘要】 广东地处改革开放前沿,其发展是国家经济社会发展的风向标。近年来,党和国家对广东发展提出了更高的要求和希望。在当前国家大力推进国际传播能力建设的背景下,广东媒体应该充分发挥作用,讲好中国故事和广东故事。本调研报告从广东媒体推进国际传播能力建设的意义和作用出发,通过对广东媒体整体及具有代表性的南方报业传媒集团和广东广播电视台两家媒体国际传播现状和案例的分析,梳理广东媒体国际传播尚存的内容多样性不足、传播精准度不够、国际传播能力不足、媒体整合力度不够等方面的问题,提出挖掘国际传播素材、拓展国际传播渠道、强化跨文化传播等对策和建议。

【关键词】 广东；媒体；国际传播；现状；对策

十八大以来,党和国家高度重视国际传播能力建设,习近平总书记就推进国际传播能力建设提出了一系列新理念、新思想和新战略。习近平总书记多次强调,要加强国际传播能力建设,精心构建对外话语体系,增强对外话语的创造力、感召力、公信力,讲好中国故事,传播好中国声音,

---

* 【作者简介】王豪菁,男,广东外语外贸大学党委宣传部外宣科科员；邓少涛,男,江门市广播电视台电视节目中心专题部副主任；涂晓峰,男,西江日报社新媒体部副主任、西江网运营总监。

阐释好中国特色。在党的新闻舆论工作座谈会上，习近平总书记强调要遵循新闻传播规律，创新方法手段，建立对外传播话语体系，增强国际话语权。"推进国际传播能力建设，讲好中国故事，展现真实、立体、全面的中国，提高国家文化软实力"等内容也被写入了十九大报告中。

广东是改革开放的排头兵、先行地、实验区，GDP总量连续28年领跑全国，也是千年商都、海上丝绸之路南大门——广州，全国经济中心城市、国家创新型城市——深圳的所在地，并正在大力推进粤港澳大湾区建设。广东在国家发展全局中有着举足轻重的地位。习近平总书记曾多次到广东视察，先后提出"三个定位，两个率先""四个坚持、三个支撑、两个走在前列""四个走在全国前列"的殷切希望。广东媒体在大力推进国际传播能力建设的背景下，应该发挥更加积极的作用，把广东灿烂的历史文化、鲜活的改革开放实践经验、生动的地方故事推向世界。2016年7月，时任广东省委常委、宣传部长慎海雄出席在京召开的"一带一路"媒体合作论坛时指出，广东作为媒体大省、互联网大省，将强化国际传播能力建设，创新对外传播方式，大力拓展对外传播的渠道，支持主流媒体做强做大，走出去参与国际传媒市场的竞争与合作。

本研究报告将重点探讨分析广东媒体推进国际传播能力建设的意义，并以广东媒体中在对外宣传方面最具代表性的南方报业传媒集团和广东广播电视台为调研对象，分析其国际传播方面的经验和案例，指出目前广东媒体开展国际传播的不足，并提出推进对策和建议。

一 广东媒体推进国际传播能力建设的意义

广东的地理环境、历史文化、发展实践为广东媒体推进国际传播提供了便利条件、积累了丰富素材，在当下中国积极参与全球经济治理、走近世界舞台中央的背景下，广东媒体如果能充分发挥国际传播的积极作用，将为国家在政治、经济、文化等领域带来更多机遇。

（一）支撑广东奋力实现"四个走在全国前列"

2018年3月，习近平总书记参加十三届全国人大一次会议广东代表团审议并发表重要讲话，要求广东继续深化改革、扩大开放，认真落实新时代党的建设总要求，在构建推动经济高质量发展的体制机制、建设现代化经济体系、形成全面开放新格局、营造共建共治共享社会治理格局上走在全国前列。在经济全球化的大背景下，广东的发展离不开国内国际社会的支持，需要与世界各国建立更加密切的合作关系，吸引人才、资金、技术的汇聚，从而实现产业转型升级，支撑广东经济高质量增长。推进广东媒体国际传播能力建设，将广东所具有的区域优势、政策优势、营商环境对外推介，将有助于国际社会了解广东，增进对广东的感情，创造更多合作共赢的机会，积聚推动广东新一轮发展的优势资源，为广东奋力实现"四个走在全国前列"提供全方位支撑。

（二）在国际社会上为中国树立良好的国家形象

"广东既是向世界展示我国改革开放成就的重要窗口，也是国际社会观察我国改革开放的重要窗口"，广东的形象很大程度上代表着中国的国家形象，而大众媒体在国家、地区的形象建构中发挥着重要的作用，"利用媒体构建与国家本体相互支撑的国家形象，已成为当今国际事务的重要环节，也成为各国外交制胜的有效策略，所以，它愈来愈为各国政府所看重"。[①] 随着国家实力逐步增强，中国日益走近世界舞台中央，积极参与全球治理，急需广东媒体通过国际传播，讲好中国改革开放的生动故事，为世界呈现一个全面立体的中国。同时，广东作为意识形态斗争的前沿阵地，在西强东弱的传播格局中，面对某些西方媒体的故意抹黑，广东媒体更应该加紧推进国际传播能力建设，对抗国际社会的杂音，呈现更加客观的中国，全面展示中国政治、经济、社会制度的正确性，树立和平友好的大国形象，为中国在国际社会上赢得更多的舆论支持。

（三）推动"一带一路"建设和粤港澳大湾区建设

随着"一带一路"建设和粤港澳大湾区建设的不断推进，以及国内国际媒体对中国国家战略的推介，参与"一带一路"建设的国家越来越

---

① 蔡泉水：《新媒体环境下我国主流意识形态安全研究》，南昌大学硕士论文，2016年。

多，粤港澳大湾区也受到国际社会越来越多的关注。广东作为海上丝绸之路的起点，粤港澳大湾区建设的主要区域，具有国家当前战略发展的诸多生动素材。广东媒体积极发挥国际传播作用，讲好与"一带一路"沿线国家的历史故事、当下故事，书写中国与"一带一路"沿线国家合作共赢的绚丽篇章，将有益于中国倡议走向世界，吸引更多国家参与，实现合作共赢。加强对粤港澳大湾区建设的国际传播，将有益于提升粤港澳大湾区的全球影响力，在全球范围内汇聚资源，推进粤港澳大湾区的国际化建设，加快将粤港澳大湾区打造成为与美国纽约湾、旧金山湾、日本东京湾相媲美的世界级湾区，成为我国经济社会发展的增长极。

（四）促进广东优秀文化走出去

十八大以来，习近平总书记高度重视传承和发展中华优秀传统文化、革命文化、社会主义先进文化，提出要坚定文化自信，推动中华文化走出去。2018年10月，习近平总书记视察广东时，寄语港澳台和海外学生"把中华优秀传统文化传播到五湖四海"。广东历史文化悠久，涵盖学术、文学、绘画、书法、音乐、戏曲、工艺、建筑、园林、民俗、宗教、饮食、语言、侨乡文化等众多内容，改革开放以来，广东文化以其独有的多元、务实、开放、兼容、创新等特点，在中华大文化之林独树一帜，对岭南地区乃至全国的经济、社会发展起着积极的推动作用，是中华民族灿烂文化中最具特色和活力的地域文化之一。广东媒体积极发挥文化传播者的职责和使命，将有力推动中华文化与世界文化的交流互鉴，促进不同文化背景的人打开心扉、心心相通，从而进一步拉近民族与民族、国家与国家的距离。

（五）提升国家软实力

美国哈佛大学教授小约瑟夫·奈指出"一个国家的综合实力既包括由经济、科技、军事实力等表现出来的'硬实力'，也包括以文化和意识形态吸引力体现出来的'软实力'"。[①] 媒体是国家软实力的一种表现，

---

① 陈旻：《媒体格局变化条件下思想舆论引导研究》，中国矿业大学硕士论文，2016年。

对国家综合实力的提升至关重要，国情问题研究专家胡鞍钢指出"即使中国经济快速发展，经济力和综合力日益强大，但是媒体落后同样会被动挨打。没有'软实力'，就必然受到'软打击''软轰炸'"。广东作为改革开放的前沿阵地，在众多领域具有先锋性，是中国发展成就的集中体现，也是中国未来发展的风向标，广东媒体能否讲好广东改革发展的故事，很大程度上决定着我们能否讲好中国故事。广东媒体要充分发挥国际传播的作用，呈现广东的发展成就、人文风情，讲有利于国际社会对中国政治、道路、理论、文化的理解和认同的故事，在国际舆论中获得更多的话语权，有力提升国家软实力。

二 广东媒体国际传播的现状

广东是媒体大省、互联网大省，这里聚集有央视网、央广网、新华网广东、人民网广东、广东新闻网、新浪广东、腾讯大粤网、国际在线广东、广东广播电视台荔枝网、广视网、广州日报大洋网、深圳之窗、深圳热线、奥一网、ZAKER新闻、广东网、金羊网、南方网、东方网、深圳新闻网广东之窗、广东视窗等众多网络媒体；广东电视台、南方电视台、广州电视台以及21个地市近百个电视台；还有《南方日报》《羊城晚报》《广州日报》《南方都市报》《信息时报》《新快报》以及各地市众多报纸杂志媒体等。电视媒体、网络媒体、报刊杂志等媒体发达。近年来，随着新媒体的涌现，广东媒体也正在大力投入新媒体、融媒体建设，影响力不断提升。

依托广东发达的多媒体平台和渠道，广东媒体近年来在国际传播方面，不断强化国际传播能力建设，创新对外传播方式，大力拓展对外传播的渠道，支持主流媒体做强做大，走出去参与国际传媒市场的竞争与合作。2015年底广东设立了今日广东国际供稿中心，与十多家海外主流媒体合作，打造知名网络社交媒体的传播矩阵，举办了"世界主流媒体看广东"和"境外记者沙龙"等外宣品牌活动，努力搭建起海外舆论客观认知中国的平台和纽带。先后设立了两个百亿元规模的新媒体投资基金，整合广东广电和报业资源等筹建南方财经全媒体机构，打造南方英文网、今日广东等对外传播载体平台，支持主流媒体做强做大，走出去参与国际传媒市场的竞争与合作，增强对外传播力、影响力。自 2015 年年初以来，广东省先后组织驻外主流媒体开展"探访海上丝绸之路"大型系列采访，举行"海丝心语广东行"主题网络采风，组织拍摄大型纪录片《海丝行梦路》等，承办以"一带一路"网络先行为主题的中国网络媒体论坛，依托米兰世博会等契机举办广东文化周，大力宣介"一带一路"的重大战略。

为深入了解广东媒体在国际传播方面的具体情况，更好地总结经验、分析问题，此次调研选取南方报业传媒集团和广东广播电视台作为调研对象，了解两家媒体国际传播的概况及其成功案例。

（一）南方报业传媒集团国际传播情况及案例分析

2010 年 4 月 1 日，南方报业传媒集团接办《今日广东》海外新闻版这一广东省著名外宣品牌。多年来，在"走出去"战略的实施之下，南方报业传媒集团选取一批扎根海外的成熟华文媒体合作，先后与星岛新闻集团、《星洲日报》、美国美中报导社等海外媒体签署合作协议，由 2010 年接办之初仅 4 家合作媒体，到 2014 年的 22 家合作媒体遍布世界各地；[①] 从最初单一的《今日广东》新闻版，扩展到如今包括《今日广东》《南粤侨情》《中医养生》等系列新闻产品，发行范围遍及全球五大洲各主要城市。

1. 借船出海，服务全球华人社区

2010 年 7 月，南方报业传媒集团与星岛新闻集团签署了合作协议。根据双方协议，《南方日报》（海外版）与《星岛日报》（海外版）合作编制《南粤侨情》专版，每周一期，随《星岛日报》（海外版）发行北美、欧洲、大洋洲各大主要城市。《南粤侨情》面向海外华人读者，反映南粤大地乡情乡讯，侨情新动态、新政策、新风俗，及时报道华人

---

① 李梦瑶、林旭娜：《探索区域国际传播 真情讲述广东故事》，《南方日报》2014 年 7 月 1 日。

华侨返乡情况,给海外读者提供了一扇深入了解广东的窗口。

2011年4月,今日广东·南方报业海外频道开始试播,该频道以南方报业全媒体一体化平台为强力技术支撑,有效整合南方网、奥一网、南方报业网、南方报网资源,并与星岛环球网、美国侨报网和欧洲时报网实现技术对接,真正实现网络传播海外落地。内容以南方日报海外版《今日广东》和《南粤侨情》为核心产品,开设《数字报》《新闻中心》《图片中心》《视频中心》《政策专区》《服务专区》等栏目,将广东之大事、要闻"一网打尽",锐意打造集文字、图片、视频、音频于一体的大外宣传播平台。2011年12月,南方报业传媒集团与泰国《星暹日报》合作,《中医养生》每周一版刊行。

图1 南方报业与《华商日报》合办的新闻版《今日广东·中医养生》

2013年4月2日,南方报业传媒集团与美国美中报道社启动合作开版仪式,计划每期推出两个版,分别为《今日广东·侨乡观察》和《今日广东·中医养生》，逢周五在全美各大主要华人居住城市发行。2014年3月31日，经过一年多筹备，南方日报海外版与环球商系传媒集团、柬埔寨《华商日报》达成合作共识——南方日报海外版在环球商系传媒旗下13家媒体上成功落地，为欧洲、美洲华文读者提供新闻大餐；与柬埔寨战乱后创办的首家华文报纸——《华商日报》携手，首次登陆柬埔寨。随着这"走出去"的坚实一步，南方日报海外版在欧洲、美洲和东南亚的影响力和覆盖密集度也同步提升。

图2　南方报业与《华商日报》合办的新闻版《今日广东·南粤侨情》

"借船出海"这一策略使得南方日报海外版在短短4年内，迅速实现了在海外的高覆盖率，初步确立"有华人的地方，就有南方的声音"的对外传播格局。落地《加拿大商报》《美洲商报》《欧洲商报》《欧洲时报》《南美侨报》的《今日广东》新闻版已在美国、加拿大、法国、巴西等10余个国家同步刊出；与《星岛日报》海外版合作编制的《南粤侨情》，发行北美、欧洲、大洋洲各大主要城市；与《星暹日报》和《华商日报》的合作，增加了《今日广东》在东南亚地区的影响力；与美国《美中报导》的合作，使南方日报海外版随亚特兰大最具影响力的华文媒体发行至美国中部各大城市。

表1　　　　　　　　　　南方报业海外版面分布①

报纸	栏目	见报频率	版面数	发行地区
《侨报》	《今日广东》	周一、二、三、四、五、六	每天1个整版	美国各大城市
	《南粤侨情》	周日	每周1个整版	
《加拿大商报》	《今日广东》	周二、三、四、五、六	每天1个整版	加拿大多伦多等地
《加拿大商报》（繁体版）	《今日广东》	周二、三、四、五、六	每天1个整版	加拿大多伦多等地
	《中医养生》	每周一	每周1个整版	
《星岛日报》	《南粤侨情》	每周六	每周1个整版	全球发行
《星暹日报》	《南粤侨情》	每周三	每周1个整版	泰国主要城市
	《中医养生》			
《美中报导》	《南粤侨情》	每周五	每周1个整版	美国中部各城市
	《中医养生》			
《欧洲时报》	《今日广东》	不固定	每月约4个整版	法国等地
《华商日报》	《南粤侨情》	每周一	每周1个整版	柬埔寨主要城市
	《中医养生》			

2. 内容平衡，凸显粤味精神

在内容呈现上，南方日报海外版（《今日广东》《南粤侨情》《中医养生》等海外新闻版）将作者与读者的共识作为报道题材选择标准，而非一味单向宣传灌输。新闻版基本展现了广东各方面的发展和进步，新闻不会太"硬"，更多反映社会风情、精神风貌以及文化生活等软新闻。

对受众群体进行深入分析可知，如今的海外受众，除了深受中国文

---

① 范璐：《地方媒体对外报道研究——以〈南方日报〉海外版"今日广东"为例》，暨南大学硕士论文，2015年。

化影响的第一代移民，还有在海外长大、不熟悉中国文化的第二代第三代华人华裔，而他们正逐渐成为主体。海外版抓住地域特色，推出重头产品《南粤侨情》，将读者锁定为侨居海外的广东籍新老华侨、华人，尤其是要抓住新移民和新生代华人的需求，并在《南方日报》开辟《海外版视窗》这个互动栏目，吸引关心广东、住在广东且懂中文的外国人和华侨读者。

凭借强大的记者站网络，南方日报海外版第一时间获取全省各地市新闻线索，并进行调查性深入报道，其中的深读版系列，用海外华人华侨关心关注的选题和他们熟悉的语言模式，同时确保100%原创性和选题的调查性、新闻性，受到海外读者的欢迎。

2013年，以广东侨批为主体的侨批档案"申遗"成功，载入世界记忆名录。在此之前，南方日报海外版记者耗时3年深入调查追踪、持续报道，扩大侨批档案的影响面，最终推动了广东首项世界记忆遗产"申遗"成功。泰中学会会长、侨批研究者洪林连续几年关注该专题报道，其间多次致电记者，肯定该组报道并推动在《星暹日报》上连续全文刊登这批文章，这也促成了《南方日报》与《星暹日报》的紧密合作。

3. 淡化宣传，还原媒体本位

尽管"侨"味浓厚，特色凸显，还推出了重视"讲故事、重人情味"的《南粤侨情》版面，但由于历史的原因，中国媒体在国际传播中向来被西方传媒和受众过滤或拒绝，加上本身背负的"外宣"任务，南方日报海外版依然存在较强的"宣传"味道，正负面报道失衡、信源多来自官方等情况时有发生，对省内重大突发事件、负面事件报道迟缓，仍没有摆脱传统宣传的思路，误解"以正面报道为主"的对外报道原则，导致相关信息对外传播效果打折扣，甚至跑不赢谣言。在报道中，还需还原媒体本位，转变对外报道的理念，淡化宣传味道，大胆实施以事实为基础的平衡报道，不避讳发展中的问题。

（二）广东广播电视台国际传播情况及案例分析

广东电视台国际频道于2011年1月18日试播，是广东电视台通过卫星传送面向全球播出的全新电视频道。广东国际频道是国内第一家以英语为主的省级国际频道，以中国最开放、经济最发达地区的媒体视角报道广东，传播当下的中国声音，以彰显国家文化软实力、提高国际传播力、塑造国家形象为目标，致力于成为一个具有权威性、公信力和影响力的世界级媒体。

广东国际频道在申报之日起，就明确提出差异化定位策略和国际化传播路线。目标收视群体以长期被忽略的西方主流社会讲英语的人群为主，同时兼顾海外华侨华人。这一目标受众也是新时期国家对外传播中最为核心的目标受众，因此，广东国际弥补了传统对外传播中受众人群定位的不足。广东国际频道的很多工作人员都有海外留学背景，是广东电视台留学人才最多的部门。从节目策划之日起，节目主创人员就邀请国际频道的外籍主持人、外籍嘉宾等参与翻译、审稿、编译等，力图以贴近西方观众的思路、接受心理、审美观念来制定传播报道策略。在国际频道，很多栏目从取名、选题到切入角度、包装手法等都有外籍工作人员参与讨论，频道每周二的编委会都会邀请外籍工作人员参加，以避免过去外宣工作常犯的"以传者为中心"自说自话的现象，力争改变单向灌输式的传播观念。多年来国际频道也已创作了一大批优秀的节目。

广东国际频道节目信号已经覆盖了欧洲、北美洲、中南美洲、南非、亚洲以及大洋洲。节目以新闻资讯、纪录片为主，每天滚动播出动态新闻，报道全球要闻。频道自制了一批全高清脱口秀、纪录片、旅游节目、美食节目和政经类访谈节目，同时整合广东广播电视台最新的电视剧、综艺娱乐、财经专题、少儿教育、真人秀等，为海外观众提供多元化的节目选择。2011年5月起，通过美国麒麟电视公司及长城平台进入北美地区及欧洲部分地区的IPTV网络，总收看户数约为8万户。2011年10月起，通过美国精宇卫星公司的IPTV平台进入南美洲，覆盖面积为南美洲全境。2012年3月起，在美国洛杉矶地区以无线数字方式进入1,600万观众家庭，在KVMD31.4频道播出。2012年6月起，与澳洲天河电视台合作，以IPTV方式覆盖澳大利亚全境。2013年6月，与美国华语电视台签订落地合作协议，落地美国纽约时代华纳有线电视网。2013年6月，与加拿大今日电视台签订合作协议，11月正式落地加拿大罗杰斯有线电视 Rogers 823 频道、贝尔有线电视 Bell Canada 728 频道，覆盖 440 万收视户。

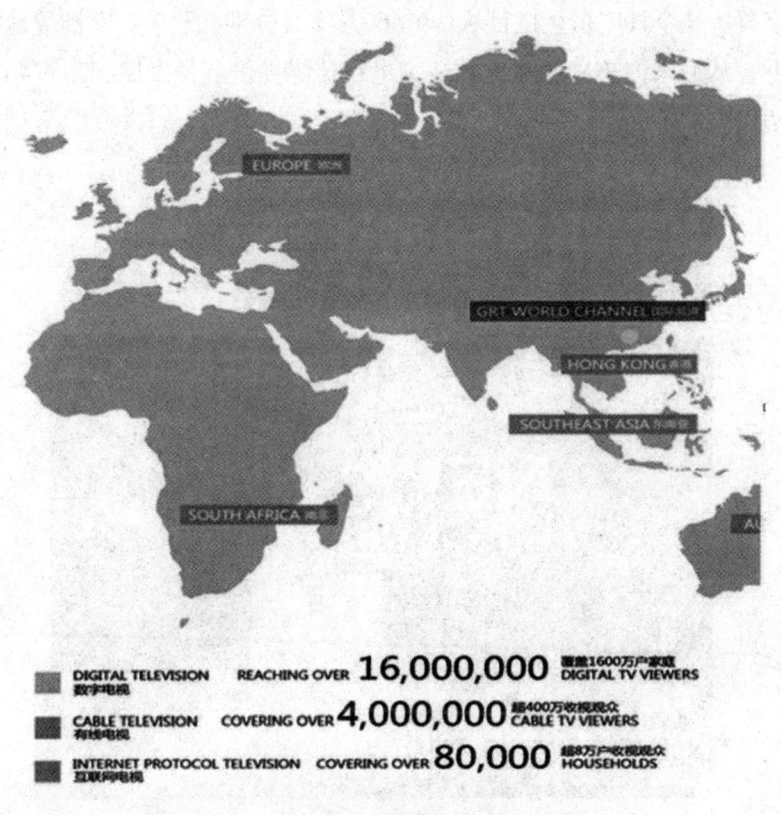

图 3　广东国际频道国际传播影响力

作为广东国际频道的主打英语新闻栏目，《News Headlines》自推出之日就受到美国和香港观众的广泛欢迎，覆盖观众数量超过千万。据北美长城平台收视统计，《News Headlines》2013 年收视率雄踞广东国际频道资讯类节目前三位，位列频道自办节目第一，并超过同时段 CCTV News 频道同类型栏目收视率的 50% 以上。作为中国第一家以英语为主要播出语言的地方国际频道，广东国际频道已经在美国华人华侨和西方主流社会中产生了巨大的影响。以《News Headlines》为代表的英语新闻资讯类栏目，已成为美国社会了解中国、了解广东的最有效平台之一。

《今日广东》是广东省政府新闻办与广东广播电视台、广东各地市

（外宣办）、电视台、频道协办的电视外宣专栏。目前《今日广东》栏目分为普语版和粤语版，长度分别为20分钟/期和25分钟/期，均配有中英文字幕。《今日广东》栏目从1997年7月 1 日分别在北美、欧洲等地首先开办，从原来向美国中文电视一家电视传媒提供节目发展到现在13家电视传媒固定播出。

图4 《今日广东》栏目截图

截至目前，《今日广东》在全球 50 多个国家和地区播出，向海外传媒提供播出节目约 7000 小时。节目在国外引起广大观众关注，尤其深受海外华人、华侨的欢迎。栏目以平视角度、平白语言、平常画面全面反映今日广东改革开放以来，广东各行各业所涌现的新人新事、新风尚。力求通过易读易看的形象解读发生在今日广东方方面面的最新信息。

三 广东媒体国际传播的不足

虽然广东媒体已经开始发展和布局建设一些国际传播的渠道和途径，

并且取得了一定的成效,但是,目前与国外媒体、中央级媒体相比仍存在较明显的差距。广东媒体的国际传播还主要集中在几家省级媒体上,广东地市一级的媒体基本上很难将地区内鲜活的文化、故事传播出去,在总体上,广东媒体的国际传播影响力也还相对较弱,在国际传播方面的经验仍显不足。

鉴于广东在国际传播领域的薄弱环节,建设国际一流媒体,争取国际声音,塑造和传播形象,影响国际主流媒体势在必行。分析广东国际传媒的传播方式,结合广东国际传媒传播现状,从国际形势出发,分析不同文化、不同受众,做好国际传媒工作,是广东的一项重要任务。从中西文化交流中,找出需要努力研究的方向,从而真正实现话语权的竞争,改变西方强势、东方弱势的舆论形态,顺应世界潮流,全面开展工作是媒体的一项重要任务。因此,我们需要对现有的传播工作进行深入分析,找出仍然存在或被忽视的问题,并分析解决问题的方法。

(一)国际传播的内容多样性不足

广东媒体国际传播的建设如今在量上有了一定的成就,但是在质上面还有欠缺,我们能够发现如今的大多数媒体有海外版、国际版,但是在新闻内容的表达上与国内的新闻差异并不大,把国内的稿子稍加修改就成了海外版或是国际版,这样只重视发稿数量而不重视质量的方式是不可取的。网站够多,报纸够多,唯独报道形式不够多,对于报道形式所下的功夫也有限——因为要做的新闻太多而忽略了新闻本身的质量。一般来说,新闻价值关注的是宣传、宣传的过程,其中宣传是个体。新闻关注本质,关注自身的真实性,关注自身价值的存在,关注符号、宣传,关注信息。对于受众来说,新闻带来新闻内容的价值,而不是新闻本身的价值。对于新闻来说,"新奇"是最重要的。没有这个词,它就不是新闻。使人们感兴趣的东西总是新事物,而在广东媒体传播的过程中,几乎很难见到让人一看到就感兴趣的新奇点和亮点,所以,广东媒体想要在国际传播中有一个良好的发展就必须抓住观众们的眼球。[①]

---

① 杨喆:《文化传播视野下广东文化的传承与嬗变研究》,武汉大学硕士论文,2017年。

（二）国际传播的精准度不够

目前广东的国际传播在内容选择和节目制作上不能迎合国际观众的喜好，究其原因，主要是受众定位不准，地方节目制作僵化、缺乏新颖性和创造性，这也反映了我国传播人才缺乏，创新精神不足。由于国际交流的特殊性，广东国际交流的受众不应该局限于海外华人、海外学生和在中国的其他华人，而应该延展到全世界。因此，广东媒体国际传播内容产品的针对性有待进一步提升。国际传播的针对性是指在制作传播内容的时候，能够根据传播相关受众来选择报道的题材、报道的角度以及使用的新闻语言等。针对国际传播，只有切实做到适应各国受众的习惯和思维，适应各国对中国及广东的信息需求，适应中国和世界发展的趋势，才能从根本上提高信息传播的效果。根据不同地区的受众特点，一个国际化的传媒通常会从自身文化中突出的民族特色出发，结合接受者的风俗习惯和文化心理，提供形态、包装不同的内容产品。

（三）国际传播素养有待提高

西方媒体传播能力较强，原因之一就是西方媒体从业者的传播素养，这是一种文化和能力。以对外电视节目为例，西方对外节目主持人通常具备较好的专业素养、文化基础、应变能力、国际知识和思考能力，展示的是深刻而独到的见解，往往让人印象深刻。但是在广东电视媒体，招聘主持人的时候不够重视专业知识和素质，而且更加重视外表，主持人的专业综合能力偏弱。多数情况下都是后台记者和编辑写好了文稿之后交给主持人，这种对外交流方式不仅浪费了资源，而且影响了主持人自己的表达。从根本上来说，这违背了视频新闻的本意，因为对外传播重要的不是主持人的漂亮外表，而是文化和能力。

（四）缺乏具有国际影响力的媒体品牌

一个知名的、有能力的跨国媒体集团无论是在人员上、信息渠道上都能给旗下的媒体机构做靠山。媒体集团化是一种顺应时代的趋势，它的优势就在于它能使跨国界、跨文化的信息综合运用，在新闻、电影、广播等等方面的综合发展能够带动技术在新闻报道中的应用。因此，广东的媒体集团化发展不够成熟也是影响国际传播力的一个重要方面。在传播全球化的大环境下,广东的传媒集团在经济上、知名度上都不及西方传媒集团,如何面对西方传媒集团带来的竞争,如何提高广东跨国传媒集团的知名度,是需要攻克的难题。尤其是在这种情况下,如何去占有国外媒体市场,把广东相关媒体集团推向国外,造成声势,在国际上发挥影响力,这是广东媒体面临的问题。

(五)国际间的媒体整合力度不够

广东电视媒体在资源整合方面的工作还很欠缺。比如,区级和市级的电视媒体各自为营,独立作战;区内的媒体间的合作没有形成有效机制,媒体资源的整合工作还停留在表面。对外而言,虽然有了跨国媒体合作的经验,但是国际间媒体资源整合的力度还不够,还没能从媒体产业资产、媒体产业金融方面入手,来进行国际间的媒体资源整合,如:进行跨国媒体投资与跨国媒体并购等。不论对于国内还是国外,只有逐步加强做好媒体资源的整合,才能获得全新的媒体运营平台,使媒体产业取得更大的发展和升级。[①]

所谓传播,就是信息的传递和共享,强调的是多边的交流与沟通。在国际交往中,要体现国际交往的价值,形成有效的国家间的交流与合作,就必须具有开放、包容、普遍、密切的视野。广东媒体的国际传播目标是以中国的角度,立足于世界视野,人心所向,成为世界一流媒体,在国际舞台上争夺声音,维护中国的权益。为了实现这一目标,我们需要深入分析和研究对策。

四 广东媒体增强国际传播能力和国际舆论影响力对策

(一)深入挖掘广东元素,准确把握广东气质,丰富内容多样性

广东媒体要讲好广东故事,关键在于构建广东媒体国际传播的信息内容主体,用鲜活的语言和故事报道广东正在进行的改革与创新的实践,

---

① 周建亮:《广东电视融媒体发展研究》,武汉大学博士论文,2017年。

让中国在制度、政策上的创新和成功,成为代表未来人类需求的新的力量来源。

一是讲好广东改革开放的故事。沿着中国特色社会主义道路,广东不仅保持了经济长久的高速增长,还保持了政治稳定。改革开放40多年来,广东取得了举世瞩目的经济奇迹,2017年全省GDP近9万亿元人民币,2018年全省GDP 9.73万亿元,2019年有望突破10万亿元。这对寻求独立自主、发展富强的亚非拉等发展中国家有着强烈的吸引力。

二是讲好广东文化、广东人的故事。广东文化多姿多彩,广东的陶瓷、丝绸、茶叶、粤剧以及粤菜等地域文化特色鲜明、琳琅满目。广东媒体要挖掘广东人民创新、包容、勤劳、勇敢和智慧的特质,开创美好家园,培育优秀文化的故事,展示当代广东人的良好道德情操、朴素生活理念、宽厚包容品质、美好善良心灵。通过平凡的故事打动人、影响人,使广东人形象更加可亲可信。

三是丰富内容多样性,要用好新闻发布机制,充分加强广东元素中国故事的议题设置,主动提出话题、设置议题,把我们想说的和国际社会关注的有机结合,扭转广东议程被境外设置的被动局面,把解读广东的话语权牢牢握在自己手中。要用好重大活动和重要节展赛事平台,依托贸易博览会、经贸洽谈会、商品展示会、文化博览会、园艺博览会、旅游推介会等,做好对境外来粤人员的宣传,增进他们对广东、对中国的认识和理解。要用好传统节日载体,挖掘传统节日文化内涵,打造讲好广东元素中国故事的传统文化载体。要用好纪录片等国际媒体常用、受众习惯接受的多种文艺形式。[①]

(二)善于"借船出海",开展有效的国际合作,拓展传播渠道和平台

要加强广东媒体与西方主流媒体接触、交流、合作,建立长期的合作伙伴关系,互相提供节目内容,互相提供落地平台,互派记者到对方媒体进行短期访问、交流、实习。长期来看,要建设和培育全球性传播

---

① 廖怀凌:《讲好中国故事 提升国际传播能力》,《南方电视学刊》2017年第5期。

渠道、非政府组织、基金会学者和智库学者，依靠他们争取普世价值思想和概念的定义力、国际政治和经济标准制定力、全球议程设置力、新闻报道框架力，冲破西方为约束中国的软实力编织的"复杂的网"。① 广东不仅要统筹好本地主流媒体外宣力量，还要依托中央重要媒体平台和国际媒体发声。西方民众对广东整体形象的认识主要通过来自本国的媒介对广东的报道。随着广东国际影响力的提升，外部受众和国际媒体高度关注与广东相关的重要信息，广东外宣应巧妙利用国际媒体发出广东声音，既省钱又能获得良好的传播效果。

（三）积极培养专业化记者、加强国际传播队伍建设，提升跨文化传播能力

打造国际一流媒体，增强国际传播能力，离不开一支高质量、强专业、高素养的国际传播队伍。国际传播理想状态应该是超越文化的，能在文化传统之间寻求某种"重叠共识"，而这需要传播人员具备较强的文化修养和文化沟通技巧，需要他们"两头贴近"：既贴近中国发展的实际，中国文化和国情的特点，又具备国际视野，通晓国际规则。

同时，要积极培养专业化、多元化的海外记者队伍，探索引进海外雇员方式。海外雇员在我国国际传播发展中一直处于"配角"和"次要"地位，较少在媒体工作的主要岗位。但是，国际传播能力建设需要国际专业人士的参与，只有当地的媒体专业人才承担了主力的角色，受众才会更加愿意去相信并接受我们的节目，② 也才会更容易与我们的节目内容产生共鸣。对此，我国传统媒体发展国际传播能力建设应当面向全球，招聘经验丰富的国际新闻人才，吸引专业人才加入我们的国际传播队伍，提升整个传播团队的专业报道能力。同时，对传播对象国的本土专业人才的积极聘用，有利于我国媒体最大化地减少传播内容的文化沟壑，极大地增强对当地观众的吸引力和亲切感。

---

① 李希光、郭晓科：《主流媒体的国际传播力及提升路径》，《重庆社会科学》2012年第10期。

② 刘滢：《从"走出去"到"走进去"——中国媒体国际传播"本土化"的问题与对策》，《对外传播》2013年第8期。

此外，还要重视互联网社交平台，发挥新媒体对外传播优势。广东作为互联网大省，应积极推动传统媒体和新兴媒体融合发展，鼓励主流媒体把资源向数字化和新媒体倾斜，构筑新媒体对外传播矩阵。报、台用好Twitter、Facebook等西方主流社交平台账号之外，也要积极探索媒体融合发展的新方向，将报、台的内容通过互联网、App、网络社群等不同新媒体渠道提供给不同类型受众，变受众由被动看到主动参与。

五　结语

广东地处改革开放和意识形态斗争"两个前沿"，在中国经济社会发展中具有特殊的地位。丰富的地方文化、生动的改革实践、辉煌的发展成就，为广东媒体开展国际传播积累了丰厚的素材。在国家大力推进国际传播能力建设、努力对外讲好中国故事的大背景下，广东媒体推进国际传播的需要更加急迫。推进广东媒体国际传播能力建设，将为广东奋力实现"四个走在全国前列"提供支撑，有利于中国在国际上树立良好的大国形象，提升软实力，服务国家"一带一路"建设和粤港澳大湾区建设向前推进，推动中华优秀文化走向世界。

近年来，广东大力推动媒体开展国际传播，努力创新对外传播方式，大力拓展对外传播的渠道，取得了良好的成效。以南方报业传媒集团、广东广播电视台为例，近年来，通过各种渠道、平台对外讲好广东故事，展现中国成就，并积累了丰富的经验做法。但不可否认，当前，广东媒体在国际传播领域所存在的短板和不足依然明显，在新闻的管理体制方面，偏于严格保守，导致新闻时、效的损失；在人才队伍方面，国际传播领域的人才不足，在新的传播格局中，国际传播能力有待进一步提高；在资金投入、品牌建设上，广东媒体与国外媒体集团对比还有很大差距；在报道的方式上，对受众的分析还不够深入，形式仍比较僵硬，对外传播的效果仍不明显。

基于此，推进广东媒体国家传播能力建设，应该在理念、方式、渠道等方面进行全方位的转换，适应网络新媒体发展趋势，在深入研究国际受众的特点后，有效地挖掘国际社会感兴趣的广东故事，提高国际传播议题的设置能力，转换国际传播的话语体系，进一步提高广东媒体的国际传播效果。

参考文献：

郭镇之、冯若谷：《"软权力"与"巧用力"：国际传播的战略思考》，《现代传播（中国传媒大学学报）》2015年第10期。

李志华：《"中国故事国际表达"操作路径探析》，《中国报业》2018年第21期。

刘燕南、谷征：《我国国际传播受众研究的现状与问题探讨》，《现代传播（中国传媒大学学报）》2012年第9期。

田秋生：《构建有中国特色的国际传播体系》，《中国社会科学报》2018年11月5日。

熊慧：《解析国际传播研究的若干"迷思"——兼议中国媒体国际传播能力的提升机制》，《新闻记者》2013年第9期。

粤港澳大湾区国际形象建构策略研究

万婧　王倩　连超[*]

【摘要】 2018年是改革开放40周年。作为改革开放前沿阵地，粤港澳地区对我国和世界经济发展做出突出贡献，汇聚大量人才。国家提出"打造国际一流湾区和世界级城市群"的粤港澳大湾区建设构想，充分发挥其在"一带一路"特别是21世纪海上丝绸之路建设中的作用，提升国际影响力。本文聚焦粤港澳大湾区的形象建构，指出当前存在缺乏整体识别度和个性"关键词"，跨境媒体生态差异与报道局限明显，当地民众对议题关注和感兴趣程度低等问题；从城市群特色整合、跨境媒体合作和激发民众参与三个层面，提出打造"综合型湾区"气质、借力大型媒介活动、报道体现公众利益等大湾区品牌形象建设的对策建议。

【关键词】 粤港澳；大湾区；国际形象；品牌建设

一　研究背景

2017年7月1日，《深化粤港澳合作 推进大湾区建设框架协议》在香港签署。粤港澳三地将在中央有关部门支持下，共同将大湾区建设成为更具活力的经济区、宜居宜业宜游的优质生活圈和内地与港澳深度合作的示范区，打造国际一流湾区和世界级城市群。

---

[*]【作者简介】万婧，女，广东外语外贸大学新闻与传播学院讲师；王倩，女，羊城晚报社主任记者；连超，男，广东广播电视台电视新闻中心国际新闻组监制。

世界三大湾区中，纽约湾区是世界金融中心和文化大熔炉；旧金山湾区象征 21 世纪全球科技精神，"硅谷"是其名片；东京湾区形成以制造业、重化工业为主的工业带，是日本最大的工业城市群。三大湾区分别以"金融""科技"和"工业"为核心，形成鲜明的区域特色与品牌形象，吸引全球经济和人才，形成"以品牌促发展，以发展创品牌"的良性互动。

作为中国改革开放前沿阵地及经济发展重要引擎，粤港澳大湾区（以下或简称"大湾区"）目前经济总量超过 1.4 万亿美元，对外贸易总额超过 1.8 万亿美元，拥有世界上最大的海港群和空港群，悄然成为世界第四大湾区。

年轻的大湾区蓬勃发展，然而尚未树立鲜明的品牌形象，缺乏识别度和区域性格"关键词"，呈现给公众的整体印象模糊不清，更未进入品牌传播阶段。国际媒体对粤、港、澳的报道分散并各有侧重，且存在一定程度的刻板印象。由于跨境媒体生态与权力关系，以及普通话、粤语、英语、葡萄牙语等语言文字沟通原因，大湾区的品牌塑造与形象建构方式面临一定挑战。尽管拥有独特的文化资源，但从全球宏观格局与历史发展情势来看，大湾区的文化传播速度落后于经济发展速度，不利于吸引经济投资和人才汇集。

因此，结合湾区现实、特色和优势，塑造鲜明、立体的大湾区国际形象，构建特征明显的大湾区优质品牌，并以有效手段将品牌推广出去，在中国、亚洲乃至世界提高识别度、知名度、美誉度，增强人才吸引力，提高国际影响力，是本研究的重要意义所在。

二　研究综述

（一）湾区研究

当前研究主要集中在两方面，一是以经济学范式为主导的湾区经济，二是世界三大湾区发展经验的比较、借鉴与分析。

"湾区经济"一词源于学者对旧金山湾区的考察，中国对"湾区经济"

的研究亦始于对旧金山湾区的关注。湾区经济集跨界协作区、新兴经济区、核心功能区于一体,包括基础性动力、内生性动力和外源性动力等动力源,经历了港口经济、工业经济、服务经济、创新经济四个发展阶段。粤港澳大湾区经济是学者关注重点,譬如经济发展优势、特色、必要性,与自贸区的关系;深圳、广州、香港等中心城市的联动辐射作用,大湾区经济一体化发展路径等。有学者指出大湾区经济发展的障碍,如存在三个独立的市场体系,经济制度、行政系统、财政体系和城市管理差异明显,湾区和关税区相互独立,内部要素自由流动困难,资金与资源分配不完善等。

在世界湾区发展经验借鉴方面,学者通过比较三大湾区发展指标数据,指出成熟湾区高度依赖第三产业和金融保险业,放宽科研机构管制,促进产学研协作;湾区环境对其持续发展的作用不容小觑,纽约湾区将自然环境保护列入规划和开放建设原则。在此基础上,学者提出粤港澳大湾区需增强城市聚合力,建立法律、人文交流一体化保障体系,提升湾区生态环境质量,以及结合当地经济特色,重视体制机制创新,释放区域发展活力等措施。在城市群发展方面,需要构建产业链网络、基础设施网络、城镇网络、创新网络等空间支持系统,进一步促进区域联动发展。粤港澳大湾区的关键在于促进粤港澳合作深化和拓展,帮助港澳融入国家发展大局,提升粤港澳对外开放的功能。值得注意的是,由于大湾区建设意味着区域合作朝更广阔的空间范围拓展,然而香港空间属性的模糊性带来空间实践的矛盾,面临关系空间重塑的挑战。

(二) 区域形象研究

西方的区域形象研究起始于20世纪60年代,以凯文·林奇的《城市形象》和《地方性与非地方性》等著作为代表。学者提出"城市形象"概念,通过实证研究将其应用于城市设计与规划等领域。城市形象是区域形象研究的基础。凯文·林奇强调城市形象性主要通过人的综合"感受"获得,需要关注城市生活中的人的力量;Keller提出"城市品牌化"的观点,让人们在了解某一区域基础上,将某种形象和联想与该城市的存在自然联系在一起。20世纪90年代,"现代营销之父"菲利普·科特勒在区域营销理论体系中,将地区形象理解为人们对某个地区大量原始数据加工提炼、对相互关联的地方信息精炼简化，形成对该地区的看法、观念和印象总和，认为其影响不仅局限于本地区，而且上升至国家政治和经济层面；指出区域形象设计应遵循现实性、单一性、可信性、有说服力和有特色方针。

区域形象研究涉及政治学、管理学、社会学和建筑学等领域，传播学角度的研究集中于国内外主流媒体报道，包括国家形象、地方形象和城市形象，以及不同层次形象的对外传播策略，如精准定位、发掘特色、制定长远规划等，涉及经济活动、人文环境、居民素质等维度。媒介对地方形象的报道受政治制度、经济环境、社会传统及媒体性质影响，大型活动是提升城市形象好感度的有效途径。

现有成果为本文提供了一定参考和启示。整体看来，以经济学范式为主导的研究占据绝大部分。这与粤港澳大湾区的地理位置和文化环境紧密相关，是大湾区高密度、大体量产出和经济高度发达特点在学术领域的体现。区域形象研究较为成熟，不同维度的形象建构策略对本文有一定的借鉴意义。然而，结合湾区城市群特征、聚焦大湾区形象与区域品牌的专门研究鲜见。当前研究注重微观建设，较少关注作为整体的、系统的城市群与区域形象建构路径。现有品牌传播策略偏重企业营销层面，与大湾区急需的整合传播系统有一定距离，难以满足年轻的世界第四湾区树立鲜明形象、开展品牌传播的迫切需求。

因此，本研究尝试从城市群特色、跨境媒体生态和当地民众态度三个主体入手，分析大湾区形象建构面临的问题与挑战，探索其品牌形象建构路径。

三　国际媒体的粤港澳大湾区报道特点

（一）欧美国家对粤港澳大湾区的报道情况

美国有线电视新闻网（CNN）关于粤港澳大湾区的报道数量不多，但报道内容的政治引导性和负面解读倾向明显。在CNN官方网站搜索关键词"粤港澳大湾区"或"港珠澳大桥"等，2017年6月到2018年11

月有 7 篇报道。

2018 年 5 月 16 日，CNN 以"耗资 200 亿美元的'脐带'：中国推出了世界上最长的跨海大桥"为题，从粤港澳大湾区、是白象工程吗、如何建立一个超级大桥、水域陷入困境四个版块来介绍港珠澳大桥，采访了高级工程师高兴林，说明了建设超级大桥的技术难点和突破点。除了肯定其技术和带来的经济动力外，主要内容还是关注其争议点，强调湾区融合的困难，例如"城市之间存在很多障碍，该地区存在三个边界、三种不同的法律体系和三种不同的货币"等。CNN 采访的基本是反对者或批评者的意见，这些意见均集中在香港的自主权被剥夺、工程花费太大、香港所得利益少这些问题上，却鲜有看到支持者的呼声和客观分析如何解决争议问题的报道分析，报道基本持怀疑和观望态度，态度偏消极。

在正式宣布港珠澳大桥开通之前，CNN 在 2018 年 10 月 22 日同样发表了类似倾向的报道。在《世界上最长的跨海大桥在香港和中国之间开放》（World's longest sea-crossing bridge opens between Hong Kong and China）中，开篇简单介绍了大湾区的基本情况以及大桥缩短了通行时间，但紧接着则介绍大桥通行的局限性，后文则直接以"Fierce criticism"（激烈的批评）为小标题，从政治控制、环境破坏、施工事故等方面全方位地解读港珠澳大桥的各种争议问题。文中说道，"这个桥梁项目在香港引起了激烈的批评，在那里几乎没有公众的需求或对加强澳门与珠海联系的兴趣，并担心这个城市将被来自中国大陆的游客淹没""这座桥也因安全标准而受到公众的大量批评"。除了对港珠澳大桥争议问题的全方位批评，CNN 对广深港高铁的开通也表现出了其质疑的态度。

针对港珠澳大桥的开通，CNN 在 2018 年 10 月 23 日发表了《中国国家主席习近平宣布开通世界上最长的跨海大桥》（Chinese President Xi Jinping opens world's longest sea-crossing bridge）。尽管文章第一部分以"Greater transport links"（更大的交通联系）为题指出港珠澳大桥作为粤港澳大湾区计划的关键要素，发挥了连接湾区城市的重要作用，缩短了城市之间的通行时间，但报道的真实意图却是为了揭示交通的各种争议问题，如"然而，尽管专注于驾驶时间，但未经特别许可，香港的私家车车主将无法过桥""对于中国政府的批评者来说，这座桥梁被视为拖累香港的工具……使其更接近北京的控制"，可以看出虽然是对交通的报道，但最终还是将港珠澳大桥归结到政治上——"大桥就像一条巨大的'脐带'将香港与祖国连接起来。"除了对交通的批评，还指出这项工程破坏了珠江三角洲区域白海豚的生存环境，如"保护专家此前曾告诉美国有线电视新闻网，他们担心这座桥以及香港机场不断扩建，可能是会使白海豚濒临灭绝，导致当地人口陷入衰退""受到香港和其他城市大规模土地开垦的影响，珠江三角洲会是濒临灭绝的中国白海豚的家园"。很明显这是对港珠澳大桥工程的抨击和指责，放大争议问题，弱化大桥的经济意义和重要的通联作用。

除了粤港澳大湾区，CNN 还关注中港高铁建设，9 月 23 日发布的《中港高铁顺利启动，但担忧仍然存在》（Launch of HK-China high-speed rail link goes smoothly, but fears remain）主要介绍广深港高铁在运营过程中，大陆对香港西九龙站的部分管辖侵犯香港的事务。文中引用反对派议员 Gary Fan 的话指出"这对于大多数香港人来说，破坏了'一国两制'和香港的法律制度"。尽管介绍了大湾区计划的基本情况和给人民就业、企业发展带来机遇，但在文末都以质疑的口吻结束，话锋转向这个计划会使香港丧失自主权，引用香港乘客的观点，即"这对企业来说非常方便，但这条铁路显然是将香港与中国大陆进一步融合，如果我们成为广东省的另一个城市，我不知道这是否真的很好"作为结束。

CNN 作为美国偏自由派的媒体，报道理念是全球性的、现场的。其在各地的新闻中心也聘请了很多当地记者，以确保能从更国际的观点来报道新闻，但效果有限，在对华报道上出现较多争议。分析 CNN 对粤港澳大湾区的报道可以发现，它每篇报道都有对粤港澳大湾区争议问题的全方位报道，不管是政治、法制还是交通、环境上，态度都是质疑的，较多引用反对者的意见来表达其批驳和消极的态度，对支持者的意见和粤港澳大湾区积极方面的分析较少，带有明显的政治倾向和引导性质。

美国消费者新闻与商业频道（CNBC），是一家通过有线电视、卫星电视和互联网覆盖美加地区的财经新闻频道。从 2018 年 4 月份起，几乎每个月都有相关报道，其中 90% 的报道内容都集中在粤港澳大湾区的经济发展情况。

2018 年 4 月，CNBC 以《香港立法者表示，大湾区倡议有"巨大机遇"》为题指出大湾区的 GDP 排名位居世界第二，仅次于东京。"随着这个规模和速度发展，该地区提供了巨大的机会"，要更多地关注地区的"交错发展"，发挥不同地区的不同优势。"香港金融中心的地位和法律优势可以成为大湾区的仲裁中心"，而香港年轻人则应该抓住湾区其他城市在创新领域的快速发展的机遇。在地区特色分析上，除了香港，还着重分析了深圳这座城市的特有优势。

2018 年 5 月 1 日，一则视频新闻《讨论香港对大湾区的重要性》以专业人士的视角分析了深圳华为、腾讯、大疆等企业带来的创新驱动力。针对港珠澳大桥的开通，CNBC 对"白象工程"这一争议问题有所提及，但没有进一步分析这一说法是否有依据，没有过多评论，报道的侧重点放在了"市场经济""经济动力""贸易和互动"和"综合竞争力"上。除了对整体经济发展形式的分析，CNBC 也报道了香港人民比较关注的住房和就业问题，对比香港和湾区其他城市的房价，指出香港年轻人可以到湾区寻找就业机会，从而减轻香港的高房价压力，还引用总商会主席 Jonathan Choi 的话"我们应该把重点放在整合而不是香港的利益上"回应民众关切的争议问题。报道的口吻基本持肯定的态度，"机遇""发展""优势"等字眼出现较多。

形式上，CNBC 除了访谈、文字报道外，还有记者的实地采访。实地考察香港、澳门以及港珠澳大桥和广深港高铁，对比分析各地的特色和差异。记者走访各地，采访专业人士和普通居民，从社会制度、经济发展情况、社会文化、交通等方面立体呈现粤港澳大湾区的具体情况，也指出深圳在技术、制造领域给大湾区带来的机遇，对深圳所带来的驱动力十分关注，肯定其对大湾区的推动作用，做出了积极的评价。

CNBC 的理念是"为你创造价值"（Profit from it），其受众主要是经济界人士或投资者，报道主题明显，通过人物访谈和详细的动态图表来分析大湾区的经济形势以及给香港带来的机遇，以期给目标受众带来有效的投资意见，对经济形势做出客观的分析。虽然其对大湾区所涉及的政治问题有所提及，但没有做出评价和分析，报道落脚点大多落在如何发挥各个地区优势，如何把握发展机遇上。其所持态度比较乐观、中肯，为受众的实践提供了一定的指导意见。

除了 CNN 和 CNBC 之外，国外其他媒体对粤港澳大湾区均有关注。《纽约时报》作为美国影响较大的严肃刊物，旨在提供有关全球时事、商业及文化的高水准报道，对粤港澳大湾区的解读具有明显的政治倾向性。例如"香港以一国两制的模式执行自己的法律，但是允许内地官员入驻新站，在某种意义上将香港与广东省之间的边境南移"——文中的反对态度明显，引导性很强。在评论广深港高铁通车时又表示，"票价与机票相比基本上没有什么优惠""比目前经由陆路 4 小时车程要短不少，但与 1 小时左右的轮渡相比，并没有缩短多少时间"。字里行间能明显感受其消极、质疑的态度。

CBS News（美国哥伦比亚广播公司）在《香港居民将世界上最长的跨海大桥视为来自中国的基础设施宣传》（Hong Kong residents see world's longest sea bridge as infrastructure propaganda from China）的报道中开篇便指出"很多香港人并不看好这座桥梁，他们认为这是中国政府为了加强对前英国殖民地的控制"。开头中"政府"和"控制"这样的字眼已经奠定了文章的基调就是反对和质疑的。因此在介绍完大湾区的基本情况后，内容则转向分析港珠澳大桥的争议事件。"该项目耗资 200 亿美元，很多香港人并不会使用这座桥梁却要被困 60% 的账单。批评者还指出，大桥施工过程中有 18 人丧生。"对负面新闻的报道分析较多，以此来表达其批评的态度。

法国国际广播电台报道了粤港澳大湾区计划实施的各种挑战，称"广州、深圳、香港在金融证券、航运港口、创新科技等领域的角力在加剧，长期存在着'龙头之争'。大湾区建设成功的关键在于'融合'，这正是最大挑战"，针对这些问题提出了一些中肯的意见，如"从国家的整体利益作分工，让大湾区各地优势互补"等。报道从粤港澳大湾区的问题出发，提出了一些中肯的意见。

（二）日本对粤港澳大湾区的报道情况

日本是传媒大国，媒体在日本国内政治和外交决策中起到不可忽视的作用。日本媒体在对"中国大事"报道上都会有自己的倾向性。本文将通过对日本主流媒体《每日新闻》和《产经新闻》关于"粤港澳大湾区"的报道进行分析，以解读日本媒体视野下的"粤港澳大湾区"。

在《每日新闻》官网以"粤港澳大湾区"为关键词，检索2017年5月至2018年11月的报道，共计10篇，其中2018年9月和10月数量最多，占比60%。

《每日新闻》的关注焦点是粤港澳大湾区城市之间的交通互联。其报道高峰期也正值"广深港高铁"全线开通前后，以及"港珠澳大桥"正式通车前后的时间段。广深港高铁及港珠澳大桥的基本情况、建设历史、开通仪式、通行时间、使用频率等是报道重点。

《每日新闻》的报道几乎都是陈述事实和描述细节，鲜有评论性语言。如陈述西九龙站采用大陆法律、香港站内出入境检查由内地人员负责等事实；涉及评价性信息如"丧失自治权""中国影响后果引担忧""香港'高度自治'遭动摇"等，明确指出意见表达者是香港"民主派"或民众，选题的政治偏向和负面引导明显。如《世界最长的海上桥年内竣工，连接中国澳门的55公里》一文将"大桥"这类基础建设联系到政治象征，写道："桥梁是加速经济融合、与本土一体化的象征性的存在。然而，发生了混凝土强度伪装事件，安全性也有所质疑。"带有浓厚的消极解读意味。通过报道"粤港澳大湾区"的建设基本情况及重大进展，《每日新闻》建构了中国政府"暴力"和"威权"的形象，表达对香港"冲动式"维护自治行动的支持，引导读者质疑中国"一国两制"政策与有效实施之间的一致性。

尽管聚焦"交通"，但几乎每篇报道都将"跨境"影响作为重点，通过表层的物理通联解读隐性的政治意涵，认为粤港澳通行便利意味着中国政府对港澳的管控加强，并强调香港部分群体的反对态度及行动。例如，2017年9月1日的报道《中国政府的出入境设施及站内规定》（中国政府の出入境施設　駅施設内に）直言"在被认定为'高度自治'的香港区域内,中国政府行使警察权成为可能,民主派对此表示强烈反对"。2018年1月2日的报道以《抗议示威反对中国法律用于高铁站及车辆内》(抗議デモ　高速鉄道駅や車両内での中国法適用に反発)为题,描述2018年1月1日发生在香港市中心的要求"保护香港高度自治"的示威游行,以及高铁联通香港受大陆法律方面的影响。2018年10月23日,《〈中国〉全球最长55公里的大桥开通　连接香港、澳门》(〈中国〉世界最長55キロの大橋開通　香港・マカオを結ぶ)报道港珠澳通车仪式,介绍基本情况特别是习近平主席出席典礼后,末尾的评价是"由于香港政府对反中派势力的压力逐年增强,从反中派等来看,由于经济一体化,中国政府对香港的影响力进一步增强。引起了对事件担忧的呼声"。10月25日,记者亲自乘坐往返大桥的班车,采访通行者,以《走过首次开放的"港珠澳大桥"》(開通日の「港珠澳大橋」を渡る)为题,撰写纪实性报道。该报道内容十分细致,被访者的感受有正面也有负面,看似平衡客观。然而,一些细节的描述透露出"大陆优先于港澳"的意味。如路标不是繁体字而是简体字、港澳道路左侧通行而大桥采用大陆本土的右侧通行、桥上几乎都是公共巴士,因为私家车获通行许可证条件严格……报道回顾大桥通车典礼以及粤港澳大湾区建设构想,却以质疑的口吻提出尽管通行便利性有所改善,但"是否值得付出如此巨额的费用",并断言"建造一座巨大的桥梁不是向全世界展示压倒性的国力,而是将香港和澳门名副其实地'纳入'中国这个称呼"。表面谈交通,实际谈政治。《每日新闻》频繁采用"中国政府""中国法""自治"和"1国2制度"等词语,潜移默化地向读者传达香港与大陆在政治上的独立性。

《每日新闻》是日本历史最悠久且知名度极高的报纸,其读者主要是市民阶层。政治立场中间偏左,反对日本右翼民族主义和民粹主义,口号为"争论之下,真理显现",青睐争议性和敏感性话题。作为重视公益、积极树立正面形象的媒体,尤其受到年轻群体的欢迎及信任,其选题和观点很大程度上受年轻群体影响,同时着意引导年轻读者。在报道"粤港澳大湾区"时,除了陈述建设情况本身,以争议性和政治性内容为落脚点,可谓投其所好,吸睛力强。

在《产经新闻》官网，以"粤港澳大湾区"为关键词，检索2017年5月至2018年11月的报道，共计11篇，其中2018年的9月至11月数量最多，占比55%。

《产经新闻》的关注焦点比较广泛，相对偏向于粤港澳大湾区内的经济动向。经济类报道占比45%，"日本企业""经济"等都是报道中的高频词汇。对大湾区内的重大经济活动进行细致入微的描述解释，还有半评论性质的报道从大湾区的经济发展现状入手，分析其未来发展过程中的各种环境因素。

《产经新闻》的报道真实详细且兼具陈述和评论。在11篇相关报道中超过800字的报道共6篇，占比55%。例如，关于港珠澳大湾区内基础交通互联情况的报道，不仅仅有简单的事件性新闻报道，还有相应的详细介绍大桥材料成分、商务用车通行条件、专用牌照申请流程等长篇报道。选题角度定调经济报道，态度客观中立，如《【高论卓说】经济增长显著的中国深圳》这类评论性质的报道，以理性客观的态度对大湾区的经济发展现状和建设焦点问题进行描述与解析。通过对粤港澳大湾区多领域的全面式报道，《产经新闻》为日本企业呈现一幅全景式的湾区经济环境图，并且密切关注国际社会对大湾区采取的经济动作，积极帮助日本企业做出利益最大化的经济决策。

虽然《产经新闻》的关注焦点广泛，但是各类型的报道的最终定位都是大湾区内的经济环境。从交通互联情况、政治融合现状、金融服务发展、现存各种问题等方面对粤港澳大湾区的经济环境进行全面考量和深度剖析，以经济报道的形式向日本企业全方位地提供大湾区的信息，帮助判断其在"粤港澳大湾区"的获利空间，以保护日本国内企业的充分利益。例如，2018年1月31日以《【高论卓说】经济增长显著的中国深圳》（【高論卓説】経済成長著しい中国・深セン）为题的评论，将深圳的发展历程作为切入点对组成大湾区的"两区九市"的各自资源优势和未来发展问题进行了关键解读，并且直言由于海外势力的动向非常活跃，日本企业也正在考虑对大湾区展开经济行动。2018年9月14日，《银联国际在香港、澳门推出"银联"（云闪付）服务》（銀聯国際が香港、

マカオで「UnionPay」（雲閃付）アプリのサービス提供開始）以长篇的形式报道了粤港澳大湾区金融服务发展的前景，银联国际在香港和澳门推出"银联"（云闪付）服务，改善本地用户的移动体验，还明确写到今后也会将银联的移动支付服务引入大湾区。

2018年11月2日发布的两篇是直指大湾区经济动向的事件性报道，即《中华圈经济团体在澳门集会》（中華圏の経済団体がマカオで会合）和《瑞穗FG和香港政府下两家公司，关于支持创新企业支援上开展业务合作》（みずほＦＧと香港の政府系２社、スタートアップ企業支援で業務協力）。首篇报道了中国工业经济联合会和台湾工商协进会、香港中华总商会、澳门中华总商会共同主办的"第7届海峡两岸·香港·澳门经济贸易论坛"在澳门的酒店召开，以及澳门中华总商会的马有礼会长对粤港澳大湾区和"一带一路"的积极支持态度。紧接着就报道了日本瑞穗金融集团（FG）和香港的两家政府机关企业就支持创新企业的问题缔结了业务合作的备忘录，并在结尾写道："瑞穗（FG）的坂井辰史社长在签字仪式上表示'大湾区是全世界非常关心的区域'，对此表示期待。"明面上，这是在传达粤港澳大湾区各方信息，实际上剖析了粤港澳大湾区利益空间。《产经新闻》从政治、交通、民生、地域、金融各个方面来解析大湾区的发展前景和经济活性，为日本企业对大湾区采取正确的经济行动提供最佳参考。

《产经新闻》是日本的全国性报纸之一。该报近年经营不振，需要富士产经集团对其进行资金支持，因此报道选题更注重经济类，评论性的文章也相对比较多。该报政治立场偏右，较为保守主义，比较亲近自民党，宣传口号为："不避讳，不一窝蜂，讲关键的报纸。"《产经新闻》的论调和日本其他几家主流媒体相比显得独具一格，选题角度更为丰富独特，论调也比较大胆。

（三）国际媒体对粤港澳大湾区的报道小结

通过对以上媒体的解读，可以发现，由于受其立场和性质的影响，国际媒体对我国粤港澳大湾区的报道角度各异，框架固定。有些媒体政治负面引导性极具显现化，例如CNN和日本《每日新闻》。有些媒体则针对自己的目标受众提供专业准确的信息，充当中立性的信息转载平台，比如美国CNBC和日本《产经新闻》。反观国内媒体对粤港澳大湾区的报道，狭隘地定位于其所带来的经济性和便利性等积极作用，有意过滤湾区建设过程当中的各类争议问题。在粤港澳大湾区的形象构建上，应该拓宽报道面，根据不同受众提供不同性质的具有引导性的有效信息。

四 粤港澳大湾区国际形象建构的问题

（一）缺少特色鲜明的个性"关键词"

世界三大湾区中，纽约湾区是世界金融中心和文化大熔炉，以"硅谷"为名片的旧金山湾区代表全球科技创新精神，主打制造业和重化工业的东京湾区是日本最大的工业城市群。三大湾区分别以"金融""科技"和"制造"为核心塑造区域品牌形象，吸引全球投资和人才，形成"以品牌促发展，以发展创品牌"的良性互动。

粤港澳大湾区的9市2区各有特色：祖国的"南大门"广州是千年商都，是重要的对外贸易口岸，拥有关键性的国际枢纽地位；深圳是中国首座创新城市，由于其突出的科技创新精神，被誉为中国的"硅谷"，互联网公司、创新企业数量和影响力领跑全国；另外，金融业高度繁荣的香港，旅游博彩等服务产业链成熟的澳门，工业制造业水平发达的珠海、东莞、佛山，构成次一级工业圈的惠州、江门、肇庆、中山，大湾区的城市各有千秋。

然而，正是由于城市群特色的丰富与多元，为大湾区寻找精确定位显得格外困难——突出或忽略某个特征，对城市个体和湾区整体的形象建设均有显著影响。与世界三大湾区相比，粤港澳大湾区缺少体现整体特色的性格"关键词"，提起大湾区的任何一个城市，人们都有一定的印象，但这些记忆与感知是分散、碎片化的，难以有效统一。

（二）跨境媒体生态差异及报道局限明显

与世界三大湾区相比，粤港澳大湾区的建设发展情境较为特殊——社会主义制度与资本主义制度并存，刚性制度约束及行政差异容易引发一定的困难与挑战。

从传播生态角度来看，媒介制度差异导致大湾区境内外新闻报道的明显差别。以《南方日报》和《文汇报》的大湾区报道为例，以下四个方面存在明显区别：首先，报道出发点不同。《南方日报》立足于大湾区的广东城市，将视角延伸至湾区外的广东其他城市，关注其如何借力大湾区发展之势，提升自身的国际化程度。而《文汇报》更多地从"香港"自身发展出发，关注粤港澳大湾区建设背景下，香港如何与国际接轨，巩固和提升现有金融中心地位。其次，报道主题各有侧重。笔者根据内容主题，将大湾区报道分为政策性会议、政策规划、领导人发言等政治类报道，企业活动、市场动向和基础建设等经济类报道，以及学术会议、学者建言和科教活动等文化类报道。研究发现，《南方日报》以经济话题为主，兼顾政治和文化议题，两类报道量基本持平；《文汇报》则倾向于报道政治类内容，其报道量远超其他两个主题。最后，报道热度及持续性有差别。从报道数量来看，《南方日报》每月相关报道为20篇左右，《文汇报》从2017年4月起逐渐递减，至8月仅有3篇报道。可见《南方日报》对该议题的关注度、重视度和报道持续性强，将大湾区建设作为重要话题展开持久追踪，而《文汇报》则将其视为热点话题短暂报道。

"一国两制"背景下，媒体生态环境不同，媒体报道方针、角度、主体、立场、框架等受不同地区权力主体的影响，呈现的区域形象也会有所差别。作为党报和华南地区公信力高的主流媒体，《南方日报》对重大事件的报道和政策的解读鞭辟入里，对社会舆论有明显的引导作用。《文汇报》是面向香港社会各界的综合性主流大报，以"爱国爱港"为宗旨，报道全面、及时反映国家方针政策，由香港向海外拓展其影响力，其利益出发点是香港城市自身发展。二者对大湾区报道的差异，在一定程度上影响着公众对大湾区形象的感知与理解，不利于公众将大湾区作为整体进行认知和记忆。

（三）民众对议题关注及理解程度低

学习、工作和生活在大湾区城市群的民众是湾区形象建构的重要组成部分，其言行举止在一定程度上代表着所在城市乃至整个湾区的形象。

当地民众对大湾区的热爱以及"大湾区公民"的身份认同程度，在湾区对外交流中发挥着不容忽视的作用。

然而，从当前的情况来看，当地民众对大湾区建设缺乏足够的关注和兴趣，并不了解大湾区的建设发展与自己有什么关系，这与媒体报道的导向和风格有很大的关系。当前媒体对大湾区建设与发展政策的解读，整体风格较严肃，专业术语多、生活词汇少，对百姓的吸引力较弱。例如，《南方日报》的《提升粤港澳大湾区参与国家发展战略的能力和水平》一文，充斥着"参股金融机构""跨境金融交易渠道""海外投贷基金"等专业术语，诸如"探索开展广东金融机构与港澳地区同业之间的贸易融资等信贷资产的跨境转让人民币结算业务，拓宽人民币跨境金融交易渠道""推动粤港澳三地机构共同设立面向'一带一路'沿线国家和地区的人民币海外投贷基金，募集内地、港澳地区及海外机构和个人的人民币资金"等长难句，[①]可读性与可懂性弱，普通读者很难理解。

而大湾区之外的民众更是对该议题缺少了解，很多人并不知道"粤港澳大湾区"这一设想，而是沿用已有习惯将"港澳"并列，不清楚"粤"与"港澳"的联系，更不必说9市2区之间的交流互动。大湾区开展的各种活动仅在粤港澳特别是广东地区有一定影响力，对湾区之外的传播与宣传十分不到位。

六 粤港澳大湾区国际形象建构的对策建议

（一）整合城市群特色，提炼"综合型湾区"气质

城市群（Urban Cluster）是指集中于一定区域内规模不等、职能不同、彼此独立而又密切联系的若干城市和城镇的集合。城市群有三个基本特征：一是拥有核心城市；二是在核心城市带领下，体系内各城市的产业分工协作高度发达；三是形成以大城市为核心的区域经济合理布局，形

---

① 郭楚：《提升粤港澳大湾区参与国家发展战略的能力和水平》，《南方日报》2017年3月20日。

成"1+1＞2"的整体效益，其最大优势是规模效益，而规模效益则取决于城市分工合作与协同整合。

促进城市群整合发展的模式主要分为政府主导和市场主导两大类型。前者以国家为驱动力开展建设，通过大规模基础设施建设、实行优惠政策引进大公司，促进城市联通，例如日本政府通过刺激经济、开展基础设施建设等措施促进东京、大阪、名古屋等城市圈发展。后者以城市为中心、自下而上建设，充分发挥市场机制的作用。在市场自发作用下，人口与经济效益的自由流动会影响城市空间的布局。美国是该模式的典型代表，在人口的自由流动和经济效益的驱使下，逐步形成纽约、旧金山等城市群。

粤港澳大湾区是典型而特殊的城市群，其发展兼备政府和市场的推动力量。粤港澳三地政府曾出台《大珠江三角洲城镇群协调发展规划研究》，大湾区建设相关部门也着手制定《粤港澳大湾区城市群发展规划》，旨在突破行政区域规划限制，充分互联互通。同时，"粤港澳三地是国内市场化程度最高的地方，政府的规划或者设计应该是粗线条，给市场留出发展空间。"

当前大湾区9市2区发展各有侧重，呈现的整体印象模糊不清，无法达到良好的传播效果，急需整合城市特色，提炼专属优势，寻找精准定位，尽快步入品牌传播阶段，提高国际影响力。

整合大湾区城市群特色、寻找精准定位需要遵循四个原则。一是突出湾区个性。个性是区域形象的灵魂，个性化气质让城市群在差异化竞争中脱颖而出。粤港澳大湾区可以重点突出"综合型湾区"的个性气质。二是以市场为导向。大湾区经济优势明显，形象定位应充分发挥市场作用，将商贸、科技、金融与工业特色结合，形成联动效应。三是争取公众认同。公众评价与认可是城市形象建设的关键因素，大湾区定位需要考虑粤港澳三地公众的喜好与接受程度，让投资、旅游、居住、工作和学习者产生兴趣和偏爱。通过吸引名人定居、人才发展、企业投资，使民众产生安全感、信赖感、可靠感和愉悦感，并保持相对稳定性。四是力求切实可行。从大湾区实际情况出发，分析优势与不足，结合传统媒体、自媒体与其他传播路径，构建丰富立体的大湾区形象。

在湾区"气质"打造方面，由于粤港澳大湾区在科技、金融和制造业三方面均较为突出，可以考虑形成"科技+金融"为主，制造业为辅的"综合型湾区"气质。以深圳、广州和香港为核心城市，带动其他8座城市共同发展。如马化腾在两会表达的观点："香港金融和服务业发达，深圳在高科技和产业创新方面做得好，珠三角高端制造业发达，过去（它们）各自发展，目前全球（城市群）的成功模式是软件、硬件、服务缺一不可，三地刚好可以联合起来。比如未来可以实现金融服务在香港，研发在深圳，制造在珠三角。"

（二）增强跨境媒体合作，打造整合传播系统

"一国两制"背景下，粤港澳三地媒体生态各异，报道风格差异明显，语言文字使用不尽相同。大湾区的媒体形象塑造面临内容庞杂、受众多元等挑战，需充分协调跨境媒体功能，促进跨境媒介机构合作。

在促进合作方面，可采取线上信息共享与线下活动参与相结合的方式，当前已有一些效果较好的案例。如广东广播电视台首创的节目《直通粤港澳》，不仅在广东卫视和广东新闻频道等粤媒播出，而且在香港有线29台、香港now TV 537台等港媒播放，两岸观众都可以收看。在线下活动方面，以2018年4月9日的博鳌亚洲论坛"粤港澳大湾区"分论坛为代表的各类活动，集聚了粤港澳三地媒体参与，给彼此提供了解与沟通平台，就粤港澳媒体的合作发展达成合作与共识。

图1 打造粤港澳大湾区电视媒体矩阵暨粤港直通TV启动仪式在粤举行

图 2 博鳌亚洲论坛 2018 年年会"粤港澳大湾区"分论坛在博鳌国际会议中心举行

图片来源：人民画报。

另外，粤港澳三地媒体可以充分发挥各自优势，结合当地文化特色，以民众喜闻乐见的方式描绘大湾区的形象。香港国际化程度极高的自由港，港媒具有对外传播优势，在大湾区的国际形象传播与推广方面可以发挥重要作用。澳门既是世界级休闲旅游中心，也是中国与葡语、拉丁语国家的商贸合作伙伴，澳媒可以对以葡语、拉丁语为母语的受众和来澳旅游者进行有针对性的信息传播，以增强其对粤港澳大湾区的整体感知与认识。广东当地媒体可以结合当地优势与岭南文化特色，做好文化形象传播工作，从大湾区城市群的自然景观、历史人文、经济产业、舆论营销等维度，塑造大湾区形象的整合传播系统。

（三）从百姓视角出发，报道体现公众利益

针对当前民众对大湾区建设"与己无关"的心态，媒体需要发挥政策阐释与舆论引导功能，通过报道与公众生活紧密相关的议题，让当地百姓了解、理解大湾区建设对自己生产、生活的影响。例如，港珠澳大桥全面通车、广深港高铁建成，香港到深圳、广州的时间大大缩短，城市间实现一小时内通达。这对内地人才在港澳寻求发展机会有极大利好，而"内地的产业基础和广阔市场也吸引越来越多的香港年轻人到广东"工作、创业和生活。大湾区建设将吸引大量的国际知名企业入驻，带来资金和技术，带动教育、医疗、城市交通等基础建设等产业联动发展。粤港澳三地合作办学、各类学术与文化活动增加，尤其是年轻人交流更加频繁。而这一切在很大程度上依赖于媒体的及时与深度报道。

（四）抓住关键时间节点，塑造大型活动品牌

举办经济、文化、体育类活动既是城市实力的体现，也是吸引公众关注、打造优势品牌、扩大区域影响的有效手段。然而，在城市活动层出不穷、纷纷争夺受众注意力的今天，粤港澳大湾区如何独树一帜，形成有竞争力的活动品牌，这是值得学界和有关部门高度重视的议题。

港、穗、深等城市曾多次举办高影响力的各类活动，但以"大湾区"为名的城市群"集体亮相"尚不多见。如果能够结合湾区优势，抓住关键时间节点，创造独属大湾区的特色活动品牌，并延续数年，扩散至全球，将有利于建设大湾区的优质形象。

与单一城市相比，大湾区的特点在于规模优势，每一个城市的"专属活动"容易拓展为城市群的"集体活动"。譬如，以2018年改革开放40周年为契机，以深圳为起点，大湾区城市共同展开庆祝活动，从而促进港深合作，加强珠澳联动，深化广佛一体，形成东莞、惠州、中山、江门、肇庆"共舞"，设计大湾区的"集体名片"，打造大湾区的特色品牌。

七 结论

本文讨论大湾区的品牌形象建构问题，立足于大湾区的实际情况，特别是存在的问题与挑战，提出打造"综合型湾区"气质及具体的品牌塑造策略与建议。以改革开放40周年为契机，年轻的粤港澳大湾区在经济建设、文化交流、社会发展等层面将做出更卓越的成绩。定位精准、整合城市群特色、凸显湾区优势的品牌形象将极大助力大湾区发展，吸引更多人才提供智力支持。树立良好的区域形象之后，需要通过有效方

式开展品牌形象推广活动，在中国、亚洲和全球提升影响，形成与世界三大湾区并驾齐驱甚至超越它们的粤港澳大湾区品牌力。这也是值得学者继续关注和研究的重要议题。

参考文献：

陈晓丹：《湾区经济视角下的深圳湾区环境提升策略研究》，《特区经济》2014年第12期。

程曼丽：《大众传播与国家形象塑造》，《国际新闻界》2007年第3期。

邓志新：《湾区经济发展战略下深圳自贸区的构建》，《特区经济》2014第12期。

樊传果：《城市品牌形象的整合传播策略》，《当代传播》2016年第9期。

冯邦彦：《共建粤港澳大湾区的四个关键问题》，《新经济》2017年第1期。

黄晓慧、邹开敏：《"一带一路"战略背景下的粤港澳大湾区文商旅融合发展》，《华南师范大学学报》（社会科学版）2016年第8期。

江根源、季靖：《城市媒介形象及其传播战略的选择——解读杭州市在三份国家级报刊中的媒介形象》，《浙江工业大学学报》（社会科学版）2010年第9期。

李立勋：《关于"粤港澳大湾区"的若干思考》，《热带地理》2017年第10期。

林贡钦：《国外著名湾区发展经验及对我国的启示》，《深圳大学学报》2017第9期。

李振：《粤港澳大湾区规划发布在即 专家呼吁给市场留出足够空间》，《21世纪经济报道》2018年4月13日。

林先扬：《粤港澳大湾区城市群经济外向拓展及其空间支持系统构建》，《岭南学刊》2017年第7期。

刘成昆：《城市群整体效益刍议》，《城市问题》1996年第2期。

刘成昆：《融入城市群，打造湾区经济——粤港澳大湾区城市群发展分析》，《港澳研究》2017年第4期。

刘靖、张岩：《国外城市群整合研究进展与实践经验》，《世界地理研究》2015年第3期。

马向明、陈洋：《粤港澳大湾区：新阶段与新挑战》，《热带地理》2017年第11期。

鲁志国、潘凤、闫振坤：《全球湾区经济比较与综合评价研究》，《科技进步与对策》2015年第11期。

路旭、李贵才:《珠江口湾区的内涵与规划思路探讨》,《城市发展研究》2011年第1期。

覃成林、刘丽玲、覃文昊:《粤港澳大湾区城市群发展战略思考》,《区域经济评论》2017年第9期。

王秀丽、韩纲:《"中国制造"与国家形象传播——美国主流媒体报道30年内容分析》,《国际新闻界》2010年第9期。

伍凤兰、申勇:《湾区经济演进的动力机制研究——国际案例与启示》,《科技进步与对策》2015年第12期。

吴珂、黄少江、魏龙泉:《粤港合作发展圈 将不断扩容升级》,《南方日报》2017年6月26日。

吴思康:《发展湾区经济 服务国家战略》,《深圳特区报》2014年4月23日。

姚宜:《城市国际形象对外传播的策略创新》,《新闻知识》2013年第7期。

俞少奇:《国内外发展湾区经济的经验与启示》,《福建金融》2016年第6期。

张昆、陈雅莉:《东盟英文报章在地缘政治报道中的中国形象建构——以〈海峡时报〉和〈雅加达邮报〉报道南海争端为例》,《新闻大学》2014年第3期。

张日新、谷卓桐:《粤港澳大湾区的来龙去脉与下一步》,《改革》2017年第5期。

张燕:《粤港澳大湾区 即将崛起的世界级城市群》,《中国经济周刊》2017第12期。

[美]菲利普·科特勒:《科特勒看中国和亚洲》,罗汉等译,海南出版社2002版。

[美]菲利普·科特勒:《国家营销》,俞利军译,华夏出版社2003年版。

地级市国家级非物质文化遗产走出国门的现状和困境调研

——以佛山市、清远市、梅州市为例

莫璇 黄扬梅 黄焱[*]

【摘要】在"一带一路"倡议背景下,"文化搭台,经济唱戏"已成为合作的基础和共识。本文通过调研地市级非物质文化遗产的传播现状、海外传播面临的困境,得出国家级非物质文化遗产的国际传播面临产业体系未完善、二度创作能力不足等共性,并针对困境探讨和构建非遗走出国门和国际传播的策略,提出利用互联网+和走产业化道路做好非遗保护传承工作,用"非遗+创新、产业、人才、旅游、平台"的理念进行国际传播的对策,进一步阐释和凝练非遗文化的内涵,让国人和外国人读懂、听懂、看懂非遗的故事,从推动文化走出去,实现"一带一路"倡议,建设人类命运共同体。

【关键词】非物质文化遗产;国际传播;佛山;清远;梅州

一 研究背景

党的十八大以来,习近平总书记高度重视传承发展中华优秀传统

---

[*]【作者简介】莫璇,女,佛山日报社记者;黄扬梅,女,清远日报社编辑;黄焱,女,梅州日报社记者。

文化，多次作出重要指示。他指出，中华民族在几千年历史中创造和延续的中华优秀传统文化，是中华民族的根和魂。建立在5,000多年文明传承基础上的文化自信，是更基础、更广泛、更深厚的自信。要让收藏在禁宫里的文物、陈列在广阔大地上的遗产、书写在古籍里的文字都活起来。

非物质文化遗产（以下简称"非遗"）是中华优秀传统文化的重要构成部分，截至2017年，中国共拥有世界级非物质文化遗产39项，项目数位列世界第一。在中国，国家级、省市级非物质文化遗产更是达到上千项，伴随着中国经济的迅速发展和国际地位的不断攀升，世界在惊艳之余也在好奇其背后的力量。作为凝聚了中国人智慧和创造精神的非遗，自然成为了国际媒体的关注对象。再加上随着具有高度文化融合特质的"丝绸之路经济带""21世纪海上丝绸之路"（简称"一带一路"）的倡议受到越来越多国家的认可，学界都对"一带一路"的文化价值进行了深入研究，普遍对"文化先行"达成共识。谢中元认为："沿线非遗为一带一路建设提供了文化支撑。"这条文化带串起53个国家94座城市，包括我国的新疆、内蒙古、云南、上海、广东等18个省份都散落在这条丝带上，这些区域都拥有丰富多元的非物质文化遗产，是推动"一带一路"文化先行的重要资源。在这一背景下，梳理回顾广东省国家级非遗走出国门的现状，总结主要措施和特点，找出困境，进而针对这些困境探求解决的对策，对研究非遗国际传播具有重要意义。

由于广东省非遗的空间分布是以广州、佛山、中山、江门、东莞和深圳等地为中心，粤东、粤北和粤西地区分布零散。为此，本文选取了广东省佛山市、清远市、梅州市三个分别代表珠三角中心城市、粤东、粤北的地级市国家级非物质文化遗产作为文本进行调研。

二 研究综述

非物质文化遗产，联合国教科文组织《保护非物质文化遗产公约》定义为被各群体、团体、有时为个人所视为其文化遗产的各种实践、表演、表现形式、知识体系和技能及其有关的工具、实物、工艺品和文化场所。《中华人民共和国非物质文化遗产法》定义为各族人民世代相传并视为其文化遗产组成部分的各种传统文化表现形式，以及与传统文化表现形式相关的实物和场所。

"非遗"是人类的无形文化遗产，也是最古老、最鲜活的文化历史传统，是国家、民族文化软实力的重要资源和宝库，也是民族精神、民族情感、民族历史、民族个性、民族气质、民族凝聚力和向心力的有机组成和重要表征。[①]

我国非物质文化遗产研究起步时间相对较晚。十多年来研究结果主要集中在对非遗的理论研究与实践探索上，主要研究非物质文化遗产的保护方法、管理措施、项目介绍等领域，而对市场化发展、产业创新等实践方面的研究成果较少，更遑论对外传播、国际传播的研究成果，目前仍旧处于起步和探索阶段。

伴随着全球化趋势的加快，特别是我国"一带一路"倡议提出，非物质文化遗产如何走出国门逐渐成为一个新的课题。如在2016年出版的，由陕西理工学院教授、硕士生导师李锐等所著的《西部非物质文化遗产对外交流研究》对我国西部非物质文化遗产"走出去"对外交流的现状进行了梳理，归纳总结出西部非物质文化遗产在对外交流活动中存在的五个带有普遍性的问题。学者们纷纷从传播学、经济学、社会学等维度切入，深入研究探讨非遗海外市场开拓、对外交流运行机制建设、国际传播信息反馈渠道构建等课题，并提出相应对策与建议，呈现几个研究趋势。

（一）基于新媒体技术语境下非物质文化遗产走出国门研究

"自媒体"时代的到来，使不同形式、不同地域的非物质文化遗产，可以通过群体传播和人际传播以及大众传播等诸多方式，实现跨时空、跨地域传播，从而打破之前单一的大众传播模式，使非物质文化遗产的

---

① 万建中：《中国民间文化》，北京师范大学出版社2010年版，第14页。

传播手段和传播内容等,有了全新的丰富和扩展。①借助虚拟现实技术建设仿真非遗项目三维场景,将非遗项目的制作或表演过程连同原生土壤进行原样再现,观众仿佛置身于真实的非遗项目创作环境中,实现受众与虚拟空间环境的结合,突出娱乐元素,成为当前比较流行的传播方式。通过建立体验式交互平台,将非遗项目转化为数字化文化形态,受众轻点鼠标就可以感受模拟真实环境的三维动画演示,不但对非遗项目有强烈的体验感,还可通过模拟制作过程加深对该项目的了解。②

(二)探讨非物质文化遗产产业化方式

有学者指出,虽然非物质文化遗产具有"自我繁衍"的功能,但是在当前的经济浪潮下,失去文化认同和市场需求,就很难摆脱"断代失传"或"加速消亡"的濒危命运。③因而,无论是政府就保护非物质文化遗产所采取的具体措施,或是代表性传承人或传承单位的传承活动,不仅应当重视非物质文化遗产的展示、宣传、弘扬,使对传统文化的认同得以延续,而且应当重视市场运作规律,变革和开拓实现非物质文化遗产经济价值的途径或方式。④也有学者把非物质文化遗产分为两类——"适宜产业化的"和"不适宜产业化的"。像传统玩具、曲艺演出、年画、泥塑、面塑、各类雕刻、刺绣等,基本上都可以走产业化道路,这类非物质文化遗产本身就具有商品性这一特征,走产业化道路进入市场有助于更好地对其进行保护。但我们也应看到确实有部分遗产是不适合进行产业化的,如口头传说,各类仪式,某些宗教活动,知识等,就不宜走产业化道路,但可以走以其他保护为主、产业化为辅的路子。⑤

---

① 李微、余建荣:《试论非物质文化遗产的新媒体传播策略》,《新闻知识》2014年第2期。
② 尚春燕:《新媒体环境下非物质文化遗产传播策略》,《青年记者》2015年第9期。
③ 丁丽瑛:《保护非物质文化遗产与开发传统文化产业的结合路径》,《海峡法学》2011年第9期。
④ 苏晓萍:《市场化:保护和传承传统美术类非物质文化遗产的出路——以金华浦江麦秆剪贴为例》,《高等函授学报》(哲学社会科学版)2012年第12期。
⑤ 冯晓博:《非物质文化遗产保护的"两条腿"——利用媒体和走产业化道路》,《赤子》2015年第5期。

（三）非遗项目对外传播、国际传播的有效路径

北大学者张颐武专门撰文，就"一带一路"中的文化传播问题指出，文化的传播往往是润物细无声的，欲速则不达。有时候强势传播效果不一定非常好，怎么样在文化传播中间采取更加有远见的、明智的策略是大家要探讨的问题。"尤其是传统文化要活泼，没有这个不行，要找到新的形式让传统文化传播更加接地气，这其实是我们在文化传播中遇到的问题。"①

有学者从文化适应角度切入认为，除文化差异本身的影响，还受到国与国之间的政治、经济等"环境"的影响。政治、社会组织、企业等传播主体，应站在各自层面，发挥积极的促进作用，减少非文化因素的干扰，共同构筑以文化适应为主线的非遗对外传播系统工程。其中，政府处于主导地位，应发挥引领作用，将非遗对外传播纳入国家战略层面，不断助推文化适应的权威力量。各类社会组织作为推动非遗文化适应的社会力量，通过发展非遗对外教育、旅游、科研交流等活动，营造良好的推广氛围。各企业作为推动非遗文化适应的市场力量，应围绕品牌、渠道等文化影响活动，形成文化价值传递的过程，逐步实现受众对非遗文化认知的改变、行动的改变和价值观的改变。还有学者认为，由官方和政府主导的"一元化"传播主体，转变为政府、民间组织、各种机构、个人相结合的多元化传播主体，满足受众对文化信息多样化的需求，提高文化传播的公信力。专家、商人、文化精英是非遗保护与传播的中坚力量，文化机构、行业协会、民间组织等是非遗传播深入的重要通道，要发挥视觉艺术的媒介作用，整合传统媒体与新媒体，实现非遗的日常生活化和社会化。②

现有成果为本文提供了一定参考和启示。本文主要立足佛山、清远、梅州三个地市级国家级非物质文化遗产走出国门的问题及其策略，运用

---

① 阎锋：《佛山非遗"下南洋" 剪纸大师变身文化使者》，《南方日报》2015年6月3日。
② 吴爱邦、彭新东：《东莞非物质文化遗产对外传播的策略》，《广西教育学院学报》2017年第3期。

访谈法、文献资料法、抽样调查、案例研究等方法，从文化传播学的角度探讨非遗传承与走出国门的关系。旨在填补非遗项目走出国门的研究空白，及在"一带一路"倡议时代大机遇下，思考地级市国家级非物质文化遗产走出国门的对策。

三 地级市国家非遗走出国门现状

（一）佛山篇
1. 佛山国家级非物质文化遗产概况

佛山原名"季华乡"，"肇迹于晋，得名于唐"，唐贞观二年（628），当地人在城内塔坡岗掘得铜佛三尊，因此得名"佛山"。清代中期，佛山与湖北汉口镇、江西景德镇、河南朱仙镇并列成我国"四大名镇"，同时与北京、苏州、武汉三地一起成为商业最繁荣的天下"四聚"之一。

自古以来，佛山人文荟萃，人杰地灵，有着相当深厚的历史文明积淀，目前拥有的国家级、省级非遗项目数量及传承人数量在全省位居前列。其中，市级非遗项目101个、省级非遗项目48项、国家级非遗项目14项。（详见表1）

佛山国家级非遗项目有几个特点：一是数量多，在广东省排第三；二是高龄传承人占比大，超过四成在70岁以上，有部分非遗传人已去世，培育新生代刻不容缓；三是分布集中，主要集中于禅城、南海、顺德三个经济较为发达的地区；四是主要分布在传统美术、技艺、音乐、舞蹈等领域，刻录了佛山丰富的人文历史及手工业繁荣的历史，这与明清以来佛山由农业聚落转变为工商巨镇的社会转型有关。

本文依据佛山国家级非遗项目特点和社会知名度，根据"国家级非物质文化遗产+遗产名称"的百度搜索结果，在传统美术、传统技艺、传统舞蹈等领域，选择搜索结果较多和较少的项目非遗传人进行深入访谈，包括香云纱染整技艺（22,700个搜索结果）、广东醒狮（143,000个搜索结果）、佛山剪纸（32,800个搜索结果）、佛山十番（6,400个搜索结果）、佛山狮头（2,620个搜索结果）等。

表1　　　　　　　　　　　　佛山国家级非遗项目

国家级非遗名称	申报地区或单位	类型	获得国家级称号时间
佛山木版年画	佛山市	传统美术	2006年
石湾陶塑技艺	佛山市	传统手工技艺	2006年
龙舟说唱	顺德区	曲艺	2006年
佛山彩灯	佛山市	传统美术	2006年
佛山剪纸	佛山市	传统美术	2006年
佛山秋色	佛山市	民俗	2006年
广东醒狮	佛山市	传统舞蹈	2006年
佛山十番	佛山市	传统音乐	2006年
人龙舞	佛山市	传统舞蹈	2006年
粤剧	佛山市	传统戏剧	2006年
佛山狮头	佛山市	传统美术	2008年
香云纱染整技艺	顺德区	传统技艺	2008年
佛山祖庙庙会	佛山市	民俗	2008年
八音锣鼓	顺德区	传统音乐	2014年

2. 佛山国家级非遗项目走出国门现状

（1）社会知名度影响非遗项目走出国门频率

佛山14个国家非遗项目的社会知名度差异巨大。广东醒狮、石湾陶塑技艺、佛山秋色、佛山剪纸、香云纱染整技艺等项目因其丰富的寓意和象征在珠三角地区民间备受欢迎，并广泛流传于海外华人社会得以名扬海内外。

在调研中，如广东醒狮、佛山剪纸、佛山狮头等项目家喻户晓，在海外有较好的受众基础，会经常被官方邀请前往海外进行展演，很受海外华人及外国人欢迎，国际传播效果比较明显。佛山剪纸非遗传人饶宝莲说，从2012年至今，已去过斐济、萨摩亚、新西兰、美国、墨西哥、哥斯达黎加、俄罗斯、阿联酋等20多个国家进行访问交流，特别是2016年，一年内就先后5次赴海外演出。广东醒狮非遗传人黄钦添说，醒狮是海内外重要节庆节目的最常见表演形式，在海外有很高的知名度，且所在龙狮协会在新加坡、马来西亚等国家设有分会，因此醒狮团队经常有出国访问表演的机会，东南亚国家、欧洲、澳洲等走了个遍。佛山狮头非遗传人黎伟说，由于醒狮知名度很高，扎狮头也因此备受认可，每年都有走出国门进行文化传播的机会。

图1　2019年第七届CCTV贺岁杯狮王争霸赛暨迎新春全民健身嘉年华活动开场表演

图片来源：西樵镇宣传文体办供图。

相较而言，佛山十番、八音锣鼓、人龙舞等项目主要局限在几个村庄，影响范围不大，相对小众，在海外还没有产生影响力，一定程度上影响了走出国门的频率。佛山十番非遗传人何汉沛坦言，由于佛山十番目前在社会知名度不是特别高，现阶段主要是在国内进行交流，基本无走出国门进行宣传展示或交流的经历——唯一一次受邀前往德国表演，也因为经费不足而没法成行。

（2）政府扶持为主导推动非遗走出国门

在非遗发展的过程中不乏一些濒危的非遗项目，对于这些处境艰难的非遗项目来说，政府的支持至关重要。佛山国家级非遗项目之所以能走出国门开展对外文化交流，主要途径也是依赖政府支持。在这次调研中，国家级非遗传人不约而同强调了政府扶持的重要性。佛山剪纸非遗传人饶宝莲说，佛山剪纸之所以能密集赴海外展示，得益于广东省文化厅这几年常常组织省内国家级非遗项目到海外的中国海外文化交流中心进行巡演。广东醒狮非遗传人黄钦添说，仅就广东醒狮这个非遗项目而言，政府支持走出国门的力度还是挺大的，有资金，有渠道，走出国门的基本面还是挺好的。

图 2　佛山剪纸传承人饶宝莲[①]

香云纱染整技艺是一个特例。由于香云纱本身作为一种中国国家地理标志产品，远销海外的时间可以追溯到明朝永乐年间，20 世纪 80 年代到达顶峰，90 年代由于产业调整等因素影响渐走下坡路，目前仅伦教一地产量约 200 万米，主要销往杭州、广州和深圳等重要集散地。香云纱染整技艺非遗传人梁珠说，以香云纱为面料的高档时装走出国门主要以商业活动为主，包括在欧美等多个国家开设香云纱时装门店，及登上巴黎时装周、伦敦时装周等国际舞台。香云纱染整技艺走出去则多为官方邀约，主要进行原材料、制作、成品展示等。

（3）走出国门提升非遗知名度促创新发展

在调研中，五位非遗传人一致认为，非遗项目走出国门进行访问交流，首先有助于提升非遗项目在海内外的知名度，推动对非遗项目保护与传承的重视。饶宝莲说，她在莫斯科、泰国都收了洋徒弟，徒弟们也曾到

[①]　周豫，马泽楠：《巧手剪得锦绣篇——佛山剪纸传承人饶宝莲》，广东文化网 2017 年 6 月 8 日，http://www.gdwh.com.cn/whyc/2017/0608/article_3809.html。

佛山进行短时间学艺。在墨西哥的时候，甚至有观众特意下载微信与非遗传人交流，关注这门艺术。

图3　顺德伦教香云纱文化遗产保护基地，工人晒莨，制作香云纱①

非遗项目传承与发展还需要与时俱进。正是因为走出国门，越来越多的佛山非遗项目创新展示形式、创新产品，促进文化资源向文化资本转化。黎伟说，为了让国外观众更有获得感，非遗团队除了在现场展示制作工艺，还创新产品类型，结合创意做一些小狮子头，或当摆件或当装饰品，让观众可以带回家。梁珠说，不少海外买家直接到晒莨厂采购香云纱，而香云纱也在尝试打造自主品牌，提升产品设计，以便更加符合现代年轻人和海外受众的品位。

3. 佛山国家级非遗项目走出国门困境

（1）展现形式单一

佛山国家级非遗项目走出国门的展现形式基本停留在简单的文化展演、文化交流阶段。尽管能给海外观众直观印象，但这种形式更多是一种"看热闹"式传播，展演后观众基本很难记住。何汉沛说，佛山十番的呈现方式是制约其走出国门的因素之一。这个项目要表演，需要乐器齐全，每个乐器都需要一个表演者，规模越大演出越精彩。下一步考虑创新，找到更适应走出国门的表演形式。

---

① 梁建荣、骆苏艳：《省媒深挖香云纱好故事》，《佛山日报》2018年1月5日。

非遗项目走出国门应该往更深层次拓展，如开辟文化产业的同业交流，或开展专业性的学术研讨，或与有关地区组织开辟定期展演的渠道。饶宝莲就做了尝试，取得了一定成效。她说："原本的佛山剪纸是铜凿剪纸，是最具特色的一个品种，但是耗时长，难以吸引观众注意。为此创新了表现形式，特别创作一分钟剪纸的表现形式，三两下能剪出一只蝴蝶、一个喜字等，让观众耳目一新。"

（2）政府扶持僧多粥少

佛山国家级非遗项目走出国门目前以政府扶持为主，缺少点对点或自主有计划的对外传播项目。除了香云纱这类作为外贸商品出口之外，其余基本仰仗政府扶持，若无政府海外交流项目，基本难以走出去。非遗项目走出国门应该拓展文化交流的广度，动员企业、文化组织、海外社团组织等积极推动非遗项目走出去。

以《佛山市2018年度非物质文化遗产保护专项资金分配方案公示》《佛山市2017年度非物质文化遗产保护专项资金分配方案》为例（仅列举国家级非遗项目部分，详见表2、表3），并非每年每一个项目都能获得政府扶持，且支持非遗传人的资金数额并不多。

饶宝莲坦言，政府对国家级非遗有补助，但金额不多，且不会针对海外交流的部分给予额外补贴。如果是邀请方全额支付费用，她会选择前往该国进行交流。但越来越多的官方邀约，需要非遗传人承担机票或住宿等费用，她都会因为资金原因而放弃前往。何汉沛说，佛山十番此前受邀到德国表演，但因为人数较多，费用过大，无法成行。

表2　佛山市2018年度非物质文化遗产保护专项资金分配方案[①]

一、项目补助		
项目名称	资金申报单位	金额（万元）
佛山十番	桂城良溪同乐堂十番锣鼓队	3

---

① 《佛山市2018年度非物质文化遗产保护专项资金分配方案公示》，佛山市人民政府门户网站2018年6月6日，http://www.fs.gov.cn/gzjg/fswenhua/tz/201806/t20180607_7128348.html。

续表

二、非遗传承基地补助		
广东醒狮	荣山中学	2
广东醒狮	三水武术龙狮运动协会	2
广东醒狮	南海黄飞鸿中联电缆武术龙狮协会	2
佛山剪纸	佛山市第二十五小学	2
三、非遗传习所补助		
佛山秋色	何信佛山秋色传习所	2
四、非遗传承人补助		
78位市级非遗传承人，每人补助0.3万元。		

表3　佛山市2017年度非物质文化遗产保护专项资金分配方案[①]

一、项目补助		
项目名称	资金申报单位	金额（万元）
粤剧	佛山粤剧传习所	5
香云纱织造技艺	佛山市南海永鸿纺织有限公司	5
二、非遗传承基地补助		
粤剧	佛山市南海区西樵镇第一小学	2
佛山狮头	佛山市铁军小学	3
佛山木版年画	佛山市木版年画保护协会	3
佛山剪纸	佛山市灯湖小学	2
石湾陶塑技艺	佛山市新石湾美术陶瓷厂有限公司	3
三、非遗传习所补助		
佛山剪纸	陈永才传习所	2
佛山秋色	何信佛山秋色传习所	2
四、非遗传承人补助		
78位市级非遗传承人，每人补助0.3万元。		

---

① 《佛山市2017年度非物质文化遗产保护专项资金分配方案公示》，佛山市人民政府门户网站2017年5月4日，http://www.fs.gov.cn/gzjg/fswenhua/tz/201711/t20171113_6740797.html。

(3) 自我造血功能低

资金是限制非遗项目走出国门的最大制约因素。佛山坚持政府主导、社会参与，推动非遗项目走出国门。尽管省、市、区三级对国家级非遗传人每年都有补助，但无奈僧多粥少，政府扶持力度有限，导致不少非遗难以走向海外。

此外，佛山非遗项目产业发展的质量、效率和动力都明显不足，能真正走向国际，实现自我造血的非遗更是凤毛麟角。且非遗项目产业创新力不足，产品难以跟上时代步伐，无法促使更多的年轻人、社会企业参与其中，要实现自我造血的目标还有很长一段距离。

黄钦添说，除了做好传统的表演，醒狮传承人团队走出国门的时候，还尝试更多新的传播形式，例如印刷纪念册、醒狮文创产品等独具特色的非遗产品。不过要增强其在海外的文化品牌影响力，还需要将各处分散的醒狮团队调动整合，形成一股合力，以推动醒狮在海外更好地传播。

（二）清远篇

1. 清远市国家级非遗概况

少数民族特色是清远国家级非遗的最大特色：清远市位于广东省中部，北江中下游，北面和东北面与韶关市为邻，东南和南面接广州市，南与佛山市接壤，西与肇庆市相连；辖清城区、清新区、佛冈县、阳山县、连南瑶族自治县、连山壮族瑶族自治县，并代管英德市、连州市两个县级市。

清远市目前有 5 个国家级非物质文化遗产（以下简称"非遗"），分别是瑶族耍歌堂、连南瑶族长鼓舞、连南八排瑶族婚俗、连山瑶族小长鼓舞和英德英石假山盆景技艺。（详情见下表）

表 4 　　　　　清远市国家级非物质文化遗产状况

国家级非遗名称	所属地方	类型	获得国家级称号时间
瑶族耍歌堂	连南瑶族自治县	民俗	2006 年
连南瑶族长鼓舞	连南瑶族自治县	传统舞蹈	2008 年
连南八排瑶族婚俗	连南瑶族自治县	民俗	2014 年

续表

国家级非遗名称	所属地方	类型	获得国家级称号时间
连山瑶族小长鼓舞	连山壮族瑶族自治县	传统舞蹈	2011年
英德英石假山盆景技艺	英德市	技艺	2008年

清远市作为少数民族文化丰富的粤北山区城市，与广州、佛山、东莞等珠三角城市不同的是，国家级非遗项目呈现传统舞蹈、技艺和民俗类居多，多分布在少数民族聚居地等特点。瑶胞、壮胞等少数民族创造了丰富多样的歌舞、民俗和传统技艺等，这些都成为清远非遗项目的重要组成部分。可以说，少数民族特色是清远国家级非遗的最大特色。

2. 清远国家级非遗走出国门现状

（1）能走出国门的非遗数量不多，且都是少数民族传统舞蹈和民俗

清远5个国家级非遗，连南瑶族自治县的瑶族长鼓舞和耍歌堂频频走出国门。荟萃瑶族文化精髓的连南，是世界经典乐曲《瑶族舞曲》的故乡，是世界唯一的排瑶聚居地，素有"诗画之乡""歌舞之乡"美誉。连南瑶族人号称"能说话就能唱歌，能走路就能跳舞"。连南瑶族长鼓舞是排瑶祖先在隋唐时期迁徙到连南时一同传入，至今已有1,000多年历史，是当地瑶族节庆活动中必不可少的表演项目。每逢春节、三月三、六月六、十月十六等传统节日及"耍歌堂"，排瑶必聚集到村前的广场或收割后的田野，吹响牛角，敲起铜锣，击长鼓而舞，长鼓舞是排瑶历史民俗的活化石。

瑶族耍歌堂是连南排瑶纪念祖先、回忆历史、喜庆丰收、酬神还愿、传播知识的活动，是排瑶历史变迁、民间信仰、文化艺术、风情习俗的浓缩和集中表现，同时也是排瑶青年男女谈情说爱和人们会亲结友的民间盛会。

20世纪九十年代，连南瑶族自治县歌舞团团长、连南民族文化传习中心主任何卫民带领团队潜心创作，《耍歌堂》《师爷舞》《砍山》《种地》《长鼓舞》《峒坪欢歌》《绣锦袋》等一系列节目相继面世，赢得了社会和经济效益双丰收。1996年，小有名气的歌舞团应邀到新加

坡演出，开歌舞团建团以来出国演出先河。1996年，连南瑶族长鼓舞应邀在新加坡表演，实现了对境外文化交流零突破。演出期间，新加坡国家电视台在《早安你好》专题栏目中向广大电视观众做了瑶族长鼓示范采访直播。

2011年7月21日，第四届索菲亚民俗文化艺术节在保加利亚首都索菲亚正式开幕，连南民族歌舞团表演的长鼓舞在开幕式上上演。歌舞团还到保加利亚当地的歌舞团和学校进行了教学，并赠送了瑶族长鼓给中国驻保加利亚大使馆。

2012年，连南瑶族长鼓舞于2012年春节随广东艺术团到法国留尼旺参加"欢乐春节"演出。

图4 何卫民编导的舞蹈《瑶族长鼓》，夺得全国民运会表演金奖
图片来源：《南方日报》。

2013年2月17日，在澳大利亚悉尼市政府举办的"2013年中国春节大巡游"活动中，连南千年瑶寨的瑶族长鼓舞、耍歌堂"原生态"表演掀起一股岭南民族风。

2014年12月9日至17日，应WCETV美国银视网、美国朗思传媒集团的邀请，广东省文联、广东省民间文艺家协会组织的广东省民间艺术团一行32人赴美国洛杉矶进行艺术展演及文化交流活动。艺术团成员主要来自连南瑶族自治县的民间艺术表演队伍，节目以广东瑶族长鼓舞和瑶族民歌为主，民族特色浓厚，岭南文化鲜明。

图 5　广东省民间艺术团成员在英国朴茨茅斯春节大联欢上表演粤剧选段《白龙关》①

在美期间，广东省民间艺术团前往 WCETV 美国银视网演播大厅进行现场表演和节目录制。中国驻洛杉矶领事刘春香、美国希望基金主席邱岭、银视网总裁 Billy Chung、加州参议院 Bob Huff 办公室代表等出席活动。

2017 年是中英建交 45 周年。2017 年 2 月 3 日至 11 日，应英中国际友好交流中心邀请，在广东省委宣传部的大力支持下，广东省文联、广东省民间文艺家协会组织的广东省民间艺术团一行 29 人赴英国进行艺术展演及文化交流活动。艺术团成员主要来自连南瑶族自治县、汕尾海丰县、广州市粤剧院的民间艺术表演队伍，节目形式和内容综合了世界级非物质文化遗产——粤剧、国家级非物质文化遗产瑶族长鼓舞以及广东省非物质文化遗产瑶族民歌、汕尾麒麟舞等。

（2）非遗走出国门平台渠道单一，主要依靠省级以上政府部门组织推动，具有行政性和公益性

---

① 曾强：《广东省民间艺术团赴美进行文化交流活动》，《南方日报》2017 年 2 月 7 日。

从清远市非遗走出国门的历程来看，清远非遗走出国门全靠省级以上政府部门或者民间组织主导推动而进行的政府派出、随团访演活动。如由广东省委宣传部、广东省文联、广东省民间文艺家协会等组织的代表广东省对外文化进行交流。"基本都是省里组织出国的，我们自身资源有限，缺乏走出国门的平台和资金。"连南广东民族艺术团副团长、连南民族文化传习中心主任何卫民说。

（3）非遗在国外传播的直接形式基本是表演

基于清远走出国门的非遗是少数民族传统舞蹈和民俗，在国外传播的直接形式基本是表演。"受限于时间、语言、文化，交流互动做得还不够深入。"何卫民表示，"我们走出国门去表演，一般都是在春节或者中秋等中国传统的节假日。2011年到保加利亚表演，有当地的舞蹈家和学校来学习长鼓舞，我们也将我们的长鼓赠送给了中国驻保加利亚大使馆。"

（4）非遗所用的物质原材料英石已走出国门，但非遗技艺还没能走出去

英石是我国四大园林名石之一，主产地在英德市中部的英山。英石由无数松散的板块构成，受暴冷暴热的气候和风雨影响，风化、腐蚀、发育独特，具有"瘦、皱、漏、透"的特点。英石已远销日本、美国、新加坡、中国台湾等50多个国家和地区。英石假山盆景技艺是英德的能工巧匠们利用英石，进行整合、加工，以生动的造型来表现人们的传统审美观念、文化态度以及生活方式的一种汉族传统手工技艺。宋代杜绾《云林石谱》、赵希鹄《洞天清录集》、明朝计成《园冶》、清朝屈大均《广东新语》等书均有论述。

英石多次被作为礼品馈赠国际友人，1986年广东省代表中国政府援建澳大利亚新南威尔士州"谊园"，部分园林景石是从英德运送的正宗英石；同年广东省外事部门挑选一块上乘英石，作为中华人民共和国的礼物赠送给美国马萨诸塞州；1987年广东省代表团访美，将一座现代英石盆景赠给沙拉姆皮博迪博物馆；1996年11月，受广东省外事部门委托，英德市人民政府挑选了一块命名为"鸣弦石"的英石，作为礼物赠给日

本神户国际和平石雕公园，成为中日友好的"和平之珠"。

3. 清远国家级非遗走出国门的困境

（1）缺乏走出国门的渠道

目前，清远非物质文化遗产走出国门都是由政府主导，而且是省级以上政府部门搭建平台，自身由于平台缺乏、民间交流少限制多，加上相关人才不足，走出国门的渠道不通畅。

（2）缺少走出国门的资金

资金方面，根据国家和广东省的有关政策，国家和省里有专门的非遗保护经费和专门给非遗传承人的传习经费补助，如广东的省级非遗保护经费2017年从2008年的1000万元增加到3200万元。2016年开始，每年省级传承人的传承补助经费达到2万元；国家级传承人除得到国家补助2万元外，省里再补助1万元。但这些经费都不是非遗走出国门或非遗国际传播的专项经费。

（3）传承人年老体弱

因非遗传承人年老体弱，一定程度造成非遗走出国门缺乏主动性。清远市文化馆提供的传承人名单显示，截至今年，清远目前只有一位国家级非遗传人——唐桥辛二公，连南瑶族长鼓舞项目的传承人，今年77岁。另外一位国家级非遗传人——耍歌堂项目传承人唐买社公已于2016年去世。省级非遗传承人17人，连南的省级传承人最多，达13人。其中60岁以上的省级传承人9人，70岁以上的6人。最年轻的是1976年出生的、来自连山壮族瑶族自治县国家级非遗连山瑶族小长鼓舞项目的传承人赵朝雄。

（三）梅州篇

1. 梅州国家级非物质文化遗产概况

梅州，位于广东省东北部，东部与福建省龙岩市和漳州市接壤，南部毗邻潮州市、揭阳市、汕尾市，西部与河源市相连，北部与江西省赣州市交界，是粤闽赣边区区域性中心城市，同时也是全国重点侨乡之一，旅居海外的华人华侨达700多万，被誉为"世界客都"。

梅州是客家文化的主要发源地之一，梅州地区的非物质文化遗产，浓缩了客家先民世代相传的劳动结晶。近年来,梅州不遗余力地挖掘、整理了305项非遗项目,其丰富性、生动性与多样性展现了客家文化的绚丽多彩。其中,国家级非物质文化遗产有6项,分别是"梅州客家山歌""广东汉乐""广东汉剧""木偶戏""狮舞""龙舞",分为传统音乐、传统戏剧、传统舞蹈、民俗等类别。(详见下表,统计时间为2018年5月)

表5　　　　　　　　梅州市国家级非物质文化遗产状况

国家级非遗名称	保护单位	项目类别	获得国家级称号时间	传承人数量（国家、省、市）
梅州客家山歌	梅州市文化馆	传统音乐	2006年	7人（去世1人）
广东汉乐	大埔县文化馆	传统音乐	2006年	5人
广东汉剧	广东汉剧传承研究院	传统戏剧	2008年	16人
木偶戏（五华提线木偶）	五华县提线木偶传习所	传统戏剧	2008年	2人
狮舞（席狮舞）	梅江区文化馆	传统舞蹈	2008年	3人（去世1人）
龙舞（埔寨火龙）	丰顺县文化馆	民俗	2008年	2人（去世1人）

梅州国家级非遗项目有几个特点:一是分布较广,梅州下辖8个县(市、区),各县(市、区)均有入选项目;二是开放程度不深,入选项目单一。梅州市国家、省、市、县级非遗项目共305项,包括传统技艺、传统美术、民间文学、曲艺、杂技等丰富类型,但仅6个项目入选,且集中在传统音乐、传统戏剧,类型单一;三是代表性传承人青黄不接,高龄的占比较高,有部分项目传承人已去世,新生力量亟待补充。

本篇基于梅州国家级非遗项目的社会知名度差异、市县代表性、类型代表性等原因,根据"遗产名称"百度搜索结果,在传统音乐类型中选取了"梅州客家山歌"(山歌350,000个,汉乐324,000个),传统戏剧中选了"木偶戏"(山歌与汉剧均由市级单位保护,木偶戏由五华县保护),以及狮舞、龙舞,分析地市级的国家级非物质文化遗产保护和传承情况，探讨对外传播过程中的困境。

2. 梅州国家级非遗项目走出国门现状

（1）道具便携性影响海外展演频率

因非遗项目表演阵容差异，海外展演频率差异较大。在调研中，山歌、木偶戏等项目相较于狮舞、龙舞，因道具较小，旅途中受运输工具限制较小，因而传播较广。

如五华提线木偶，曾多次被广东省文化厅选派和应邀赴泰国、印尼、马来西亚、法国、澳大利亚等国家和地区展演。该项目代表性传承人李新贤说，早在1990年五华县木偶剧团就有过赴泰国访问演出的经历，近些年来更是频繁，光是在2016年、2017年，五华县提线木偶传习所就先后到曼谷、印尼、马来西亚、新西兰交流授课，足迹遍布亚洲、欧洲、澳洲等国家。该项目受到了海外观众的欢迎，印尼影响最广泛的华文媒体《千岛日报》、马来西亚版《光明日报》等国内外30多家新闻媒体分别做了专题报道。

图6 木偶书法①

---

① 森丰：《客家绝技——五华提线木偶》，海峡之声网2014年2月18日，http://www.vos.com.cn/news/2014-02/18/cms797248article.shtml。

而同样观赏性极高的埔寨火龙却因受道具限制，难以走出国门。该项目代表性传承人张自进表示，为了让埔寨火龙走出去，他经常去潮汕地区、珠三角、福建等地巡演，如今埔寨火龙已先后在 20 多个省市表演过，如 1987 年参加广东省首届民间艺术欢乐节表演，1990 年应邀参加福建省"国际水仙花节"表演，1992 年应邀参加珠海市的"海上欢乐节"表演，1994 年应邀参加"梅州客家联谊会庆典暨世界客属联谊大会"表演，2011 年 2 月参加埔寨火龙表演交流团赴台湾演出。但因火药受到限制，要把真正的火龙搬上舞台，只能去除火龙最精彩的"火烧"环节，所以该项目至今仍未出过国。

图 7　梅州非遗：埔寨火龙（何方摄）[①]

（2）表演形式力求创新

要让非遗项目保持生命力，创新必不可少。在传播过程中，表演者不断创新表演形式，让非遗项目传播更广。如：木偶戏代表性传承人李新贤突破动作+声音的单一的表演形式，将木偶与书法结合起来，推出《木偶书法》，丰富了表演内容，受到观众喜爱。李新贤表示，现在包括五

[①] 梅州市文化馆：《【客家非遗】国家级非物质文化遗产代表性项目"埔寨火龙"》，搜狐网 2017 年 8 月 18 日，http://www.sohu.com/a/165661879_99897034。

华县提线木偶传习所的中坚力量以及国内外学生大概有2,000多个传承人，架起了中外文化交流的友谊桥梁。埔寨火龙也想方设法突破道具不便携带的局限性，编排了《火龙魂》舞蹈，通过表演服饰的形似，加上头上佩戴的冷焰，仿照火龙的舞动，可推广范围会更广。

此外，展演形式也在不断创新，从"单打独斗"到"抱团出海"，从"传统"向"融合时代新意"转变。在第五届世界客商大会期间，"璀璨遗珠——梅州市客家非物质文化遗产展演"在梅县文体中心进行，此次展演由梅州市委市政府主导，汇集了山歌、汉乐、木偶、杯花、采茶戏、埔寨火龙、客家服饰等元素，而且不再是非遗单一的元素，而是与音乐、时装、美食和设计等现代元素结合，全方位展示了梅州非遗文化的魅力，丰富了非遗宣传跨区域联动形式，加速了非遗项目宣传和普及力度。据了解，此次展演通过"大客家网""掌上梅州"等平台向全球做了直播，有30多万人观看、2万多人点赞。

3. 梅州国家级非遗项目"出走"困境

（1）传播阵容青黄不接，传播面窄

非遗项目的传播可分为自然人和社会组织机构。自然人主要是传承人、民间艺人。以往，这些项目主要通过面对面传播的方式来进行，因此传播面窄，造成目前非遗项目老龄化、窄众化的特点。老龄化表现在代表性传承人均年事已高，部分项目代表性传承人已去世，新生代力量还衔接不上，造成传承人才青黄不接的局面，各项目传承人数量参差不齐，有些仅个位数。另一类传播者是社会组织机构，如文化馆、传习所、传承保护中心等，这些机构因缺乏资金、人才，未将非遗IP的商业价值充分发挥出来，自我造血能力差，来自政府的补助资金不足以支撑海外传播费用，故两种形式传播面均较窄，影响海外传播效果。

（2）渠道形式单一，传播不够深远

当前非遗项目对外传播渠道单一，传播渠道主要是交流访问、文化旅游等，这些传播渠道无论是影响力还是触及范围都非常局限。像木偶戏虽然频繁出海，但多是在海外华人群体中表演，且除了展演的形式，用木偶戏的元素生成的衍生品几乎没有，观众只留下了表面印象。现在，非遗项目传播缺乏专业化、现代化、多元化和市场化的传播渠道，并且新媒体产品运用欠缺，受众意识不足，与国内外媒体合作力度不够，这都导致了传播不够深远的问题。

（3）受多元文化冲击，受众老龄化

文化是一个充分大的群体共同采用的思维方式和行为方式，不同的人类文明造就了不同的文化模式，非遗项目的传播要适度包装。在娱乐文化相对单一的社会，非遗项目曾是节日、闲暇时活跃气氛、交流沟通的最好媒介，但在信息爆炸时代，受多元文化冲击，大家可选择的娱乐方式越来越多，缺乏创新的传统事物在众多选择中很可能被淹没，较难引起年轻人兴趣。

（四）三地国家级非遗海外传播共性分析

从佛山、清远、梅州的现状调研来看，无论是珠三角地区还是粤东、粤北地区，国家级非物质文化遗传的国际传播均面临产业体系未完善、二度创作能力不足等问题。

1. 产业体系尚未完善

由于非遗自身具有无形性、民族性、地域性等特点，这必将导致非遗文化遗产在产业化的过程中遭到很多困难。

无形性是非遗最大的特点，非遗产业化过程中必然需要物质载体，无形性使得产业化变得异常艰难。虽然各地已在"活化"方面下功夫了，像广东醒狮、佛山扎狮头通过文创产品让观众将"非遗带回家"，但若非遗项目不需要借助标志性道具，如音乐、舞蹈、戏剧等，主要以旅游开发为主，产业化程度就较低。而像传统技艺，它的载体就是传承人，大部分传承人年纪大却后继无人，更重要的是传承人的多元化使得产品的差异性也越大，这使得工艺产业化异常艰难。

2. 二度创作能力不足

"一带一路"的互联互通就是促进沿线各国经济合作，要让"一带一路"沿线国家接受"一带一路"倡议，主要就是靠跨文化传播去消除各国、各地区的文化鸿沟。非遗的文化特性和时代性是制约其跨文化传播的重要因素之一，非遗项目有自己的"原生土壤"，要消除文化鸿沟，就需要"嫁接""移植",转型发展是持续发展的必由之路。

传统的演出形式和内容制约着非遗的传播,因此对非遗项目展演内容和表现形式的再度创新是转型发展的前提条件。但目前三地均面临传承人高龄化,创新缺乏自发性、主动性的问题。

六 地级市国家级非遗走出国门和国际传播的建议和对策

探讨和构建非遗走出国门和国际传播的策略,进一步阐释和凝练非遗文化的内涵,让国人和外国人读懂、听懂、看懂非遗的故事,对于理解岭南文化、中国文化在中国特色社会主义文化建设中的地位和作用,有十分重要的意义。要凝聚共识,从推动文化走出去,实现"一带一路"倡议,建设人类命运共同体的高度思考非遗的保护和传播。

(一)利用互联网+和走产业化道路做好非遗保护传承工作

1. 让非遗"留下来""活下去",明确职责分工,加强保护力度

非遗要走出国门,先要"留下来"。与大多数非遗一样,佛山、清远、梅州三地非遗的首要问题是"活下去"。目前,我国非遗保护主体在政府、学界、企业、新闻媒体等,接下来进一步明晰非遗的保护主体的职责分工,做到政府搭台、群众唱戏,经济搭台、文化融入,这对于非遗的保护与传承至关重要。特别是政府部门要加大对非遗项目的资金扶持力度,政府及各部门要多为非遗传人或民间队伍争取文化交流活动机会,让非遗走出国门,获得更好的发展机会。

2. 创新促自我造血:走产业化发展道路

《中华人民共和国非物质文化遗产法》第三十七条做了具体阐述:"国家鼓励和支持发挥非物质文化遗产资源的特殊优势,在有效保护的基础上,合理利用非物质文化遗产代表性项目开发具有地方、民族特色和市场潜力的文化产品和文化服务。"

在当前社会环境下,要想让非物质文化遗产具有自身"造血功能",就必须走产业化道路,必须与市场接轨,能够自己养活自己,而不是靠外界的援助。在非物质文化遗产的保护过程中，资金问题一直是瓶颈性问题，如果仍然采用老方法，不走产业化道路，那么这一问题就仍然得不到有效解决。因此，对于具有市场潜力的、符合市场消费需求的非遗产品，要在不破坏非物质文化遗产自身价值的前提下，鼓励和支持代表性传承人通过文化创意、艺术包装、打造品牌、市场营销推动传统产品功能转型，培育特色的非遗文化产业，形成地方特色的文创品牌或文化产业带；可鼓励协会制定有关非物质文化遗产代表性项目在原材料、传统工艺流程和核心技艺方面的相关标准和规范；鼓励将代表性传承人的代表作品列入政府或企业礼品采购清单并优先采购，在开展海外经贸文化交流活动中作为礼品。在此过程中，可适当引入文创团队，研发设计更多符合当下消费习惯的终端产品。

（二）用"非遗＋创新、人才、平台、旅游、产业"的理念进行国际传播

1. 非遗＋创新

对于大多数以表演为主的非遗，要走出国门，还需要创新展现形式。如佛山剪纸非遗传人将长时间技艺创新为一分钟剪纸技艺，大大提升了观赏性与参与性，更容易让海外受众接受。英石假山盆景技艺新生代传承人创新了表现形式，将英石制成壁画，将英石假山盆景做成可以挂在墙上的碟景。相较于传统盆景，重量大大减轻，不仅吸引奇石爱好者，还吸引了美术爱好者，推广效果会更好。

2. 非遗＋人才

目前非遗走出国门缺少既懂市场又有创意的高层次人才，非遗首先要争取更多年轻人加入，把更多的精力和物力用在扶持民间文化人才和文化团体上，鼓励机制创新，制定对特殊人才的特殊政策，对本地优秀人才要有重奖重用的政策机制，为他们创造广阔的发展空间。要积极制定非遗产业专门人才的培养与发展规划，全方位提高非遗艺术从业人员的整体素质与水平。要构建懂非遗、懂市场、懂管理的人才队伍，经验丰富的组织者和实施者是非遗成功"走出去"的有力保障。建立非遗传承人、传习人、文化产业管理人才培养机制，覆盖从基础教育到高等教

育的非遗教育传承人才培养链条，培养非遗海外传播的人才。

3. 非遗＋平台

增强非遗走出国门和非遗对外传播的主动性。除了要积极依托官方渠道、社会渠道、民间渠道等，采取政府派出、随团访演、出国商演等方式，通过政府主导，扶持鼓励非遗参加国际艺术节演出、非遗展览等活动，充分利用好各种形式、多种渠道做好非遗交流宣传工作外，还要鼓励其他社会力量参与非遗传播。

互联网的高速发展为非遗提供了空前绝后的平台，可以让综艺、影视IP、纪录片成为非遗走出国门和进行国际传播的加速器。要充分利用互联网、微信等媒介，推送非物质文化遗产项目介绍，扩大宣传的覆盖面和影响力。例如连南曾将耍歌堂和瑶族长鼓舞等元素融入，拍成了电影《旺都之恋》，起到了很好的宣传作用。

加强与中央媒体和外国在华常驻新闻机构的联系与合作，有助于将非遗文化产业推荐到国外。要加强与我国驻外使领馆和国外驻华使领馆的联系，加强与国际文化中介机构、国外同乡会、商会的联系，积极参加国内外组织的各类大型经贸活动等，大力拓展对外文化交流渠道。将国内非遗保护机构、文化产业类高校、海外学院、国际学院作为国内传播阵地，孔子学院、孔子课堂、驻外机构为海外传播阵地，共同深层次拓展非遗海外传播路径。

4. 非遗＋旅游

以非遗为内涵，大力推动全域旅游发展，将全域旅游理念贯穿于城乡规划建设、项目开发建设全过程，推动旅游与产业融合发展，大力发展"多项融合"模式，促进旅游业提质增效、可持续发展非遗＋旅游，促进区域平衡协调发展。发展非遗旅游精品项目，从而吸引国内外游客。

5. 非遗＋产业

以非遗项目为核心，实现产业化和市场化。以市场经济为理念，以培育文化市场为导向，发展文化产业化模式，推动非遗文化"走出去"。随着农业社会的解体、新型化城镇的扩张，非遗作为一种稀缺的文化资源唤起人们的文化认同意识，加上旅游业、休闲文化产业的发展，非遗成为文化产业的新生长点，为非遗的对外传播提供重要的机遇。为此，可以把非遗作为城市形象的文化元素推出市场，探索产业化经营之道，建设文化产业园区，以市场化运作助推非遗的传播力度。

参考文献：

边秀梅：《"一带一路"背景下客家山歌的海外传播研究》，《赣南师范大学学报》2017年第10期。

冯晓博：《非物质文化遗产保护的"两条腿"——利用媒体和走产业化道路》，《赤子》2015年第10期。

李佳：《治蜀兴川战略布局下的四川省非物质文化遗产的国际传播与推广研究》，《传播力研究》2018年第25期。

李翌、闫淑鑫：《湖北非遗走出国门 向世界展示楚文化》，《楚天金报》2015年7月12日。

梁建荣、骆苏艳：《省媒深挖香云纱好故事》，《佛山日报》2018年1月5日。

谭林、陶奇、熊成帆、黄振生、万山河：《"一夜暴富"成过去式？英石行业出路在何方？》，《清远日报》2017年2月6日。

吴爱邦、彭新东：《东莞非物质文化遗产对外传播的策略》，《广西教育学院学报》2017年3月。

肖伟承：《浅谈"非遗"展演的时代意义》，《梅州日报》2017年12月6日。

曾强：《广东省民间艺术团赴美进行文化交流活动》，《南方日报》2017年2月7日。

赵胤宏：《非遗产业化研究》，《读天下》2016年第17期。

济南市文化广电新闻出版局：《济南非物质文化遗产保护现状及"走出去"对策》，山东省文化和旅游厅官网2015年12月15日，http://www.sdwht.gov.cn/html/2015/dcyj_1215/27563.html。

南方日报编辑部：《何卫民：倾心瑶族歌舞30年》，《南方日报》2012年6月20日。

广东品牌的国际传播路径探索
——以深圳、珠海"走出去"企业为例

钟夏　丘倩怡　孙锦*

【摘要】 本文通过分析深圳、珠海两大经济特区作为广东企业"走出去"前沿阵地的研究背景，分别从国家对外合作倡议、明确广东企业定位方面对广东品牌产业现状进行挖掘与探讨。文章以华大基因、宝鹰集团、华发集团等3家分别来自深圳、珠海的企业的国际传播路径作为案例分析，有助于从不同面向阐释广东品牌"走出去"的多元路径。

【关键词】 广东品牌；国际传播；传播路径

对于品牌的重要性，1999年诺贝尔经济学奖得主罗伯特·蒙代尔曾经有过一个经典的表述："现代经济的一个重要特征就是品牌主导，品牌是核心竞争力的最直接体现。"①

"一带一路"倡议的提出，为中国企业"走出去"创造了新机遇，也为中国品牌的国际传播提供了新主题。近年来，广东全方位、多层次地推动企业"走出去"，积极参与"一带一路"建设，加强与沿线国家和地区的深度合作。在"一带一路"背景下，广东品牌的对外传播同样

＊【作者简介】钟夏，男，珠海传媒集团财经新闻部部长；邱倩怡，女，深圳广播电影电视集团高级编辑；孙锦，女，深圳特区报首席记者。

① 燕帅：《人民日报等36个中国品牌入选世界品牌500强》，人民网2016年12月29日，http://media.people.com.cn/n1/2016/1229/c14677-28985237.html。

以前所未有的力度、深度、广度和速度推进。

作为中国最早的经济特区，深圳与珠海是过去40多年来中国改革开放的前沿窗口，也是推动新一轮高水平对外开放，加快构建更大范围、更广领域、更高层次的开放型经济的门户枢纽。近年来，深圳的海能达、优必选、华大基因、雅昌文化，珠海的格力电器、华发集团、星汉智能等特色鲜明的企业持续拓展海外市场，成为广东企业"走出去"的中坚力量与优秀代表。

与此同时，企业在"走出去"过程中愈发重视品牌力量，加大对外传播力度，并在战略、生产、营销、研发、服务、供应链等各个环节做出品牌化的探索与实践，为广东乃至中国企业"走出去"的转型升级与高质量发展提供了有益思路和解决方案。

一　研究背景

改革开放40多年来，深圳与珠海两大经济特区不仅为全国经济体制改革探索了道路、提供了经验，输出技术、资金、人才和管理经验，也为国际资本、技术、信息走向内地和许多中国企业走向国际经济舞台，参与全球市场竞争，提供了双向通道，夯实了走出去的"桥头堡"。

（一）深圳、珠海都是我国最早的经济特区

作为中国最早设立的经济特区之一，1979年至今，深圳从一个仅有3万多人口、两三条小街的边陲小镇，发展成为一座拥有上千万人口，经济繁荣、创新时尚、社会和谐、功能完备、环境优美的现代化都市，地区生产总值从1979年的1.97亿元上升到2018年的2.42万亿元，仅次于北京、上海，与香港相当，跻身全球城市30强。

"改革开放近40年，中国最引人瞩目的实践是经济特区。全世界超过4,000个经济特区，头号成功典范莫过于'深圳奇迹'。"英国《经济学人》曾这样评价。

珠海同样是中国最早设立的经济特区之一，是珠江西岸核心城市、广东省副中心城市、粤港澳大湾区的重要一极。改革开放40多年来，珠

海经济社会发展取得了一系列历史性成就,从一座落后的"小渔村"发展成为现代化花园式海滨城市。地区生产总值从 1979 年的 2.09 亿元增加到 2018 年的 2914.74 亿元,人均 GDP 从 579 元提高到 16.51 万元。

(二)深圳、珠海都拥有广东自贸区的组成部分

2014 年 12 月,国务院决定设立中国(广东)自由贸易试验区,广东自贸区涵盖三个片区:广州南沙新区片区(广州南沙自贸区)、深圳前海蛇口片区(深圳蛇口自贸区)、珠海横琴新区片区(珠海横琴自贸区)。

其中,前海蛇口片区依托深港深度合作,以国际化金融开放和创新为特色,重点发展科技服务、信息服务、现代金融等高端服务业,建设我国金融业对外开放试验示范窗口、世界服务贸易重要基地和国际性枢纽港。

横琴新区片区依托粤澳深度合作,重点发展旅游休闲健康、文化科教和高新技术等产业,建设成为文化教育开放先导区和国际商务服务休闲旅游基地,发挥促进澳门经济适度多元发展新载体、新高地的作用。

(三)深圳、珠海在对接港澳方面具有独特优势

深圳位于广东省珠江口东岸,与香港一水之隔。作为中国改革开放和现代化建设先行先试的地区,深圳的发展,离不开香港的辐射带动,同样得益于香港的大力支持。

中央设立深圳经济特区的重要考量之一,就是深圳毗邻香港的独特区位优势。经过 40 多年发展,深圳和香港之间形成了优势互补、互利共赢、共同发展的关系。

珠海,位于广东省珠江口的西南部,东与香港隔海相望,南与澳门相连。2018 年 10 月,历经 5 年规划、9 年建设,前后历时 14 年,总长约 55 公里的港珠澳大桥正式建成通车。这座世界上最长的跨海大桥,东接香港,西接珠海和澳门,是"一国两制"下粤港澳三地首次合作共建的超大型跨海交通工程。

大桥通车后,原本"毗邻香港、接壤澳门"的珠海,已经成为唯一与香港、澳门陆路相连的城市,从珠海到香港的车程由 3 个半小时缩短为半个多小时。

(四) 深圳、珠海是广东企业"走出去"的前沿阵地

作为中国最具创新与开放活力的城市之一,"全球要素"加"全球市场"成为深圳打造具有国际竞争力产业体系的重要推动力。企业"走出去"已成为深圳开放型经济发展的新特征。截至2017年底,深圳企业已在全球137个国家及地区,累计直接投资设立企业和机构6,000余家,为深圳经济增长、结构调整、科技创新提供了新引擎、新活力、新动能。

作为"一带一路"重要战略节点,拥有开放传统的珠海,在推动形成全面开放新格局的实践中,也着力推动企业"走出去"拓展海外市场。目前,珠海有进出口企业3,011家,已与223个国家和地区建立了贸易关系,对外投资遍及全球40个国家和地区,涉及18个产业门类。截至2018年7月,珠海累计对外投资项目达到433个,实际投资额为40.1亿美元。

二 产业现状

(一) 国家对外合作倡议助力广东企业"走出去"

"一带一路"建设秉持共商、共建、共享原则,唱响"中国智慧""中国主张""中国方案",给广东品牌走出去提供了契机和平台。

根据国家信息中心连续三年发布的"一带一路"大数据系列报告显示,广东在全国各省市"一带一路"参与度指数排名中,连续三年位居第一。[①] 从2013年"一带一路"倡议提出至今,广东借助这一倡议向外延伸合作触角,收获的利益变得更加具体,增速也越发明显。

《广东企业"一带一路"走出去行动报告2018》数据显示,2018年上半年,广东货物进出口总额为3.24万亿元,同比增长2.7%。其中,出口额为1.91万亿元,同比下降3.3%;进口额为1.33万亿元,同比增长12.6%。

---

① 吴哲、王佳欣:《国家信息中心在达沃斯论坛发布〈"一带一路"大数据报告2018〉,广东连续三年居参与度指数第一》,《南方日报》2018年9月20日。

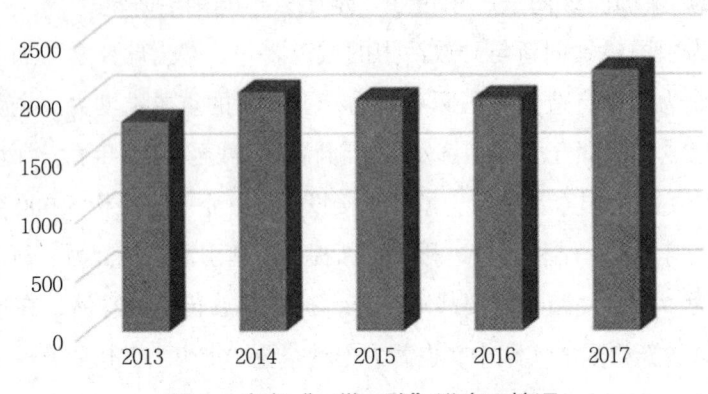

图1 广东"一带一路"进出口情况

数据来源:《中国广东企业"一带一路"走出去行动报告2018》。

2017年,广东与"一带一路"沿线国家进出口额为15,036.9亿元人民币,同比增长14.9%,占全省进出口总额的22.1%。其中,对"海上丝绸之路"沿线重点14国进出口额同比增长14.6%,对东盟进出口额同比增长13.4%,均高于全省8%的进出口增幅。广东在"一带一路"沿线国家设立境外企业(机构)118家,实际投资为2.9亿美元。

2018年上半年,广东与"一带一路"沿线国家的进出口额为7,289.5亿元人民币,同比增长1.7%,占全省进出口总额的22.5%。

(二)明确广东产业定位 打通"走出去"的捷径

伴随着供给侧结构性改革的深入推进,广东经济结构优化升级,新旧动能转换加快进行。广东经济从总量扩张向结构优化转变,发展动力从依靠资源和低成本劳动力等要素投入向创新驱动转变。

广东数字经济指数排名全国第一,生物医药领跑全国,海洋生产总值连续23年居全国首位。2017年,广东先进制造业增加值为17,597亿元,同比增长10.3%;高技术制造业增加值为9,516.92亿元,同比增长13.2%。

先进制造业和高技术制造业增加值占规模以上工业比重继续提升,达53.2%和28.8%。其中,珠江西岸装备制造业增加值同比增长12.5%,新一代信息技术、高端装备制造、生物医药、数字经济、新材料、海洋

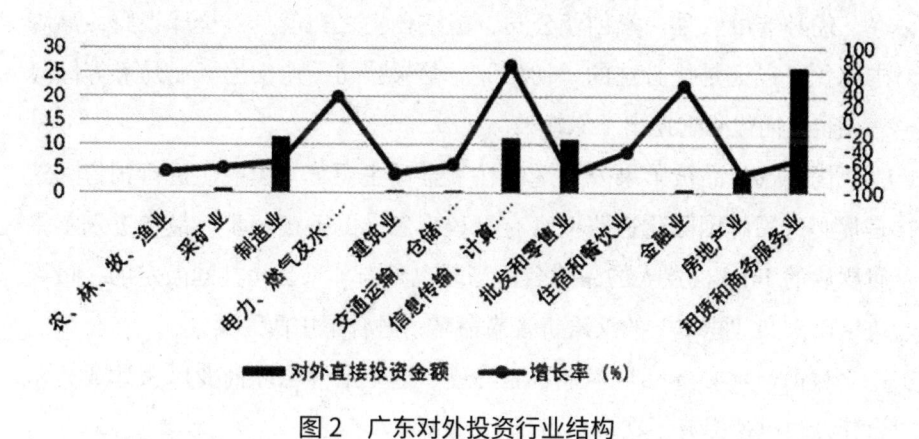

经济等战略性新兴产业正成为广东产业体系的新支柱。

图 2 广东对外投资行业结构

数据来源：《中国广东企业"一带一路"走出去行动报告2018》。

近年来，广东文化"走出去"稳步增长，成绩突出，文化产品出口年均增长约20%。2017年，广东文化产品进出口总额为437.6亿美元。其中，文化产品出口额为420.4亿美元，覆盖160多个国家和地区，前四位出口文化产品的贸易伙伴依次为美国、中国香港、欧盟、东盟。另外，对"一带一路"国家出口额为66.94亿美元，同比增长28.5%，在出版、动漫游戏、创意设计、文化设备制造等领域培育了一批具有国际竞争力的重点出口企业和品牌。

《广东企业"一带一路"走出去行动报告2018》报告指出，广东大力推进企业研发创新，促进走出去企业增强品牌实力和营销能力，使企业参与"一带一路"建设的空间和广度得到不断拓展，企业在全球价值链中的地位不断提升。①

1. 立足技术创新，与国际品牌接轨

深圳市优必选科技有限公司成立于2012年，是一家集人工智能和人形机器人研发、平台软件开发运用及产品销售为一体的全球性高科技

---

① 胡良光：《〈中国广东企业"一带一路"走出去行动报告2018〉正式发布》，南方网2018年9月20日，http://news.southcn.com/gd/content/2018-09/20/content_183395202.htm。

企业。

优必选虽然是一家创业公司，但在创立之初就具有全球视野，品牌国际化可以说是优必选的"初心"。苹果公司、迪士尼、亚马逊等国际一流企业向优必选抛出了橄榄枝。

优必选产品被苹果公司选中在其全球主要苹果旗舰店进行销售，这是优必选品牌国际化道路上富有里程碑意义的关键一步。最初进入苹果旗舰店的 Jimu 机器人的品牌名称当时也是与苹果公司共同敲定的，最终决定以中文"积木"的汉语拼音来命名，融合了中西元素。

目前，优必选已与苹果、亚马逊、迪士尼等全球商业巨头达成战略合作，也迅速提升了在全球市场上的品牌知名度。

2. 因地制宜，实现全球资源整合

海能达通信股份有限公司总部位于深圳，是全球领先的专网通信解决方案供应商，提供从对讲机、车载台、中继台到应急通信调度平台等全系列专网通信设备。

该公司在走向海外的深圳企业军团中算是一个"老兵"，拥有覆盖全球的营销和服务网络，在全球设有超过 90 家分支机构，拥有来自全球 40 多个国家和地区的专业人员，与全球众多的经销商及合作伙伴建立了长期稳定的合作关系，为全球 120 多个国家的政府和行业客户提供专网产品和解决方案。

"Think Globally, Act Locally"（全球视野、因地制宜）这句话用于海能达谋略海外的思路格外贴切。海能达在深圳的制造中心以"工业 4.0"和"中国制造 2025"为质量目标，携手西门子和 IBM，结合自主创新，实现了仓储、物流等端到端的信息化建设，是全球领先的智能工厂。

其在西班牙萨拉戈萨的制造中心是海能达全球供应链的重要一环，专注于响应欧美客户的定制化需求，提供全球领先的专网通信产品、解决方案及服务。

2017 年 7 月，海能达完成对加拿大诺赛特公司的收购，引进了诺赛特全球领先的卫星通信技术，并吸收了其子品牌 Sinclair 的基站天线研发生产实力。

3. 借力国际市场，加快产业链布局

中国艺术品牌如何走向国际？从最初的印刷制造商到全球艺术服务机构，到连续数年上榜全球印制界"奥斯卡"，位于深圳的雅昌文化（集团）有限公司探索出一条兼具"全球视野"和"深圳特质"的品牌创新之路。

雅昌充分借力现代信息科技、版权授权和知识产权保护体系，积累了丰富的艺术数字资源，成功打造"中国艺术品数据库"和"雅昌艺术网"，为艺术行业提供智慧化的艺术数据及信息化服务综合解决方案。

以智造雅昌、智慧雅昌和文化雅昌为核心，雅昌从传统印刷制造商逐步发展成为具有国际知名度的文化艺术服务机构。2003年，该公司首度参选全球印刷界"奥斯卡"——美国印制大奖便摘取了最高奖项"班尼金奖"。10多年来，雅昌共获得班尼金奖65项，在这项有着近70年悠久历史的国际顶级赛事上，创造了全球印刷企业的夺冠纪录。

在雅昌规划中，"文化＋科技＋艺术"的雅昌商业模式已清晰可见，形成了环环相扣的文化产业链，为艺术市场提供全面、综合的一站式服务，让传统产业华丽转型为富有世界文化内涵的艺术创意产业。

三　企业案例

在此，以华大基因、宝鹰集团、华发集团等3家分别来自深圳、珠海的企业为案例。其中，华大基因属于新兴生物科技企业，宝鹰集团属于传统建筑装饰行业，华发集团则由房地产企业逐步转型成为综合性企业集团。企业属性的差异化有助于从不同面向阐释广东品牌"走出去"的多元路径。

（一）华大基因"走出去"的国际传播路径

华大基因成立于1999年，是全球最大的基因组学研发机构。经过10年的努力，华大基因在深圳已经拥有了一个科技引领的地位。现在，其产学研都有各自不同的板块，建成了全球最大的基因测序中心，成为打通上下游、颇具全球影响力的生物产业大平台。

国际化方面，华大基因在亚太、欧洲、非洲及南北美洲的60多个国家设有分支机构。其依托华大基因先进的测序和检测技术、高效的信息分析能力、丰富的生物资源、多学科结合的生物科研体系，为当地提供创新性生物研究服务，为当地民众提供生物科技在医疗、农业和环境等领域的应用服务。

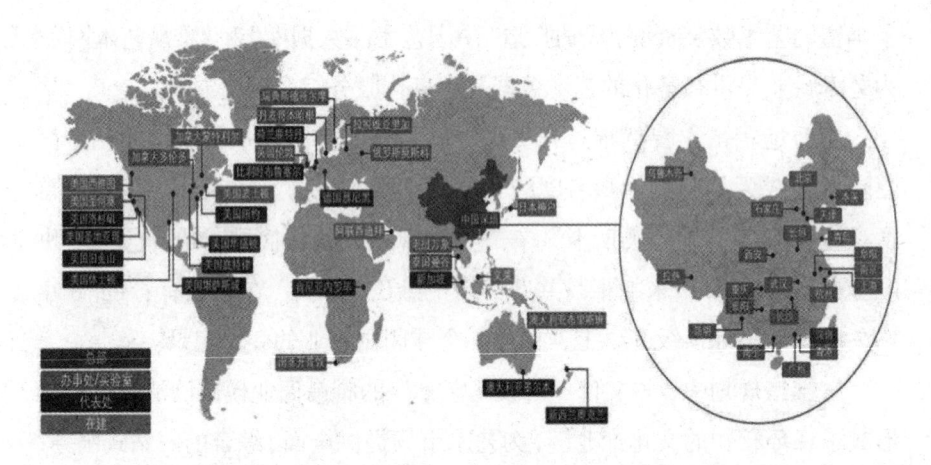

图 3　华大足迹遍布全球，业务覆盖超过 100 个国家和地区

1. 聚焦有新闻性和有温度的传播案例

由于生物科技的广泛适用性，华大基因可以把企业版图从发达国家延伸到发展中国家。在疾病预防方面，华大基因大有所为。近年来，华大与非洲在医疗卫生领域的合作成果受到重点关注。

2014 年，西非大规模爆发埃博拉疫情。当年年底，华大基因就主动参与到抗击埃博拉项目中。2015 年 1 月，该公司派出四位先遣队员前往塞拉利昂首都弗里敦，帮助非洲共同抗击埃博拉病毒。华大基因抗击埃博拉疫情志愿者团队带着国产测序仪和试剂，与军科院、国家疾控中心的检测队员一起奔赴西非的塞拉利昂。团队的主要工作是为中国检测队提供二代测序的技术支持。

当时国际上有舆论认为埃博拉病毒已发生重大的变异，导致大规模传播。华大基因抗击埃博拉疫情志愿者团队通过对 175 株埃博拉病毒的测序和分析，发现埃博拉并没有发生重大的变异，打破了这个传言。这个发现为制定下一步公共卫生策略提供了科学的数据支撑。对于媒体传播来说，华大基因援助西非埃博拉疫情的案例，无论是新闻性还是故事性，都大有可为，这也有利于华大基因在品牌塑造过程中找到有力抓手。

2. 以公益为导向，坚持放长线策略

华大基因的国际化发展主要是跟当地机构进行联盟，并不仅仅是在海外设立销售机构，而是注重从医疗、教育、培训等方面考虑对方的可持续发展。

华大基因落地老挝已有10多年。据报道，最早在帮助当地研发大米品种时，当地民众对华大抱有怀疑的态度。直到品种培育工作取得实实在在的应用效果后，当地农民才乐于接受。华大基因还跟当地政府成立了科技园区，把现代农业更多的物种、品种带过去，这个园区也成为中老合作示范项目。

地贫是中国南方和东南亚国家、中亚地区非常普遍的遗传疾病，发病率高达50%。华大基因把最先进的技术带过去，同当地的大学、医院合作，培养本地医生、护士执行操作工作，强调共赢合作，尊重当地的习俗，最终实现本地化。同时，华大基因尽量把当地宝贵的生活资源留给合作方，包括房屋、IT和专利，最后达到共赢。

3. 跟随国家战略搭上"顺风车"

华大基因积极响应国家"一带一路"倡议。自2010年走出国门起，其相继建立了美洲、欧非、亚太等国际分支机构。目前，它在医疗和科研领域的合作伙伴已遍布全球100多个国家和地区。

华大基因利用自身的科研和产业优势，在拉脱维亚、老挝、阿联酋、南非、泰国等"一带一路"沿线国家和地区开展了医疗健康、科技服务、高端制造、农业等方面的务实合作。在拉脱维亚，其自主研发的测序系统落户当地，建立了以基因科技为核心的集科技、经济、民生为一体的合作项目——拉脱维亚、武汉光谷、华大基因生命科技创新中心。华大基因还积极与阿联酋开展沙漠生命科学研究、联合办学及人才交流等方面的合作，使合作成果更好地惠及"一带一路"沿线国家和人民。

(二) 宝鹰集团"走出去"的国际传播路径

深圳宝鹰建设集团是"全国建筑业最具成长性100强企业"和"中国建筑装饰行业100强企业"。公司积极响应国家"一带一路"倡议，有效地推进公司海外市场的开拓，实现主营业务的增量发展。据悉，目前宝鹰股份已在缅甸、越南、马来西亚、印度尼西亚、柬埔寨、澳大利亚等地开展项目。

海外战略制定至今，宝鹰集团海外市场版图逐步成型，建筑设计、建筑装饰设计与施工、智慧城市业务覆盖欧洲、东盟、中亚、西非、澳洲等近20个国家和地区。公司因在"一带一路"沿线国家，特别是东盟国家中突出的业务表现，获评了"2017中国走进东盟成功企业"，同时还获评了"中国最佳海外形象企业"，是建筑业获奖企业中的唯一民营企业。

1. "一带一路"倡议让传统产业找到走出海外新路径

"一带一路"倡议提出后，让中国优势的基础设施建设有机会走出海外，也让传统产业有了开拓新市场的生机。

面对"一带一路"倡议带来的发展机遇，宝鹰集团制定了开拓海外市场的"三步走"战略，并打造了三大平台。第一步，充分调研海外市场，制定走出去的实施方案。第二步，与当地企业开展战略合作，使海外战略方案正式落地。第三步，重视海外文化交流，以人文交流促进经贸合作。

宝鹰集团业务涵盖世界各地。针对不同国家的发展标准，宝鹰因地制宜，提供不同等级的服务。面对东南亚市场，宝鹰的项目以会展中心、机场等建筑的装饰为主，主打实惠实用，给当地提供性价比最高的建筑方案。

而针对澳大利亚等发达国家，宝鹰则提供符合澳大利亚装配式建筑标准的产品以及符合绿色建筑认证的光伏建筑一体化系统技术方案，打造体现中国建筑行业绿色环保的全生命周期产业高科技整体解决方案。

智能装配式建筑在澳洲市场的确立，尤其是高新技术的运用，集中体现了宝鹰集团做强建筑装饰、深耕一带一路、培育高新产业的三大业务主线，有利于提高其在"一带一路"沿线国家的品牌知名度和市场竞争力,树立建筑装饰企业携"中国智造"出海的典范。

2. 坚决打响"文化牌"与"人才牌"

"文化牌"是宝鹰集团走出国门、站稳海外市场打出的一张好牌。通过一系列人文交流活动,宝鹰不仅赢得了"一带一路"沿线国家和人民的尊重和热爱,还收获了一系列大工程、大项目。

在"以人文交流促进经贸合作"的路径下,宝鹰集团相继与印尼教育部、印尼文化旅游部、印尼统筹部、印尼工商会馆等政商界组织一起主办"21世纪海上丝绸之路文化交流印尼行"系列活动。与此同时,宝鹰集团还积极与21世纪海上丝绸之路协同创新中心等智库展开合作。

图 4 "印尼宝鹰中国书画邀请展"在雅加达敲锣开幕

"人才牌"则是宝鹰集团海外战略的另一大法宝。目前宝鹰集团已经与广东外语外贸大学等国内多所高校建立了合作关系,保障了公司拥有英语、越南语、印尼语、缅甸语等各语种的专业人才。未来宝鹰集团还将联合广东外语外贸大学与印尼大学进行跨国合作,拟在印尼推出 MBA 班,打造国际高端人才交流基地,培养青年企业家。

3. 传统产业数字化升级,为走出海外储备更充足动力

宝鹰集团虽然是建筑装饰行业,但在数字领域日益成为未来发展方向的趋势下,传统行业也有升级的空间。在这方面,宝鹰集团的计划是把企业从单一的建筑装饰类发展模式转变为现在"三路齐发"和"多元发展"的集团战略格局，并成功以资本运作的方式深度融入"一带一路"战略和"互联网+"战略。

以印尼市场为例，在对印尼进行一年多的市场探索后，宝鹰集团深刻认识到：雅加达城市拥堵，道路不畅，智能交通可能会迎来机遇，印尼互联网设施建设缓慢，覆盖能力差，尤其是网络速度跟不上，而印尼有2.5亿人口，赢得这里的电商市场也就赢得了东南亚40%的电商市场。

宝鹰集团大胆设想，将智慧城市、智能家居、智能交通、电子商务、互联网大数据平台建设列为在印尼发展的新重点。而此时，宝鹰集团相关力量已经成熟：科研及智库支持方面，宝鹰集团与21世纪海上丝绸之路协同创新中心达成合作，成为21世纪海上丝绸之路协同创新中心的唯一一家民营企业成员单位，这也让它具备了扬帆起航、远征海外的能力。

（三）珠海华发集团"走出去"的国际传播路径

珠海华发集团组建于1980年，与珠海经济特区同龄，是珠海最大的综合型企业集团和全国知名的领先企业。公司于2016起连续三年跻身中国企业500强，2018年位列352名，综合实力迈向新台阶。

华发集团现控股"华发股份""华金资本""华金国际资本"和"华冠科技"等4家上市公司，业务布局从珠海拓展至北京、上海、广州、深圳、武汉、苏州等全国50多个主要城市和香港、澳门、旧金山、特拉维夫等地。

2012年起，华发集团开始实施"转型升级、跨越发展"战略，从单一的区域型房地产企业发展成为以城市运营、房产开发、金融产业、产业投资为四大核心业务，努力成为以商贸服务、现代服务为两大配套业务的创新驱动型综合性企业集团。2017年，华发集团资产总额超过2,200亿元。

1. 收购国际企业，一举打响知名度

以色列作为"一带一路"沿线重要的节点国家，素来以创新创业而闻名。帮助以色列成为科技创新大国的其中一股助力，是该国活跃着的大量创业投资公司，而英飞尼迪集团便是其中的佼佼者。2015年6月，华发集团成功收购英飞尼迪成为控股股东，成功搭建了一条通往"创新国度"的桥梁。

近年来，华发集团与英飞尼迪集团组织举办中以科技创新投资大会，助推构筑中以加速器产业园、中以创新驱动企业联盟、中以科技创新知识产权交易平台等创新创业合作国际平台，为开创珠海经济发展新局面、助力中以合作奠定了坚实基础。

作为中以两国促进科技创新交流合作的重要平台，中以科技创新投资大会（以下简称"中以大会"）被列入了《中以政府间经济技术合作机制三年行动计划》。华发集团和英飞尼迪集团是中以大会的承办方。中以科技创新投资大会第一届、第二届分别在北京和特拉维夫举行，第三届大会正式移师珠海，成为中以建交以来规模最大的中以创新交流活动。

图 5　华发集团承办的第四届中以科技创新投资大会
　　　在珠海国际会展中心召开

图片来源：中新网。

2018 年 7 月 2 日至 3 日，以"创新合作，智绘粤港澳大湾区美好未来"为主题的第四届中以科技创新投资大会在珠海成功举办。为期两天的大会共吸引包括以色列高科技产业协会、以色列制造商协会、阿里巴巴、

IBM、中航通飞等 2,400 多家企业以及机构逾 5,800 名嘉宾齐聚珠海，参会人次逾 1.1 万，总成交额高达 16.5 亿美元。

大会开幕式上，15 个中以合作项目现场举行签约仪式，总金额达 5.3 亿美元，涵盖工业制造与自动化、互联网与信息技术、医疗健康与生命科学、农业技术、金融投资、产业园区等领域。其中，珠海企业签约项目 11 个，金额约 4.26 亿美元，推动了珠海与以色列科技创新方面的深入合作，为珠海加快形成以创新为主要引领和支撑的经济体系和发展模式注入了新活力。

2. 积聚资源建设创新载体品牌

华发集团抓住连续承办中以大会的契机，助力珠海构筑系列创新创业合作平台，成立了面向全国开放的中以创新驱动企业联盟，作为促进中以科技创新合作的市场主体，为中以企业对接开展科技创新合作提供良好的交流平台；建立中以科技创新知识产权交易平台，引入以色列企业、高校、研究机构、知识产权服务机构，提供优质的知识产权资产，促进知识产权资产运营交易。

作为第三届中以科技创新投资大会期间达成的重要成果之一，中以加速器项目占地面积 7.4 万平方米，总建筑面积约 30 万平方米，总投资额约 20 亿元，将于 2020 年上半年竣工并投入运营，将致力于打造具有全球影响力的创新资源配置平台和产业集聚平台，并为珠海发展壮大实体经济培育更多创新主体。按照规划，该项目将对标国际标准，打造成包含厂房、科研、办公、员工活动等功能为一体的综合产业园，可满足不同成长阶段机构的需求，为科技创新企业发展壮大提供"全链条"服务。

中以加速器将为珠海发展壮大实体经济培育更多创新主体，助力珠海参与"一带一路"建设、打造粤港澳大湾区创新高地，为珠海迈入国家创新型城市行列提供强大引擎。

此外，华发还积极推动设立以色列分公司，推进建设珠海（以色列）创新中心，将创新中心打造成整合以色列当地优势创新资源、获取以色列乃至全球最新创新进展和信息的重要阵地，以及珠海企业"走出去"国际化资源整合平台。

四 对于广东品牌"走出去"的建议

企业的国际化市场拓展，涉及很多复杂的问题，较为突出的有以下几个。

一是如何确定战略和进行全球布局的问题，目标在哪里。这决定了主要竞争对手、主要竞争产品、主要发展方向、主要布局地点。

二是如何解决各种类型的跨国跨文化问题。从跨国收购到跨国管理，巨大的法律、商业、文化差异让在国内得心应手的事情变得麻烦不断。

三是如何留住具有全球管理能力的高水平人才。让所有的人才在一个全球平台上发挥自己的能力，而不会发生错位和受到压制。

中国企业走出去，最终是产品走出去，而产品走出去，最后就是品牌走出去。"推动中国制造向中国创造转变、中国速度向中国质量转变、中国产品向中国品牌转变"是中国品牌建设的方向。当前，中国企业品牌竞争力还有待进一步加强。中国有一批世界级企业，但是真正成为国际品牌的却很少。

世界品牌实验室公布的2017年"世界品牌500强"排行榜中，中国上榜品牌只有37个，与中国世界第二大经济体和第一制造业大国的地位很不相称。

从传播的角度而言，中国品牌大部分还停留在自说自话、谁发谁看、发谁谁看的传统思维上。而报道的内容依然多是"中国人说中国人想说的话"。

这种传播角度及其效果越来越难以适应国家的快速发展与消费者的变化。面对"一带一路"建设的新机遇、新挑战，广东企业需要着力提高国际化经营水平，加强国际化品牌建设，提高跨文化融合能力，加强与利益相关方沟通互动，提升各类风险防控能力，不断增强国际竞争力。

树立品牌意识。品牌是企业科技、管理、人才等诸多综合实力的集中表现，品牌竞争是高层次的竞争，高质量发展呼唤高质量品牌。广东企业在参与"一带一路"建设时，需要注重品牌和形象建设，靠品牌增强影响力，打造有质量、有效益、有影响力的品牌，不断丰富品牌的文化含量。

强化质量保证。品质是企业经营发展基石，是品牌建设的根本，是中国品牌迈向国际产业链高端的必然选择。广东企业要提高产品附加值，持续增强高质量产品与服务供给能力，既瞄准前沿领域、关键部件、核心技术，也抓住重点环节、专注局部细节，以质量和创新赢得消费者与公众的认可与信任。

创新品牌形象。在海外树立品牌形象，应该利用好数字化手段，促进不同文化互通和互建，要让用户听得见、听得懂。随着传播媒介的变化，品牌的传播力也必须随之改变。品牌的"变"与"不变"依托于传播媒介、内容以及互联网大数据应用三个方面。不变的是品牌的理念和价值观，需要改变的是如何依托媒介、内容以及大数据不断创新并与时俱进。

1. 坚持国际前沿视野。在全球贸易环境恶化的大背景下，广东企业在海外市场面临比过去更加严峻的挑战。应该坚持经济全球化的视域，正确认识到自身品牌与国际化标准存在的差距，敢于立足企业现状谋划"走出去"国际战略，在竞争中提升自身在国际经济市场上的地位和影响力。

2. 制定更长远的传播策略。在自主品牌建设过程中必须参考国际市场对于品牌标准制度设计的有关价值理念，在品牌走出去过程中必须严格参照国际品牌的标准要求。[①] 在走出去过程中进一步加强广东品牌辨识度，创造一套广东品牌的论述，强化筹划和有规模的宣传。

3. 尊重国际传播规律。广东企业"走出去"时候必须认真研究每个国家受众特点和接受习惯，深入了解对方的政治经济社会状况，针对不同国家和人群满足受众不同的信息需求，开展精准传播。寻找文化和情感的共鸣、注重相通的经验和思维、尊重共同的价值观是讲好品牌故事的关键。

（广东外语外贸大学研究生张媛媛、葛鹏辉对此文也有贡献）

---

① 谢京辉：《席卷全球的品牌经济能否成为"一带一路"的新引擎？》，上观新闻 2018 年 9 月 2 日，https://www.jfdaily.com/news/detail?id=102681。

下 篇
区域文化系列

"广东县级融媒建设现状与需求"调研报告
——基于"五重维度"框架之下的综合分析

毛玉西　蔡文捷　罗丽婷[*]

【摘要】 为了深入了解广东省县级媒体融合的现状与需求,更好地推动广东县级媒体融合的进一步发展,本调研选取94个县级广电单位为调研对象,通过问卷调研和深度访谈结合的方式,从五个维度剖析了目前广东省县级融媒建设的现状、问题以及核心需求,有针对性地提出几点对策与建议。

【关键词】 广东;县级融媒建设;现状与需求

为了更真实、客观、全面地了解广东县级媒体融合发展的基本情况,全面掌握服务群众、引导群众的"最后一公里"广东县级广电的现状与需求,为进一步做好我省县级融媒建设的顶层设计提供科学、客观依据,由"广东省国际传播青年人才培养基地"组织的课题小组,开展了本次广东范围内县级融媒建设的情况调研。

---

[*] 【作者简介】毛玉西,男,广州日报社国际新闻部常务副主任;蔡文捷,男,广东广播电视台国际频道英语专题组记者,纪录片导演;罗丽婷,女,广东广播电视台广播新闻中心外宣组记者,主播,编辑。

一 调研的基本情况

（一）调研背景与意义

在移动互联网时代，我国媒体环境发生了巨大变化，老百姓获取资讯的首要渠道已经不再是广播、电视、报纸，而是智能手机。随着近年来新型媒体形态的风起云涌，我国县级广电媒体的传播力、引导力、影响力已然式微。

从 2018 年起，"县级融媒建设"成为高层频频关注的话题，背景可从县级宣传的重要性以及县级媒体发展的薄弱性解读。2018 年 8 月 21 日至 22 日，在全国宣传思想工作会议上，习近平总书记对做好新形势下党的宣传思想工作做出重大部署，习总书记提道："要扎实抓好县级融媒体中心建设，更好引导群众、服务群众。"此番中央顶层设计层面的讲话，为一直以来既积极探索媒体融合又迷茫困惑的县级媒体深化改革吹响了新的号角。

自 2014 年"8.18"会议之后，国家层面推动媒体融合战略已经实施四年，媒体融合主体一直集中在省市级以上。这次讲话表明，我国媒体融合战略正从省级以上向最基层的县级纵深拓展。县级融媒建设将是打通基层舆论引导、新闻传播、宣传工作的"最后一公里"，其重要性不容小觑。有数字表明，县一级的人口占全国总人口的 80%，在经济社会发展和社会文明程度的提升方面，市县是国家政权的基础，从而也构成思想宣传的"底盘"，其重要性无须赘言。2018 年 9 月 20 日至 21 日，中宣部对全国范围推进县级融媒体中心建设做出部署，要求 2020 年底基本实现全国全覆盖，2018 年先行启动 600 个县级融媒中心建设。11 月 4 日，中央全面深化改革委员会第五次会议审议通过诸多方案，其中一项就是《关于加强县级融媒体中心建设的意见》。半年内，县级融媒中心迎来发展高潮。

调研小组了解到，目前包括广东省正在积极谋划加快推进"县级融媒中心建设"，却尚未有通过问卷调查收集翔实数据的县级融媒建设调研。

本次调研全面摸底"广东省县级融媒建设"重大现实议题，具有一定的现实意义。

(二) 调研对象与方法

广东省现有 21 个地级市，拥有 20 个县级市、34 个县、3 个自治县、64 个市辖区。本次调研剔除了 6 个地级市（广州、深圳、珠海、佛山、东莞、中山），理由有两点：1.上述 6 个地级市不再拥有"县级"行政设置；2.上述 6 个地级市经济发达，报纸与广播电视（或者广播、电视）设置相对独立，6 个地级市直接管辖的区（镇、街）基本不再有独立的报业或广电主体，大多数归属市级媒体统一管辖——比如，广州市除了白云区之外，其他区都没有区级广电编制，不符合本次调研聚焦"县级融媒建设"调研需求。剔除未设"县级"行政设置的 6 个地级市之后，本次调研囊括其他 15 个地级市所有 94 个县级广电单位，县级广电在职人员 10,000 人左右，县级事业编制人员 6,000 人左右。

在这里，本次调研所谓"县级"，具体指 15 个地级市之下的区、县级市、县（自治县）三类同等级别的县级行政区。（以下所有涉及"县级"表述均指代上述三类情况，不再一一标注）之所以把基本调研对象对准"县级广电"，是因为绝大多数上述"县级"行政区设有县级广播电视台，少数还拥有县级报，但一般为内部发行，不具备公开发行刊号。

本次调研的方法，主要采取问卷调查与深度访谈相结合，简要说明如下。

1.问卷调查方面，基本涵盖 94 个县级广电单位，发放网络问卷 185 份，回收网络问卷 185 份，有效网络问卷 185 份。

2.深度访谈方面，每个地级市抽取 2 个样本，共计抽取 30 个县级广电单位。

3.抽样访谈基本原则，采取"区＋县"或"县＋县级市"随机方式，深度访谈 30 个县级广电单位 30 人（主要为台长、副台长、部门负责人）。此外，调研小组还深度访谈县级宣传主管 10 人，地级市宣传部门工作人员 8 人，合计深度访谈 48 人。

本次调研的 15 个地级市 94 个县级行政区、深度访谈样本，及其问卷发放分布情况，简要归纳如下。①

表1　　　　　　　　网络问卷范围与深度访谈情况

地级市 （排名不分先后）	所属县 （区、市）具体名称	深度访谈 调研样本	网络问卷 发放分布②	备注
汕头（6区1县）	金平区　龙湖区 澄海区　濠江区 潮阳区　潮南区 南澳县	潮阳区 南澳县	11	本次调研基本情况： 1. 调研范围共计94个县级广电媒体单位，抽样县级广电单位30个，样本接近调研总数的30%； 2. 共计发放网络问卷185份； 3. 深度访谈30个县级广电单位30人、县级宣传部门负责人10人、地市级宣传部门人员8人，共计深度访谈48人。
韶关市（3区4县1自治县2县级市）	浈江区　武江区 曲江区　乐昌市 南雄市　仁化县 始兴县　翁源县 新丰县 乳源瑶族自治县	始兴县 南雄市	12	
河源市（1区5县）	源城区　东源县 和平县　龙川县 紫金县　连平县	龙川县 连平县	10	
梅州市（2区5县1县级市）	梅江区　梅县区 兴宁市　平远县 蕉岭县　大埔县 丰顺县　五华县	蕉岭县 五华县	9	
惠州市（2区3县）	惠城区　惠阳区 惠东县　博罗县 龙门县	惠阳区 惠东县	9	
汕尾市（1区2县1县级市）	城区　　陆丰市 海丰县　陆河县	陆丰市 陆河县	7	
江门市（3区4县级市）	蓬江区　江海区 新会区　台山市 开平市　鹤山市 恩平市	新会区 开平市	10	

---

① 笔者注：本次调研县级行政区划分依据，来自"广东省情网"《2017年广东省行政区划简表》（2017年12月），http://www.gd-info.gov.cn/shtml/guangdong/gdgl/gdgk/xzqh/2017/11/23/241462.shtml。

② 笔者注：网络问卷发放分布情况统计，主要结合问卷平台"问卷星"后台的IP地址，以及结合问卷发放情况核准后综合得出。因"问卷星"后台IP地址有些显示"未知"，有些IP地址显示"广州""深圳""国外""佛山"等非调研范围的区域；据调研小组成员反馈，这是因为很多县级媒体在职人员出差期间填写问卷所致。

续表

地级市 (排名不分先后)	所属县 (区、市)具体名称	深度访谈 调研样本	网络问卷 发放分布	备注
阳江市(2区1县1县级市)	江城区 阳春市 阳东区 阳西县	阳春市 阳西县	13	
湛江市(4区2县3县级市)	赤坎区 霞山区 麻章区 坡头区 雷州市 廉江市 吴川市 徐闻县 遂溪县	吴川市 徐闻县	21	
茂名市(2区3县级市)	茂南区 电白区 信宜市 高州市 化州市	高州市 电白区	18	
肇庆市(3区4县1县级市)	端州区 鼎湖区 高要区 四会市 广宁县 德庆县 封开县 怀集县	端州区 高要区	13	
清远市(2区2县2自治县2县级市)	清城区 清新区 英德市 连州市 佛冈县 阳山县 连山壮瑶自治县 连南瑶族自治县	清新区 英德市	9	
潮州市(2区1县)	湘桥区 潮安区 饶平县	饶平县 潮安区	10	
揭阳市(2区2县1县级市)	榕城区 揭东区 普宁市 揭西县 惠来县	普宁市 惠来县	20	
云浮市(2区2县1县级市)	云城区 云安区 罗定市 新兴县 郁南县	罗定市 新兴县	13	

(三) 调研的分析框架

基于县级融媒建设的全国经验、广东现实，本次调研主要围绕以下五大维度（指标）进行综合考察与评估。

1. 政治维度（核心是舆论引导力）

县级广电媒体具有意识形态属性。在现有政治生态与舆论环境下，县级融媒建设坚持"党媒姓党"天经地义，具体可以细化为政治要求、宣传任务、政策指导、财政扶持等指标。

2. 体制维度（核心是融媒创造力）

长期以来，我国县级广播电视台基本划归于"二级"（有些为"三级"）公益事业单位，具有较强的行政依附性，体制机制对今后县级融媒建设的推动性（或制约性）不可忽视，具体可以细化管理体制、管理模式、融媒意识等指标。

3. 市场维度（核心是市场竞争力）

长期以来，县级广播电视台同样具备"事业单位、企业化管理"双重属性，参与市场竞争一直是绝大多数县级广电的发展路径之一，具体可以细化为人才构成、市场竞争、经济实力等指标。

4. 新闻维度（核心是传播影响力）

该项指标主要从尊重新闻传播的规律出发，选择传播影响力这一新闻传播最重要的效力因素，具体可以细化传播能力、内容产品、服务用户等指标。

5. 技术维度（核心是技术支撑力）

多年来，技术一直被认为是推动媒体融合的重要支撑。对县级融媒建设来说，技术因素更为突出，更具有现实紧迫性，具体可以细化为技术现状、技术需求、融媒技术等指标。

调研小组认为，上述五大维度有利于全面把脉广东县级融媒建设的基本情况，五个维度关乎广东县级融媒建设的核心方面，示意图如下：

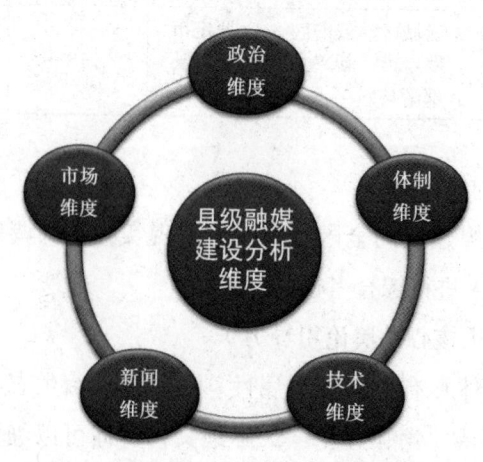

图1 调研"五大维度"关联示意图

二 广东县级融媒建设：现状与问题

总体看，目前广东县级融媒建设的推进步伐、融媒意识、经验成效等方面，整体滞后于江浙、京津冀一带区域，缺乏具备上述五个维度视角之下核心的"五力"（舆论引导力、融媒创造力、传播影响力、市场竞争力、技术支撑力）的县级融媒典型样本，普遍缺乏融媒创造力、传播影响力与市场竞争力，普遍处于期待顶层设计指导、寻求财政扶持、技术支持阶段，具体体现在以下几个方面。

（一）政治维度：广东县级广电单位对于如何推进县级融媒建设，迫切需要来自上级财政支持，"坐等靠要"心态比较明显

问卷调查显示，61.08%的被调查者认为，县级融媒中心的性质是"财政全额拨款的事业单位"。（图2）通过大量的深度访谈，调研小组也发现，广东县级融媒建设的推进，对来自上级财政拨款依赖的需求强烈，县级广电单位参与市场的竞争意识普遍不强，推进县级融媒建设的主动性、积极性不高。

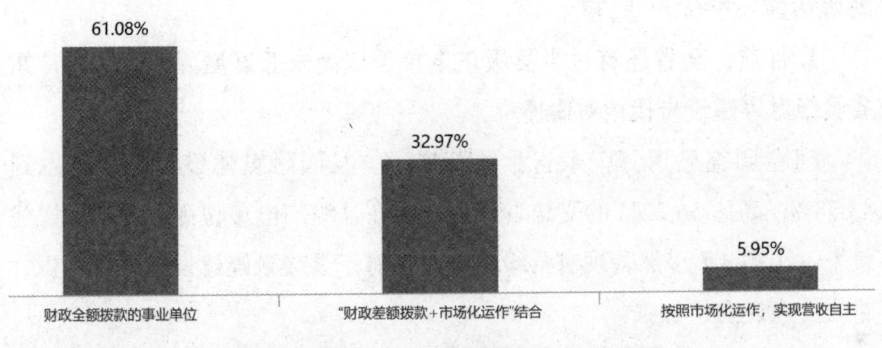

图2 您所认可的"县级融媒中心"性质

对于广东县级融媒中心建设，更倾向于"单位决策+省级主管"直接合作的方式。调查问卷显示，认为县级单位"很重视""比较重视"与省级主管部门"很重视"和"比较重视"的选项叠加比例最高。（图3）这从一个侧面表明，广东县级融媒建设的推进，期待直接对接省级层面

顶层设计意愿比较强烈。

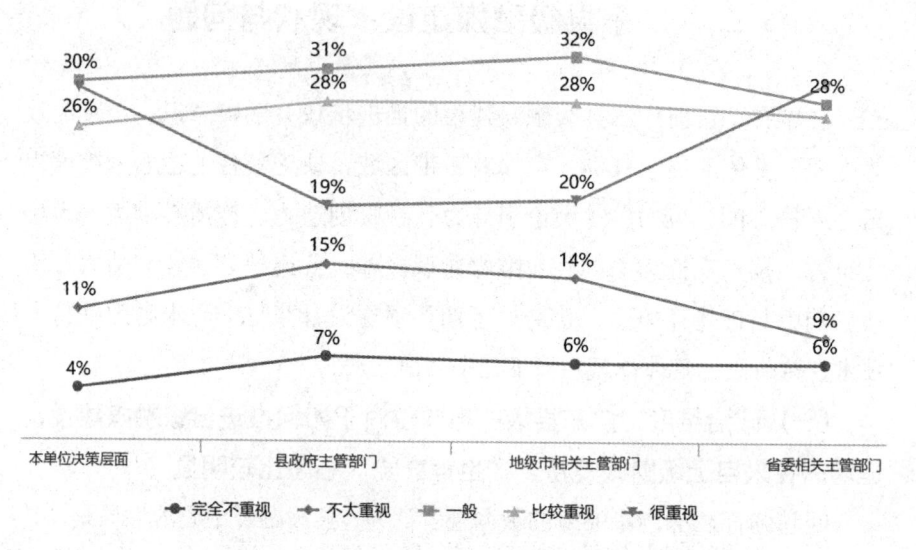

图3　您对目前广东省各级主管部门对县级融媒建设情况的评价

（二）体制维度：广东省县级广电主体的融媒意识、进度、力度都有待加强，多数县级广电主体深受原有体制、遗留问题的束缚，县级融媒体建设整体严重滞后

1. 目前，全省还有过半县级广电单位"尚未开展融媒建设"，广东省县级融媒建设步伐相对缓慢

问卷调查显示，广东省县级开展了"县级融媒建设"数量只占到43.78%，高达56.22%的受访者认为"所在县级广电单位尚未开展融媒建设"。（图4）显然，现有县级广电单位对于县级融媒建设的融媒意识、推进力度还有待加强。

问卷调查还显示，仅有43.78%的受访者认为，本县融媒建设处于"积极推进中"，选择处于"等待观望中"（29.73%）与"谨慎论证中"（16.76%）两者相加，比例高达46.49%，高出选择处于"积极推进中"。（图5）上述统计数据直接表明，目前广东过半以上县级广电单位，尚未开展相关县级融媒建设。

"广东县级融媒建设现状与需求"调研报告　　153

有：43.78%
没有：56.22%

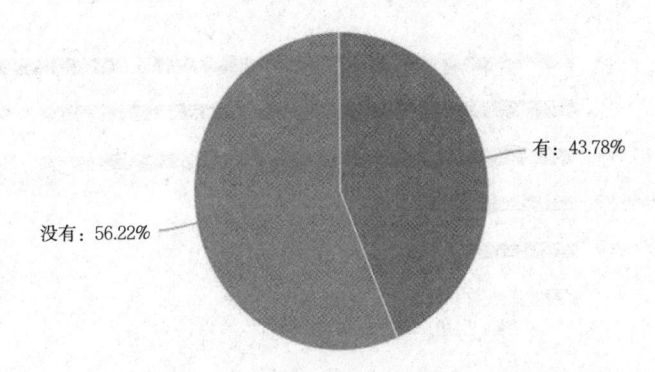

图4　对所在县（区）广电单位是否已经开展了融媒建设的认知

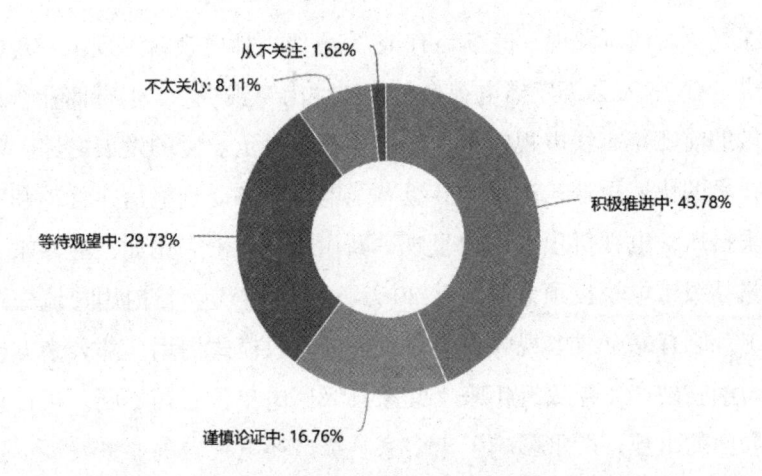

从不关注：1.62%
不太关心：8.11%
等待观望中：29.73%
谨慎论证中：16.76%
积极推进中：43.78%

图5　目前本单位对广东省"县级融媒建设"基本态度

2. 全省县级广电单位大多数靠财政拨款维持，财力、资金、收入严重不足，难以支撑今后的县级融媒建设

深度访谈显示，当前广东县级广播电视台运营普遍困难，自筹经费严重不足，多数单位收入严重依赖政府拨款；电视台广告更多表现为以党政新闻与公益广告为主，缺乏民生新闻，难以吸引群众，更无法吸引年轻受众。问卷调查显示，高达79.46%的受访者认为，县级广电单位目前"传统营收模式坍塌，收入来源严重不足"，结果就是广告、流量、用户流失严重，陷入更加依赖政府扶持、影响力式微的恶性循环局面。（图6）

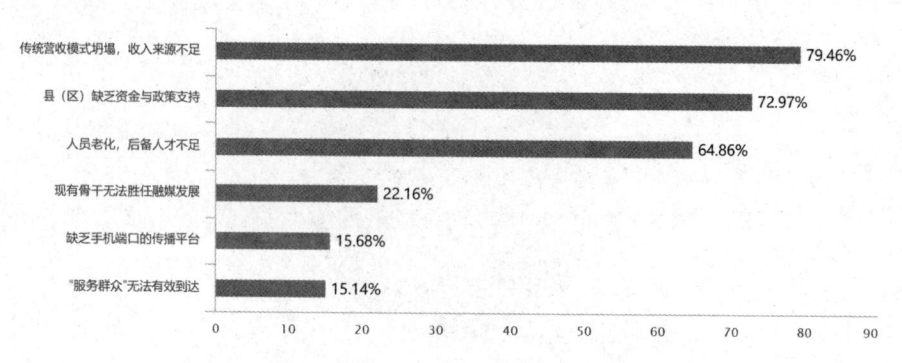

问题	百分比
传统营收模式坍塌，收入来源不足	79.46%
县（区）缺乏资金与政策支持	72.97%
人员老化，后备人才不足	64.86%
现有骨干无法胜任融媒发展	22.16%
缺乏手机端口的传播平台	15.68%
"服务群众"无法有效到达	15.14%

图6　您所在广电单位目前碰到的最大实际问题

深度访谈调研发现，广东还有16家县级广播电视台出现了一定的生存危机。有16家县级广播电视台曾经与"南方银视"①进行商业合作，试图借助前几年有线电视收费、广告业务走自负盈亏的发展之路。伴随网络技术的快速更迭，近年来县级有线电视业务受到电信、移动和联通的三重挤压，电视机顶盒用户呈现"断崖式"下滑（比如：近年来，茂名高州县级市电视机顶盒用户从20万下跌到14万，目前用户流失还在持续），原有靠有线电视收费维持发展的营收模式坍塌，部分南方银视分公司濒临破产，导致近年来十几家县级广电单位官司不断。可以说，上述局面的出现，严重影响了十多家县级广播电视台的业务发展，还将继续影响今后县级融媒建设的转型发展。

3.目前，影响广东县级融媒建设发展的核心症结，更多集中体现在"机制体制"层面，普遍还缺乏融媒建设的爆发力与创造力

问卷调查显示，影响目前广东省县级广电媒体融合发展存在的核心症结，位居前三位的选项，除了"缺乏新媒体技术人才"之外，其他两项基本属于体制维度的症结问题：经费严重不足（70.81%），管理机制

---

① 笔者注：据公开资料显示，"南方银视"全称为广东南方银视网络传媒有限公司，是一家成立于2006年的有限责任公司，由南方广播影视传媒集团（南方传媒集团）控股；2006—2011年间，相继在县级区域成立了19家地方银视公司，主要业务为在南方传媒集团成员单位范围内开展有线数字电视的整体转换工作。近年来，伴随有线电视业务竞争力下降，"南方银视"与县级广电单位的合作频频出现危机，因合同履行问题产生了不少诉讼纠纷。

不灵活（45.95%）。（图7）

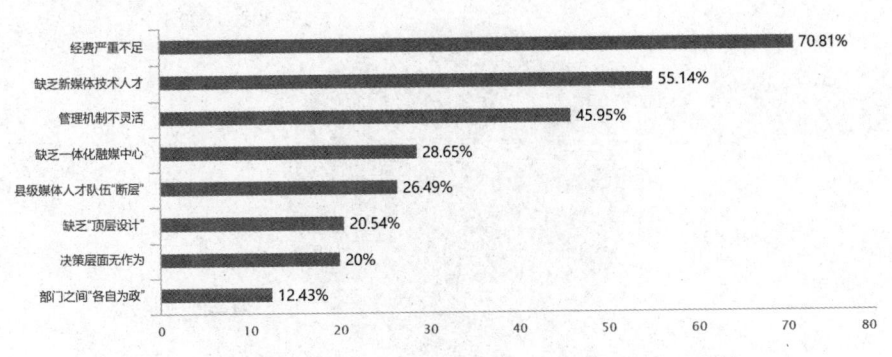

图7 您所在广电单位，媒体融合发展存在的核心症结

（三）从市场维度看，广东94个县级广电单位整体人员结构构成"严重老化"，人才流动性严重不足；收入、编制、管理模式等现实因素叠加，导致无法吸引到迫切需要的专业后备人才

收入方面的问卷调查显示，月收入低于5,000元的县级广电员工占到员工总数的74.59%。（图8）

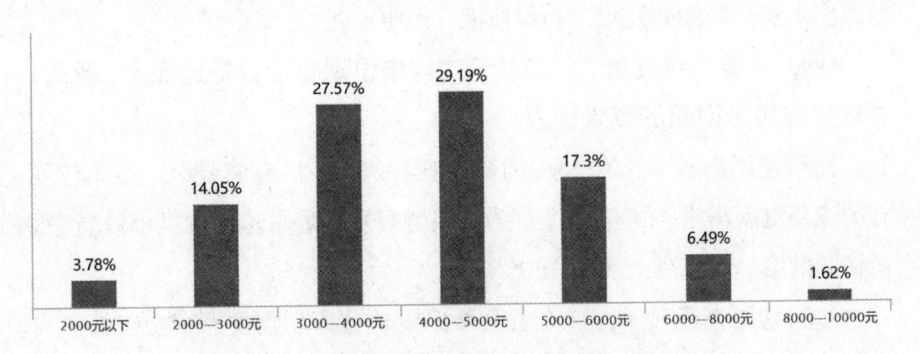

图8 广东省县级广电单位员工收入情况

年龄层面的问卷调查显示，41—50岁的员工人数占到40%，31—40岁员工占到36.76%，30岁以下员工数量仅为15%左右。（图9）调研小组认为，广东省县级广电单位人员"普遍老化"的现实表明，目前广东省县级融媒建设缺乏改革的主体动力，年龄偏大的员工占据了为数不多的传统事业编制，不利于县级广电单位发展移动化、社交化等融媒平台。

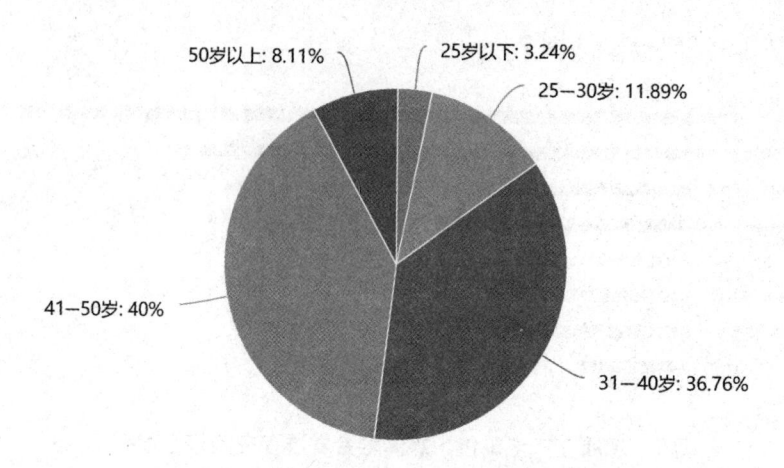

图9　广东省县级广电单位人员的年龄构成情况

问卷调查还显示，广东省县级广电单位后备专业人才不足现象突出。一方面，出于广东省县级融媒建设发展的需要，县级广电部门迫切需要吸纳新媒体技术人才、专业后备人才（图6，图7）；另一方面，因受制于传统编制、体制机制、薪酬收入，目前无法充分吸纳后备人才加入，导致广东省县级融媒建设"新鲜血液"严重不足。

（四）从技术维度看，广东县级广电单位现有设备普遍陈旧、落后，寻求设备技术更新的需求强烈

1. 问卷调查显示，有55%的被调查者认为：广东省县级广电单位现有的设备更新需求"很迫切"，成为县级融媒发展需求迫切程度中最高"很迫切"的第一大选项。（图10）

2. 问卷调查还显示，广东省县级广电单位迫切需要"资金支持＋自主开放"的技术合作模式，希望通过技术支持、第三方合作等方式，解决融媒发展的技术瓶颈问题，实现融媒建设技术的自主可控，满足个性化需求的客观需要，对于"租用、借用"省市相对成熟的融媒平台意愿不强。（图10）通过深度访谈，"租用、借用"省市平台需求不强的原因，在于租用技术平台不够自主、可控，无法满足县级融媒自身发展的个性化需求。

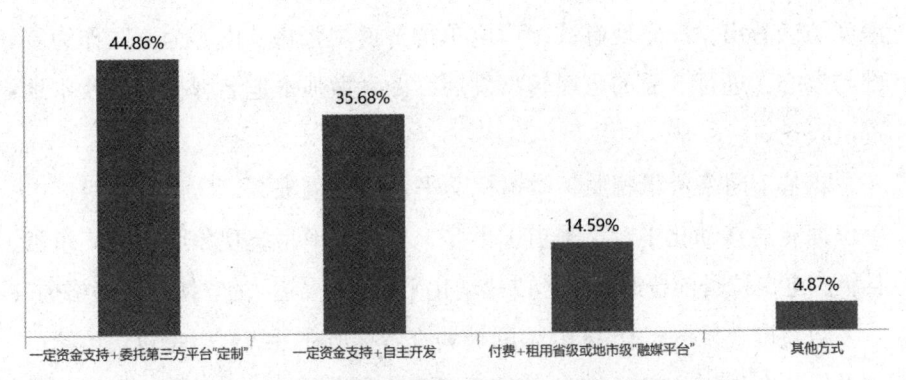

图10 您认为解决县级融媒建设技术瓶颈的最好途径

调研小组认为,从长期发展看,伴随融媒技术的智能化、普及化、廉价化,县级融媒建设在技术方面的制约,只是短期存在的一个问题或瓶颈,是相对比较容易解决的一个难题。

(五)从新闻维度看,基于长期以来的传统采编优势,大多数县级广电单位基本满意自身的内容生产、传播效果,整体上却尚未启动"移动优先"战略

1.问卷调查显示,大多数受访者对现有传播格局、传播平台、传播内容持"中性"(一般)与"认可"(满意)的基本评价。(图11)从

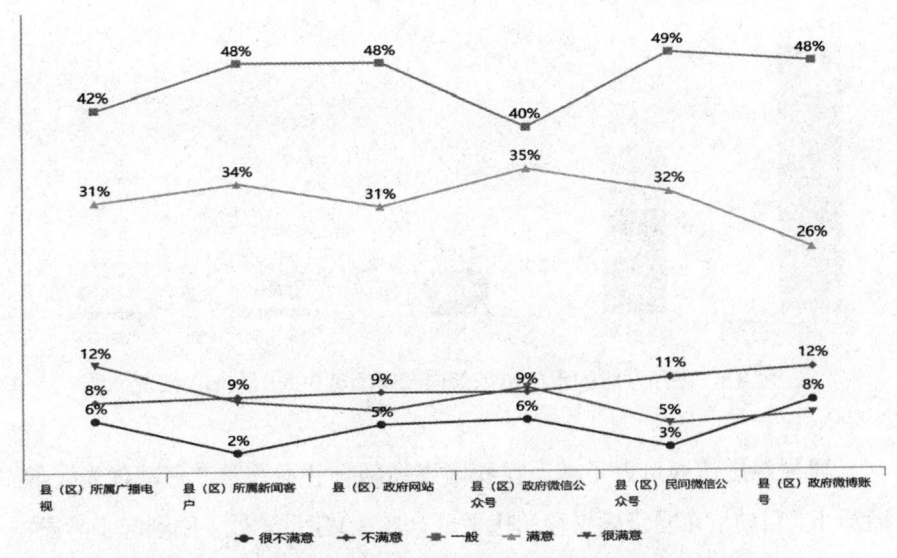

图11 对平时接触到的县级各类平台传播效果的整体评价

深度访谈看出，广东现有县级广电单位普遍主张将"内容为王"作为基础与核心，进行今后的融媒转型发展，做大做强本地名牌栏目以及本地资讯服务。

2. 基于网络资讯牌照、微信社交平台的发稿限制，广东省县级广电单位拥有的移动化平台（渠道）不多、不强、不系统现象明显，广东省县级广电单位目前普遍尚未形成移动化平台（或渠道）的立体化传播格局。

问卷调查显示，有48.65%的被调查者称所在县级广电单位"运营一个微信公众号"，有53.51%的被调查者称所在县级广电单位"尚未运营新闻客户端（App）"。（图12，图13）

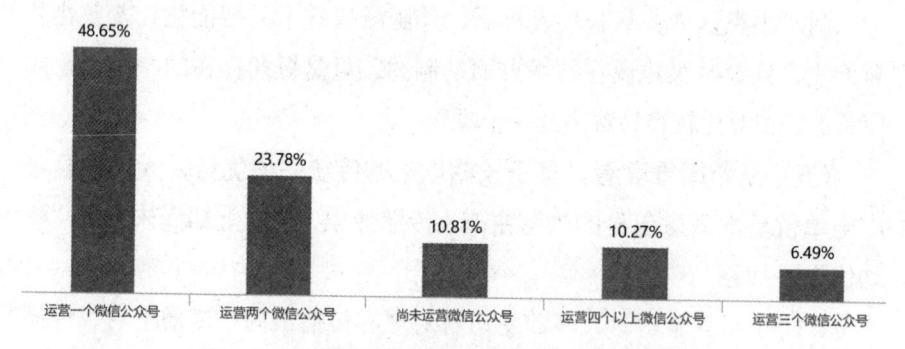

类别	比例
运营一个微信公众号	48.65%
运营两个微信公众号	23.78%
尚未运营微信公众号	10.81%
运营四个以上微信公众号	10.27%
运营三个微信公众号	6.49%

图12　您所了解的本单位运营微信公众号情况

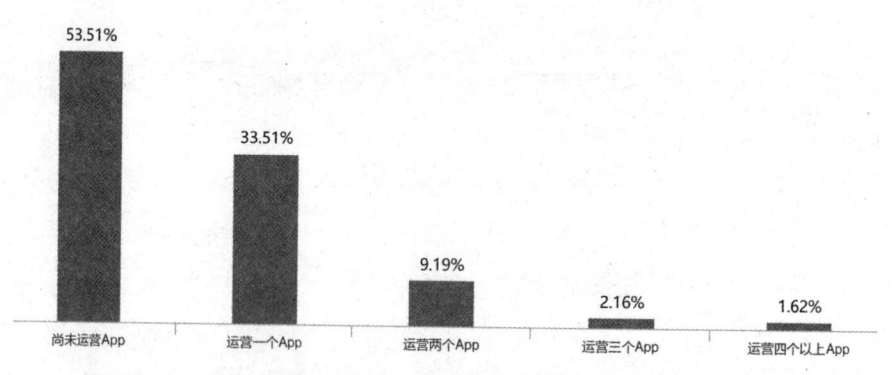

类别	比例
尚未运营App	53.51%
运营一个App	33.51%
运营两个App	9.19%
运营三个App	2.16%
运营四个以上App	1.62%

图13　您所了解的本单位运营自有新闻客户端（App）情况

通过深度访谈可以了解，在我国媒体融合普遍注重"移动优先"的背景下，目前广东县级融媒移动化平台（渠道）建设才处于刚刚起步阶段，具体表现为：更多地把融合重点放在推出官方微博、微信与微信公众号方面，缺少自有自主的网站与新闻客户端（App）平台；除了原有传统传播渠道之外，各类新闻报道增加了不少新的传播平台（渠道），而新传播平台发布的信息多为对原有新闻的重复发布，新的传播平台的阅读率、点击率普遍较弱。

当然，很多广东省县级广电单位（比如江门的开平市、云浮的新兴县、肇庆的端州区等等），都试图通过传播平台（渠道）的多元化、个性化、垂直化发展，进而形成"多端发力"的立体化传播格局，但成效有待进一步观察。可以说，如何争夺与占领移动化平台（渠道），现有县级广电单位任重而道远。

三 广东县级融媒建设：三大核心需求

从整体上来看，广东县级广电单位员工普遍关注"县级融媒建设"规划工作；通过与30位广电单位的负责人访谈得知，广东县级广电单位普遍支持借助"县级融媒建设"，大力改革县级广电体制，对县级融媒建设的需求很多，都很具体、现实。归纳来看，主要有以下三大核心需求。

（一）从顶层设计层面看，对上级的财政扶持、政策规划、技术支持等方面提供支持需求强烈

目前，全国县级融媒发展路径的普遍做法是：将县级广电和县党委政府开办的网站、内部报刊、客户端、微信与微博等所有县域公共媒体资源，切实做到"充分整、深度融"。作为广东省县级融媒建设主体的县级广电单位，现实目标应该包括以下三个方面：1.推动整合县域内报纸、广播电视、网站、新媒体平台等分属不同部门的传播平台，实现人财物的有序与深度整合；2.顶层设计具有共性的规范与标准，加大推动相对滞后的"县级融媒体中心"建设，解决县级媒体单打独斗的问题；3.有效扩充媒体人才队伍，增强采编能力，进一步打造与拓展融媒中心、立体化平台的综合影响力。

问卷调查显示，对于广东省县级融媒建设的顶层设计，现有县级广电单位的需求迫切程度（很迫切）为52%，对"一体化融媒中心建设"

需求迫切程度（很迫切）为47%，两者普遍高于其他需求议题。（图14）通过深度访谈看出，很多县级广电单位都很关注上级的财政扶持、政策规划、技术支持等"多只靴子落地"；县级广电负责人普遍认为，今后应该基本遵循"充分整、深度融、新闻+、政策扶"的整体推进框架。

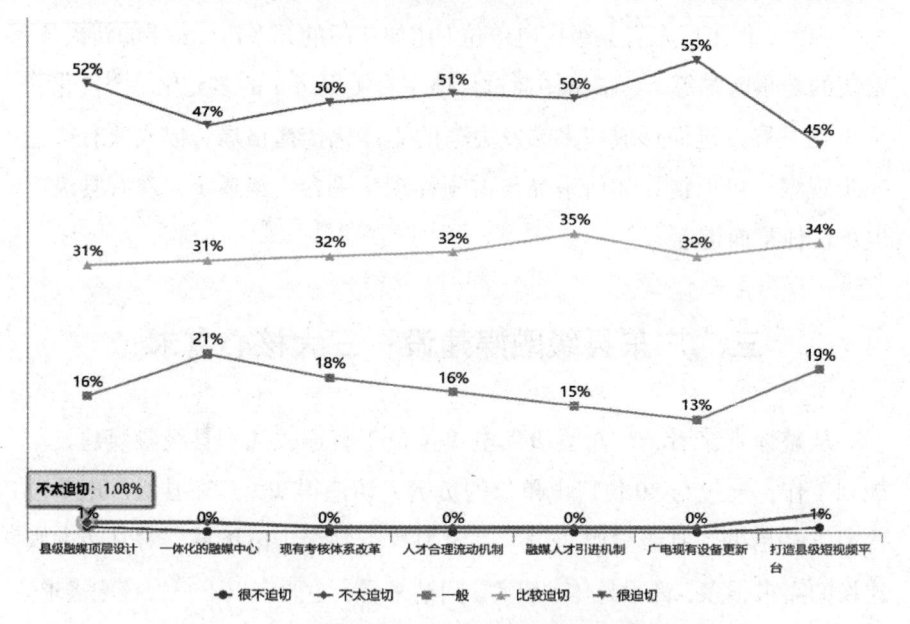

图14 您认为本县（区）融媒发展议题的需求迫切程度

本次调研发现，目前广东省县级融媒建设存在"多头并举"现象，有些平台（或渠道）由县级广电部门承担，另一些新媒体平台（或渠道）甚至还由县委书记"一把手"直接统筹，传播主体繁多，功能多有重叠。目前，如何整合县级公共媒体资源，还有待从"顶层设计层面"进一步明晰，解决宣传主体的功能重叠，破解部门阻力，打破结构藩篱。

基于广东省县级融媒建设整体滞后的现实，如何避免县级融媒建设出现"大跃进"式盲目推进，如何客观而稳妥地指导、规划、推进县级融媒建设，非常考验来自省市一级的顶层设计能力。

（二）从体制机制层面看，如何破除现有县级广电体制的束缚，是当前广东县级融媒建设最迫切的一大需求

问卷调查显示，重塑适合县级融媒发展新机制迫在眉睫。高达57%

"广东县级融媒建设现状与需求"调研报告　　161

的被调查者认为，本县（区）今后融媒建设需求方面，"体制改革方面"成为备受关注的"第一选项"。（图15）这就充分说明：广东省县级广电现有的传统体制，已经完全无法适应最新融媒发展的需要，重塑新体制迫在眉睫。

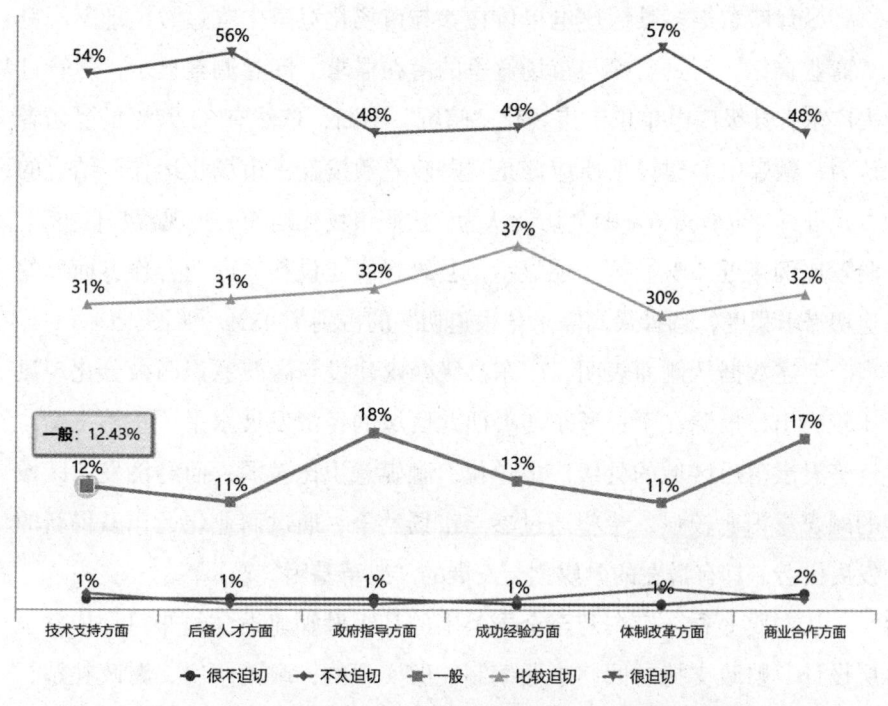

图15　您认为本县（区）今后融媒建设的需求迫切程度

一旦破解了体制的束缚，就可以从根本上解决广东县级融媒发展缺乏人才的一大瓶颈。调查发现，广东省县级广电融媒建设的迫切程度、核心需求之一，就是尽快解决引进高素质、专业的后备人才队伍，在"融媒发展议题的需求迫切程度"（图14）以及"今后融媒建设的需求迫切程度"（图15）调查的诸多议题中，对人才方面的"当前需求"和"今后需求"迫切程度都非常明显，位居"很迫切"选项的前三位。

从当前看，广东县级广电单位现有在职人员，主要从事传统广播电视工作，现有人才缺乏融媒建设的参与意识、创新意识。习总书记曾经一针见血地指出："媒体竞争关键是人才竞争，媒体优势核心是人才优势。"因此,着力提升与培养县级融媒专业人才,建设一支高素质、专业化"融媒人才梯队"至关重要。

(三)从市场竞争层面看,如何激发广东省现有县级广电单位参与市场竞争、寻求商业合作的内在活力是很多县级广电单位的潜在需求

尽管广东很多县级广电单位在参与市场化竞争中吃过亏,却不回避"商业合作",具有参与市场竞争的潜在需求。问卷调查显示,尽管过去广东省县级广电单位走市场化"暗坑"不断,依然有32.97%的受访者认为,融媒中心建设性质应该是"财政差额拨款+市场化运作"结合的方式进行,也有近6%的受访者认为"按照市场化运作,实现营收自主",两者比例接近40%。调查还显示了县级融媒建设在"商业合作方面"的迫切需求程度,选择最高需求"很迫切"的占到了48%。(图15)

上述数据从侧面表明,广东县级融媒建设与融媒意识两极分化现象比较突出,根源在于:粤东与粤西北区域的经济发展水平严重不平衡。经济发展落后区域的县级广电单位,融媒意识比较弱;而经济发达区域的融媒意识比较强,希望通过参与市场竞争、通过商业化运作赢得新的发展机会,具有潜在的融媒创新发展的"改革基因"。

从本质上看,广东乃至全国范围的县级融媒建设,绝非只是依靠顶层设计、财政支持、回归事业编制能够实现的;政策倾斜、财政补贴、技术援助,只是发挥临时"输血"之功,核心还要依托县级广电主体的"持续造血"能力,这样才具有持续发展的市场竞争力。因此,不可忽略广东县级广电单位希望参与市场竞争的潜在需求,核心在于:如何从体制机制上引导、规范、改革,激发县级广电部门潜在的竞争意识、市场意识。

四 广东县级融媒建设:对策与建议

作为基层传媒领域的重大改革,各地都在大胆试点探索"县级融媒建设",尚无统一模式。结合这次调研发现,这里提供以下六点对策与建议。

（一）尽快明晰县级融媒评价体系——尽快制定、规范与形成广东县级融媒建设相对合理、具有实操性的考核与评价体系

俗话说：麻雀虽小，五脏俱全。深度访谈后发现，作为到达群众"最后一公里"的县级融媒建设主体——县级广电单位，今后到底如何融合发展，可谓"理不清、剪还乱"；受制于原有体制机制、市场环境、县级区域、媒介变迁等诸多因素，今后广东省县级融媒建设的推进不可能一帆风顺。广东省县级融媒建设到底如何推进？哪种实践更有效、更合理、更管用？哪种模式更符合今后趋势？这些都有待进一步梳理、观察与总结，从中发现可以借鉴的典型样本，有针对性地"扶持一批、壮大一批、成熟一批"，而不是大跃进式的盲目投入。

目前，很多县级广电负责人对"县级融媒"内涵理解还不够透彻，更多是从政治层面（舆论引导力）维度出发，试图通过成立"县级融媒中心"赢得政策支持、符合政治要求、完成政治任务、承担政治宣传。从顶层设计层面看，要及时跟踪县级融媒建设的实践摸索，摆脱单纯"政治维度"相对单一的指标，融入"市场维度、新闻维度、体制维度"指标，综合考量县级融媒建设的实践成效，进而形成科学合理的评价体系，扎实、稳妥而有效地推进广东县级融媒建设。

（二）大胆改革现有县级广电体制——大胆探索广东县级融媒建设新体制机制，避免"包养到底"，有利于保持县级融媒发展的韧性与活力

调研的大多数县级广电负责人都"吐槽"现有体制机制让县级融媒的发展"带着镣铐"跳舞，完全无法适应融媒产业新生态。目前，在运行经费捉襟见肘的情况下，上级或同级给予财政支持、政策指导、技术援助是必要的。在有些地方拨款经费不足、没到位的前提下，县级媒体宜轻装上阵，充分利用省市级的媒体资源。从技术维度看，专业"云平台"是融媒建设的技术依托，在不具备自建"小云"条件的县，可以选择租借进驻省级或地市级"云平台"，由省台或地市台的技术平台支撑县级融媒体中心建设，是最节约资金的合作模式。

从长远发展看，广东县级融媒建设一定要脱离"财政供养"依赖，

切实提高自身的造血能力,大胆探索影响力平台与"赢利平台"再造尤为关键,提高经营能力、市场竞争力将是今后县级融媒体建设的关键环节,这关乎广东县级融媒建设传播力、影响力、生命力的持续发展。

(三)强化不同的个性化优势——立足各地不同的本土优势,有针对性地孵化"小而美"项目,个性化突破,实现资讯服务抵达"最后一公里"

融媒时代,"受众为王"。从全国经验看,真正做好融媒中心,需要内外双线作战,积极搭建好自有平台"两微一端"的同时,更要学会充分利用好外在平台,从而实现用户沉淀;在用户沉淀的基础上,布局诸如教育、户外、地产、活动等垂直细分行业,探索更多的市场盈利模式。广东县级广电单位天然具有"贴近群众、引导群众、赢得群众"的本土优势。调查显示,广东县级广电单位对"打造本地化品牌栏目、本县短视频平台"都充满信心,认为这些都是值得大力开拓的领域。(图16)

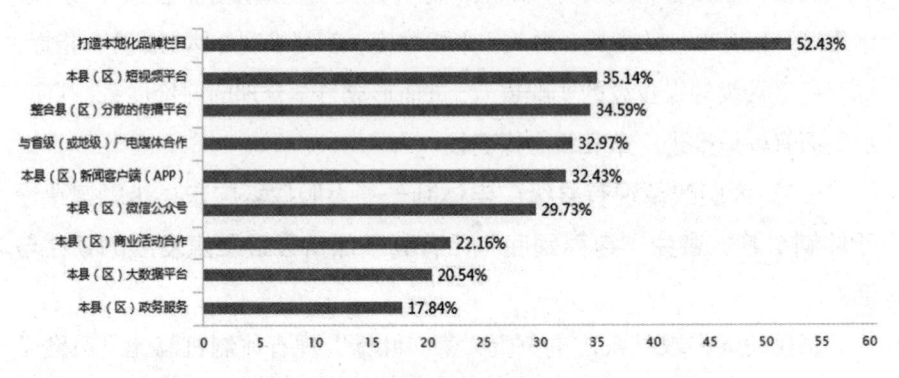

领域	比例
打造本地化品牌栏目	52.43%
本县(区)短视频平台	35.14%
整合县(区)分散的传播平台	34.59%
与省级(或地级)广电媒体合作	32.97%
本县(区)新闻客户端(APP)	32.43%
本县(区)微信公众号	29.73%
本县(区)商业活动合作	22.16%
本县(区)大数据平台	20.54%
本县(区)政务服务	17.84%

图16 您认为所在广电单位值得开拓的领域(或项目)

今后的广东县级融媒体建设,迫切需要县级广电主体转变思路,在丰富"资讯服务"方面狠下功夫,以服务本地群众为受众目标,建议积极纳入县级政务服务功能,不断拓展便民服务项目。此外,根据不同的本土优势,尝试引入本地电子商务、在线教育、在线医疗、在线网络文化活动等服务功能,真正做到"垂直化、本土化、个性化"纵深发展,让最基层的用户（群众）真正"用起来、离不开、黏得住"。①

（四）酌情考虑县级融媒"资质需求"——基于现有县级广电单位无法形成立体化传播格局的尴尬现实，酌情为县级融媒建设开辟"绿色通道"，有针对性地提供县级融媒建设需要的网络许可资质

从现有媒体融合的实践看，"移动优先"战略被普遍认可，打造具有自主可控、针对不同受众的社交端、PC端、移动客户端（App）平台以及相关项目，已经是很多传媒集团布局的拳头产品，一方面是出于争夺移动手机用户的需要，另一方面也是争夺"移动舆论场"的政治要求。

从目前广东县级广电的现实看，打造县级融媒中心或平台，必然要着力建设手机客户端、网站、社交化平台。移动客户端与网站上线则需要网络视听许可证、新闻服务许可等资质，很多县级广电负责人反映，县级广播电视台根本没有类似的资质。调研小组发现，目前很多广东县级广电单位都采取"曲线建设"，通过寻求与第三方公司合作，通过"打擦边球"获得资质。从顶层设计层面看，可以酌情为县级融媒建设开辟"绿色通道"，建议专门设置针对县级融媒建设基层需求的互联网许可资质，进而实现舆论引导、沟通群众、信息服务及时抵达"最后一公里"。

（五）重点推进"一把手"工程——积极推进广东省县级融媒建设的"一把手"工程，有利于县级融媒建设的积极推进、扎实探索

通过广泛的深度访谈，我们发现，媒体融合某种程度上还是"一把手"工程，"一把手"直接影响媒体融合进程，县级主管融媒建设"一把手"的融媒意识、融媒视野比较关键；融媒推进扎实有效的县级广电单位，一般都带有"一把手"作为"领头羊"的推动因素。

比如，深度访谈中，某地级市某区的一位新媒体负责人就提到，由于该县县委书记"一把手"善于利用新媒体传播渠道，指派县委精干的

---

① 笔者注：广东不少县级广电单位都正着力打造培养对准不同用户的不同移动化资讯平台，紧紧围绕"服务群众"思路，积累了当地大批粉丝，比如，云浮新兴广播电视台运营的"新兴权威发布"和"新兴广电"微信公众号，江门开平的"开平发布"和"开平广播电视台"微信公众号，茂名的电白广播电视台运营的"掌中电白"和"今日电白"微信公众号等等，都正在形成不错的阅读率、点击率，对当地手机用户都具有较强的黏性。

宣传人员，开设了针对县委县政府党政部门的微信公众号，传播力、影响力、引导力显现，令从事新媒体主业的传统媒体人压力变大，倒逼其在新媒体传播方面进行突破或创新。因此，在整体谋划广东县级融媒体中心建设过程中，同样需要加强"一把手"配置，做到"选任一个想干事、善干事、能干成事、懂专业的台长，一把手需要有专业、魄力和眼光，又要有披荆斩棘的改革勇气。"

（六）设法打破县级"融媒人才"困境——扎实探索用人机制的大胆突破，探寻崭新的人才管理模式，吸纳融媒发展人才队伍方面的"新鲜血液"

深度访谈发现，县级广电单位在人才引进方面，基本按事业单位考核程序进行，"入职准入"程序复杂。比如陆丰电视台新招聘人员人数受上级政府的名额限制，从招聘到最终确定的周期长达1年，类似用人机制已经严重不适应新媒体发展的用人需求。

所谓"得90后者得天下"。想要做好广东省县级融媒建设工作，积极推进"移动优先"融媒战略，迫切需要吸纳年轻人的"新鲜血液"。对广东省县级广电单位来说，需要主管部门适度"放权、放管、放政策"，让县级广电单位主体拥有更加自主、可控的人才"引进权、淘汰权、流动权"。现有县级广电单位要尝试打破传统事业编制的身份限制，以工作绩效为统一考核标准，打通编外人才成长通道，吸引更多的县级融媒人才加入，增强县级融媒建设持续发展的"造血能力"。

参考文献：

瑞峰：《"县级融媒体中心"建设的"四三二一"布局》，搜狐网2018年9月22日，
　　　https://www.sohu.com/a/251533416_351788。

谭天：《县级融媒体中心建设难点何在？》，《网络传播》2018年第9期。

叶实：《县级融媒体上升为国家战略，不跳出伪融合误区仍是濒死挣扎！》，搜
　　　狐网2018年9月14日，http://www.sohu.com/a/253968047_211289。

张洋：《举旗帜聚民心育新人兴文化展形象　更好完成新形势下宣传思想工作使
　　　命任务》，《人民日报》2018年8月23日。

关于近五年来珠三角地区海外引智政策与成效的调查

王凯　关韵　黄洁华　李莹丹　孙启辉[*]

【摘要】 改革开放40多年以来，广东省从国家战略和自身需求出发，探索、制定、发布了一系列引进和使用海外人才的政策，推出了一系列配套举措。本调查在我国迈入中国特色社会主义新时代的历史方位下，回顾梳理了广东省海外引智的主要发展历程，总结主要措施和特点，提出存在问题，进而针对这些问题探求完善和创新的对策。

【关键词】 珠三角；海外引智；人才政策

一　绪论

广东是改革开放的排头兵、先行地、实验区，在我国改革开放和社会主义现代化建设大局中具有十分重要的地位和作用。

习近平总书记在2018年3月参加广东代表团审议时强调——发展是第一要务，人才是第一资源，创新是第一动力。"中国如果不走创新驱动发展道路，新旧动能不能顺利转换，就不能真正强大起来。强起来要

---

[*] 【作者简介】王凯，男，南方新闻网英文网主管；关韵，女，珠江电影集团有限公司影视规划部经理；黄洁华，女，广东人民出版社有限公司对外合作编辑室主任；李莹丹，女，广东外语外贸大学新闻与传播学院硕士研究生；孙启辉，男，广东外语外贸大学新闻与传播学院硕士研究生。

靠创新，创新要靠人才。"改革开放 40 多年以来，从国家的发展战略和省内经济、社会、科技等发展的需求出发，广东省探索、制定、发布了一系列引进和使用海外人才的政策，推出了一系列配套举措。在我国迈入中国特色社会主义新时代的历史方位下，回顾梳理广东省海外引智的主要发展历程，总结主要措施和特点，提出存在问题，进而针对这些问题探求完善和创新的对策，有利于我们更好地认识广东省海外政策的发展需求，针对新的发展阶段制，定出更适应时代需求的海外人才交流政策与措施。

（一）"海外引智"相关概念厘定

1. 中国关于"高层次人才"的概念

"高层次人才"的概念，业内对此有诸多的解释，中国社会科学院的潘晨光指出："高层次人才"是指在一定时间、区域、行业内的人才队伍中具有较强专业能力并且做出较大贡献的人才，一般是指院士、具有正高及副高级职称的专业技术人才、博士后、高级经营管理人才。[①]由此不难看出，"高层次人才"是人力资源中层次较高，对科研项目、企业盈利、社会发展具有重大贡献的人。这要求"高层次人才"需要具备良好的道德品质、优秀的科研攻关能力，同时拥有丰富的实践经验和扎实的科学理论知识。再结合我国颁布的一系列"海外引智"的政策文件对于"海外高层次人才"的要求，我们可以对"海外高层次人才"下如此定义：原则上不超过 55 岁的在海外取得博士学位并且在国外著名高校、科研院所担任相当于教授职务的专家学者，或者在国际知名企业和金融机构担任高级职务，拥有自主知识产权或掌握核心技术，具有海外自主创业经验，熟悉相关产业领域和国际规则的创业人才及国家急需紧缺的其他高层次创新创业人才。

2. "海外引智"的概念

"引智"是引进外国智力的简称。1983 年 7 月 8 日，邓小平发表"利用外国智力和扩大对外开放"重要讲话，这是"引智"概念首次被正式提出。

[①] 潘晨光：《中国人才发展报告——人才蓝皮书》，社会科学文献出版社 2008 年版。

"引智"的具体内容是指通过国际化的人才文化科技交流以及其他形式，引进和利用国外先进的科学思想、先进的技术、成功的管理经验等。以项目和人员为载体，通过请进国外人才（包括海外华侨、港、澳、台人才）和组织人员出国（境）培训两种形式，学习掌握国外的先进管理经验和实用技术，为推进新时代中国特色社会主义事业服务。对于这两种形式，"海外引智"则更加侧重于前者，吸收海外的"高层次人才"，为当下我国的社会发展提供技术人才支撑。因此，我们可以将"海外引智"定义为："吸收国外具有科研能力、管理能力、创新能力的国际化人才及国外先进科学技术，为我国的社会发展提供科学技术支撑的举措。"

（二）广东省海外引智的主要发展历程

1. 起步阶段（1978—1999）

由于"文化大革命"的缘故，中国高层次人才发展停滞。中国正处于百废待兴、期待加快现代化建设的时期，对人才尤其是海外高层次人才的渴望尤为强烈。因而，国家不少关于人才的重要基本政策就是在这段时期正式确立的，比如中共中央、国务院《关于引进国外智力以利四化建设的决定》《关于引进国外人才工作的暂行规定》等。

1978年4月，习仲勋受命担任广东省委书记，为广东省的改革开放、引进智力做出了重要贡献，在全国也起到了先导作用。1983年7月，邓小平同志发表"利用外国智力和扩大对外开放"的重要讲话，更由此掀开了全国海外引智的帷幕。从全国范围内的国务院《关于引进国外人才工作的暂行规定》，到广东省在《关于加快发展外向型经济的决定》中的"大力加强科技工作与人才开发"，广东省大胆地进行改革开放、引进国（海）外智力的试验和实践，在全国起了示范区和排头兵作用。

此外，值得注意的是，这一时期的政策探索性意义较浓，试行、暂行的政策较多。其中，海外高层次人才的工作待遇、劳动管理、奖励聘用、进出境物品等具体领域开始慢慢完善。广州市人民政府1992年颁布的《广州"科技兴市"规划》以及1993年颁布的《关于鼓励引进人才、资金、技术的若干政策规定》就为建立系统化的人才培养选拔机制和健全人才市场功能与运行机制奠定了基础。

2. 发展阶段（2000—2012）

2001年中国加入世界贸易组织，为中国经济与世界接轨提供了更多的可能。但全球化的加剧变化，也使得中国高层次人才流失的问题更加突出与紧迫。在受到亚洲金融危机和世界金融危机两次大冲击的洗礼之后，"黑天鹅"乱飞，2013年以来的国际局面充满着不确定性。

全球发展格局重塑，相伴而来的是世界高层次人才流动形势的多元变动。中国要抢占先机，必须抓住新一轮的创新发展机遇期。面对激烈的国际人才竞争局面，面对中国不断升级的高层次人才需求，国家进一步细化了相关人才政策体系，把侧重点放在了调整、完善和补充人才政策上，更加积极地构建有利于海外高层次人才回国发展的政策环境。

中共十六大以来，中国"引智"工作走向了不断创新、深入发展的时期。2003年12月召开建国后首次全国人才工作会议，2003年12月中共中央、国务院发布《关于进一步加强人才工作的决定》，"引智"成为人才强国战略的重要方面。比如2002年出台的《2002—2005年全国人才队伍建设规划纲要》中首次提出"实施人才强国战略""鼓励留学人员回国工作或以其他方式为国服务"以及"吸引和聘用海外高级人才"，让人才政策真正上升到了国家战略的高度。2006年到2012年间，在国家如"爱因斯坦讲席教授计划""外籍青年访问学者奖学金计划""春晖计划"学术休假项目等差异化的专门人才计划的基础上，广东省着重于更加系统地解决"海外引智"过程中的实际问题。政策范围涵盖高层次人才的生活、流动、户籍、子女入学、家属就业、医疗社会保障、安全、创业等领域。据统计，广东省共颁布了68项人才政策文件。特别是2012年，达到了19项之多，足见广东省在此阶段对于人才的渴求和重视。

3. 加速阶段（2013—）

自党的十八大以来，选拔享受政府特殊津贴专家近1,5000万人，1,200余人入选国家百千万人才工程……这是我国高层次人才选拔培养工作交出来的成绩单。"要择天下英才而用之，实施更加积极的创新人才引进政策，集聚一批站在行业科技前沿、具有国际视野和能力的领军人才"，习近平总书记参加十二届全国人大三次会议上海代表团审议时提出这样的重要论述，为高层次人才选拔培养工作擘画了蓝图，指明了方向。

《国家中长期人才发展规划纲要（2010—2020年）》进一步明确了海外高层次人才在中国教育和人才发展中的角色定位，《广东省中长期人才发展规划纲要（2010—2020年）》也有相应的措施贯彻落实。在人才评定上逐渐不以海外、国内作区分，而更加着重从能力而非身份去进行评判，可以说是消除内外区别等人才评价歧视的进步性尝试。

为贯彻落实《国务院关于强化实施创新驱动发展战略进一步推进大众创业万众创新深入发展的意见》（国发〔2017〕37号），广东也于2018年8月制定《广东省人民政府关于强化实施创新驱动发展战略进一步推进大众创业万众创新深入发展的实施意见》（粤府〔2018〕74号），针对性地提出"创新柔性引才机制，实施海外专家来粤短期工作资助计划，鼓励有条件的地市建设海外人才离岸创新创业基地；实施海外青年人才引进计划，吸引世界知名高校博士来粤开展博士后工作；深入推进全国人才管理改革试验区（粤港澳人才合作示范区）建设，推进港澳台青年创新创业基地建设，支持港澳台青年人才和高等学校毕业生来粤创新创业"。进一步优化海外高层次人才的创新创业生态环境，充分释放其创新创业潜能，在更大范围、更高层次、更深程度上推进大众创业、万众创新。

（三）近五年珠三角海外引智的主要政策与举措

这部分主要对近五年来珠三角现行主要的人才政策的内容情况进行概述，以便进一步了解其全貌，其中较为宏观综合的政策将会体现在各城市的政策介绍的具体分析中。根据国家中长期人才发展规划纲要，人才发展主要分为培养开发、评价发现、选拔任用、流动配置、激励保障五个环节，下文将细分为人才引进与流动、人才评价、人才培育与发展、人才激励与管理、人才保障与发展五个方面对相关政策进行分类与论述。

人才引进政策主要指各地政府如何提供一些相关优惠政策，首先吸引海外人才进入该地区。这类政策主要是针对一些紧缺领域或者高层次的人才，内容主要包括人才奖励、项目经费等。

人才评价政策主要包括人才选拔、适用、测评等方面，主要对海外高层次人才的知识水平、技能、学术影响、发展潜力、组织管理等方面的评价进行规范，可通过评价较为科学地揭示人才的能力、贡献与发展前景，从而为人才使用、激励、培养等提供科学依据。

人才培育政策旨在通过留学、博士后研究、专门培训、访学等方式吸引海外人才来华或回国接受教育，通过提供进一步培养的机会，吸引其来华或回国发展，或为今后吸引其留下来发展创造一定条件，或有效推动所在国家与中国相关领域的交流和合作。主要是针对海外高层次人才中的留学生、刚毕业的博士等。

人才激励政策指国家或各类机构采取物质、精神激励及提供发展机会等手段，引导海外高层次人才按照设定方向发展，从而共赢的一系列政策措施。

人才保障政策涉及海外高层次人才本人及家庭的居住、户籍管理、医疗与社会保险、生育、配偶就业、子女上学等一系列问题。

1. 广州市

广州市关于面向海外高层次人才的引进政策考虑比较全面，基本包含奖励、保障和发展类别的政策，用较好的物质鼓励与荣誉吸引人才、以生活工作优待条件留住人才、以扶持创新创业发展优惠政策发挥人才效用。从政策类型和具体内容综合来看，广州市的各类政策分布比较平衡，体系基本完备，有不少亮点，但仍存在不足。

在人才培育政策上有所升华。为响应国家"高层次创造性人才计划"，到 2012 年底出台《广州市鼓励留学人员来穗工作规定》。广州市利用已有的、基础较好的本地高校与科研院所，提供良好的学习、科研、教学环境；"红棉计划"积极鼓励海外人才来穗创业；围绕重点发展的战略性新兴产业和重点行业培养，也将人才需求与产业需求更紧密地结合起来。

而作为《广东省中长期人才发展规划纲要（2010—2020 年）》（粤发〔2010〕17 号）的延续，《关于推进人才聚集工程的实施意见》中提出的六个人才行动计划与三个"人才支撑"提出了很好的具体方向与目标。但在后续政策调整中，广州市只在《关于加快集聚产业领军人才的意见》中有部分调整完善，难以发挥长远性的实效。

与深圳相比，广州人才引进的激励力度仍然较弱。虽有省级的"珠江人才计划"领军人才项目等作支撑，但落到市级就稍显逊色。同为引进海外高层次人才，广州百名高端外国专家引进项目奖励为20万元，而深圳"孔雀计划"则能给予80万元—150万元的奖励。相比较于传统的经济重镇长三角地区，作为经济发达的城市，例如上海、杭州、苏州等，在高层次人才引进初期均会下发一次性奖励，奖励依据不同人才等级进行分配，金额在100万元左右，同时对于有创业想法的人才给予100万元—1,000万元的启动资金。常州、扬州、台州等经济较为发达的城市，资金政策也相当有力，高层次人才到当地创新创业的一次性奖励金额约为100万元，创业创新启动支持资金为100万元—500万元。即使是泰州、舟山、湖州等由于经济发展具有一定的波动性且高层次人才引进计划实施较晚，资金扶持政策不具备的城市，一次性奖励资金也在1万元—50万元，创业创新启动支持资金为60万元—300万元。

另外，在引进政策上也缺乏一定的灵活性。大部分政策倾向关注长期回国或来华人才，对于短期或不定期来华的海外高层次人才的相关政策则相对较少。

表1　　　　　　　　　广州近五年主要人才政策

序号	政策名称	政策类型
1	关于推进人才聚集工程的实施意见	引进、评价
2	广州市基础教育高层次人才引进办法	引进
3	关于加快集聚产业领军人才的意见	引进、培养
4	广州市高层次人才认定方案	引进、评价
5	"珠江人才计划"领军人才项目	培育
6	广州市"岭南英杰工程"实施意见	培育、评价
7	关于进一步深化穗台经济社会文化交流合作的若干措施的通知	激励、保障
8	广州市授予外国专家羊城友谊奖实施办法	激励
9	广州市引进人才入户管理办法	激励
10	广州市产业领军人才奖励制度	激励
11	关于实施鼓励海外人才来穗创业"红棉计划"的意见	激励

续表

序号	政策名称	政策类型
12	羊城创新创业领军人才支持计划实施办法	保障
13	广州市鼓励留学人员来穗工作规定	保障
14	关于加快工业和信息化产业发展的扶持意见	保障

2. 深圳市

深圳市近五年在人才激励、保障政策方面的比重较大，自2011年深圳市高层次海外留学人才（"孔雀计划"）政策施行，海外高层次人才数量逐年递增，增长势头强劲。截至2017年12月31日，深圳共确认海外高层次人才2,954名，2017年新增958人，共有4,363人次享受了奖励补贴，累计发放金额9.16亿元。

在保障政策上，2016年出台的《关于促进人才优先发展的若干措施》81条措施中有5条聚焦加大人才安居保障，具体措施包括加大力度建设人才公寓、完善高层次人才安居办法、加大中初级人才住房政策支持、提高新引进基础性人才租房和生活补贴标准以及创新境外人才住房公积金政策等。可谓是对原有的人才安居保障政策的全方位升级，覆盖面更广、普惠性更强。

在人才培养政策上，2015年的《深圳青年创新创业选拔支持实施方案》在全国首创"举荐制"人才扶持方式，通过组建深圳青年英才举荐委员会，凭借其在相关领域的成功经验和识人用人的能力，以举荐的方式为深圳发现和推荐有潜质的青年创新创业人才。将尚未取得成绩但具有潜力的人才纳入队伍，向被挡在传统评价标准之外的人才敞开了大门，也是值得借鉴的一种创新人才选拔的模式。

表2　　　　　　　　　深圳近五年主要人才政策

序号	政策名称	政策类型
1	关于印发深圳市人才引进实施办法的通知	引进
2	关于印发深圳市产业发展与创新人才奖实施办法的通知	激励
3	深圳市科学技术奖励	激励

续表

序号	政策名称	政策类型
4	深圳市人民政府发展研究中心博士后管理办法	激励
5	关于印发《重大科技计划项目评审办法（试行）》的通知	激励
6	关于促进科技创新的若干措施	激励、培育
7	关于印发《深圳市海外高层次人才认定标准（2016年）》的通知	评价
8	深圳青年创新创业选拔支持实施方案	评价
9	关于印发《深圳市高等学校鹏城学者计划实施办法》的通知	培养
10	关于促进人才优先发展的若干措施	保障
11	关于鼓励出国留学人员来深创业的若干规定	保障
12	关于印发《深圳前海深港现代服务业合作区境外高端人才和紧缺人才个人所得税财政补贴暂行办法》的通知	保障
13	关于印发《前海外籍高层次人才居留管理暂行办法》的通知	保障
14	深圳市人才安居办法	保障
15	关于完善人才住房制度的若干措施	保障

3. 其他珠三角城市

整体来看，珠三角其他城市近年来在引才、育才、聚才等环节也不遗余力，因地制宜，不断创新做法，不断深化吸引海外人才的机制。

由于其他珠三角城市与广州、深圳还存在一定的发展差距，吸引海外高层次人才的水平自然稍弱，主要表现为在引进海外人才政策上的力度加大，但这些城市之间也存在不同程度的竞争。力推改革创新的佛山、东莞、惠州、珠海等城市在近五年的争夺海外人才的政策上也在不断调整改革，可以发现这些城市都会侧重指定较为宏观的人才政策和相对侧重完善人才保障政策，力图从多方面进行机制完善与改革。

而相对于中山、江门、惠州等市，由于城市发展水平急需提高、高等院校相对缺少等因素，在人才引进、激励政策方面较为注重。而随着粤港澳大湾区时代的到来，不断提速的大交通格局会为这几个城市破解人才困境提供新的发展可能，珠三角区域内的人才流动将更加频繁。

表3　　　　　　　　珠三角其他城市近五年主要人才政策

序号	政策名称	政策类型
1	佛山市重点产业人才引进培育暂行办法实施细则	引进、培育
2	中山市引进海外高层次创新创业人才暂行办法	引进
3	佛山市基础教育高层次人才引进、认定（评定）及管理办法	引进、培养、评价
4	江门市人民政府关于完善体制机制加快建设人才强市的若干意见	引进、培育
5	江门市人民政府办公室关于印发《江门市文化强市建设工作纲要（2016—2020年）》的通知	引进、培育
6	东莞市人民政府办公室关于印发《东莞市莞港澳台科技创新创业联合培优行动计划（2016—2020）》的通知	引进、培育、评价
7	中山市引进紧缺适用高层次人才"一站式"服务实施办法	引进
8	关于印发《中山市引进创新科研团队实施意见》《中山市创建引进国家级创新平台实施意见》和《中山市源氏工作站管理平台实施意见》等意见的通知	引进、培养与发展
9	江门市人民政府办公室关于印发《江门市"百名博（硕）士引育工程"实施方案》的通知	引进
10	关于印发《珠海市高层次人才评审办法》的通知	培育、评价
11	来惠创业的海外和留学人才资格审核实施细则	培育、评价
12	中共珠海市委、珠海市人民政府关于"蓝色珠海高层次人才计划"的实施意见	实施意见
13	关于在中山翠亨新区建设人才管理改革试验区的实施意见	培育
14	关于深化完善"人才双高计划"实施"人才双十行动"意见	培育
15	佛山市人民政府办公室关于进一步加大博士后工作扶持力度的意见	保障
16	关于印发《佛山市人才发展体制机制改革实施意见》的通知	保障
17	佛山市新引进博士博士后、进站博士后和新建博士后载体扶持工作实施细则	保障
18	关于印发《东莞市积分制入户暂行办法》和《东莞市积分制入户管理实施细则》的通知	保障
19	关于印发《东莞市人才入户管理办法》的通知	保障
20	关于印发《东莞市莞港澳台科技创新创业联合培优行动计划（2016—2020）》的通知	保障
21	关于印发《珠海市高层次人才创新创业扶持办法》的通知	保障
22	中山市紧缺适用人才子女就学暂行办法	保障

续表

序号	政策名称	政策类型
23	中山市高层次人才配偶就业互助计划实施意见	保障
24	佛山市人民政府关于进一步加强技能人才队伍建设的意见	激励
25	佛山市人民政府办公室关于印发佛山市扶持"中国制造2025"试点示范企业政策措施的通知	激励
26	关于印发《珠海市引进创新创业团队管理暂行办法》的通知	激励
27	中山市爱才重才奖评选暂行办法	激励
28	广东中山留学人员创业园管理暂行办法	激励
29	颁发年度江门市哲学社会科学优秀成果奖	激励
30	中山市企业紧缺适用高层次人才评定管理暂行办法	激励

(四)研究方法与样本

1. 研究方法

本文在分析近五年来珠三角海外引智的成效及存在问题时,主要采用了三种研究方法。

第一,文本分析法。本文认真分析了从2012—2017年间广东省政府、省相关职能部门和珠三角各地市为促进海外人才引进所颁布的相关政策文件,收集了5年间101项相关人才政策的文本。从政策颁布年度、政策颁布类型、政策颁布主体、政策面向主体和政策文种类型角度进行分析。

第二,访谈调查法。本文通过采访168位这五年来进入人才市场的海归人才和外国人才,了解他们对广东人才政策的看法,探究政策对他们的影响。这168位海外人才也是本文主要的研究样本,将在"样本构成"中详细列明他们的属性。

第三,个案调查法。本文研究了广东省制定的人才政策。在对珠三角各市进行的研究中,以广州和深圳两座全国超一线城市进行了重点的个案研究,并与京津冀、长三角和内陆一些地区的人才政策进行了简单的横向对比。

2. 样本构成

本文重点采访了168位近五年来进入人才市场的海归人才和外国人

才，其中外国人才70人，海归留学人才（中国籍）70人，华侨人才（指三代之内有直系亲属曾持有中国国籍）28人，详细比例如下图所示：

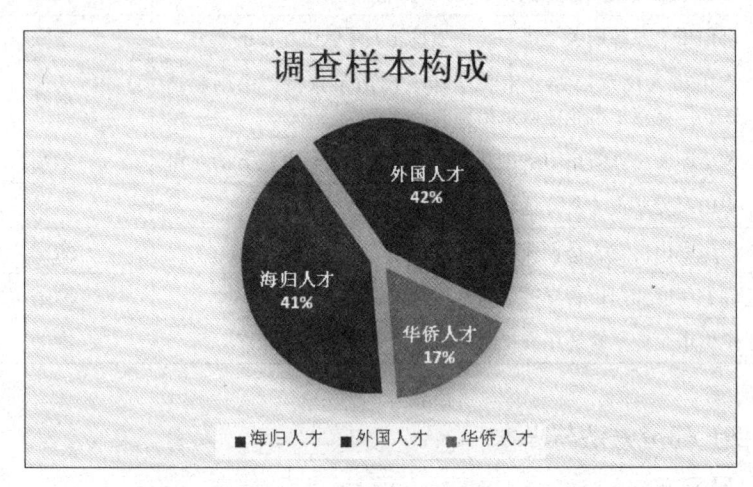

图1　本文采访调查海外人才样本的总体构成

（1）受访者样本构成

在外国人才中，来自欧洲的有20人、北美洲15人、拉丁美洲5人、亚洲13人、非洲14人、大洋洲3人。

在外国人才样本群体中，笔者按照性别、年龄、学历、职业、是否携带家庭配偶、来粤时间六个属性对他们进行了基本的分类。

在采访调查的外国人才中，男性为38人，占54%；女性为32人，占46%，在总量和比例上大体持平。在受访者年龄结构上，60岁以上有8人，约占11%；40—59岁有10人，约占14%；26—39岁有32人，约占46%；18—25岁有20人，约占29%。因此样本的年龄以18—39岁的中青年为主。受访者的职业可能对他们对人才政策的看法产生一定的影响，因而可能是一个重要的变量。本文在选择受访者时根据第一、第二、第三产业和留学生尽可能地均衡选择，但由于来粤的外国人才普遍集中在第三产业，因此样本还是以第三产业从业者居多。以下是职业的详细比例分布图：

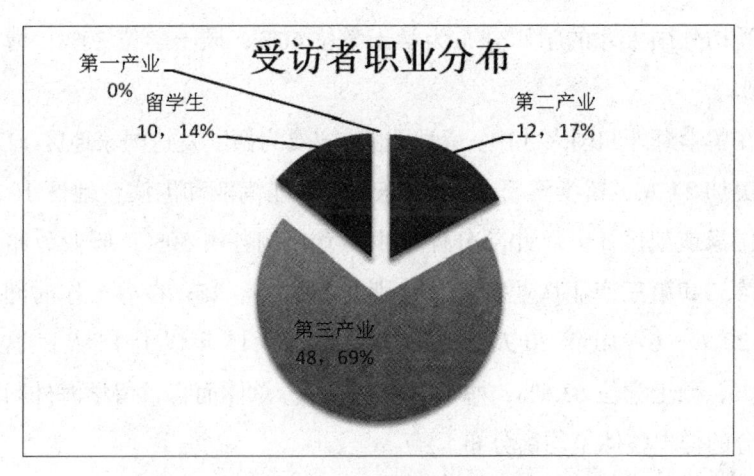

图2 本文海外人才受访者样本的职业分布图

对外国人才而言，远涉重洋来粤工作还涉及家属问题。对人才家属的卫生、医疗、教育、娱乐等公共领域保障也与对外国人才的服务息息相关。因此受访者是否携带家属来粤就业也一定程度上代表了对广东人才服务的信心和满意度。本文的受访者有37人与家属一道在广东生活，有33人未携带家属，大致均衡。

在来粤时间中，本文尽可能希望选择均衡的样本分布，或者尽量选择来粤时间长的受访者（因为观察更加细致、全面），但由于调研时间仓促，最终的样本分布情况与预想出现了一定的偏差，下图是分布情况：

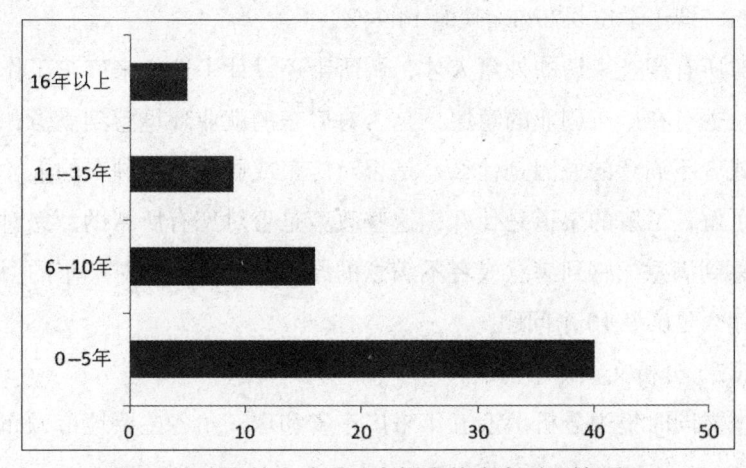

图3 本文海外人才受访者样本的来粤时间情况图

受访外国人才的学历分布为学士学位60%，硕士学位30%，博士学位10%。

在留学海外归国人才中，留学欧洲（主要为西欧发达国家地区）22人、留学美加24人、留学澳新10人、东北亚、东南亚和港澳台地区10人、其他国家或地区4人。此部分样本中男女比例各占50%；职业分布中第一、第二和第三产业从业者人数分别为20、25、25；在粤工作时间5年以下20人，6—10年20人，11—15年15人，15年以上15人；学士学位20%，硕士学位63.5%，博士学位16.5%。总体而言，留学海外归国人才部分的样本整体呈均衡分布。

广东毗邻港澳、华侨众多，是中国最大的侨乡和侨务大省。海外侨胞、港澳同胞始终是广东改革开放的开拓者、参与者、贡献者。他们率先参与到广东的改革开放中来，为广东建设发展带来了急需的资金、技术、人才和先进的管理经验、广阔的对外交往渠道，加快了广东改革开放和现代化建设步伐。华人华侨是广东省海外引才的重要组成部分，也是相比于其他地区的一大亮点，因此本文将华侨人才单列。据统计，近五年广东引进海外人才中，华侨华人占比超七成。本文访问了28名侨才，其中男女比例各占70%和30%；职业分布中第一、第二和第三产业从业者人数分别为0、8、20；在粤工作时间5年以下6人，6—10年7人，11—15年7人，15年以上8人；学历学士学位43.63%，硕士学位31.67%，博士学位9.76%，其他14.94%。

对所有调查采访的外籍人才，调研组还设计了选择来广东工作的原因，是否有在广东创业的意愿，是否对广东的就业环境感到满意，感到满意或者不满意的原因是什么，是否对广东或居住地所颁布的人才政策有所了解，了解的渠道是什么，这些政策是否对您有所帮助，您对它们是否感到满意，感到满意或者不满意的原因是什么，您对广东的引才政策有什么建议等10个问题。

（2）分析文本样本构成

本文同时集中分析了近五年来广东省和珠三角各主要地市颁布的政策条文。

其中分析了 2012—2017 年 5 年期间广东层面颁布的 40 份官方发布的人才政策文件，广州市颁布的文件 18 份，深圳市 15 份，珠三角佛山、东莞、珠海、中山、惠州、肇庆和江门七个地市共 28 份——总共 101 份。

广东省层面颁布的 40 份文件中，广东省委、省政府、省委办公厅和省政府办公厅颁布的文件有 13 份，占 32.5%，其他厅局颁布的文件 27 份，占 67.5%。广州市颁布的文件中，由广州市层面颁布的文件有 12 份，占 2/3，由广州市所辖各区及各局颁布的文件 6 份，占 1/3；深圳市颁布的文件中，由深圳市层面颁布的文件有 10 份，占 2/3，由深圳市所辖各区及各局颁布的文件 5 份，占 1/3；珠三角佛山、东莞、珠海、中山、惠州、肇庆和江门七个地市颁布的文件中，由各地市党委、政府层面颁布的文件为 21 份，占 75%，由各地市所辖机构和区县颁布的文件 7 份，占 25%。

二　近五年来珠三角海外引智的成效及存在问题

(一) 成效分析

1. 总体成效分析

通过对上述采访对象及文本的整合与梳理，本文对近五年来珠三角海外引智的成效进行了分析。

（1）引智总体效果分析

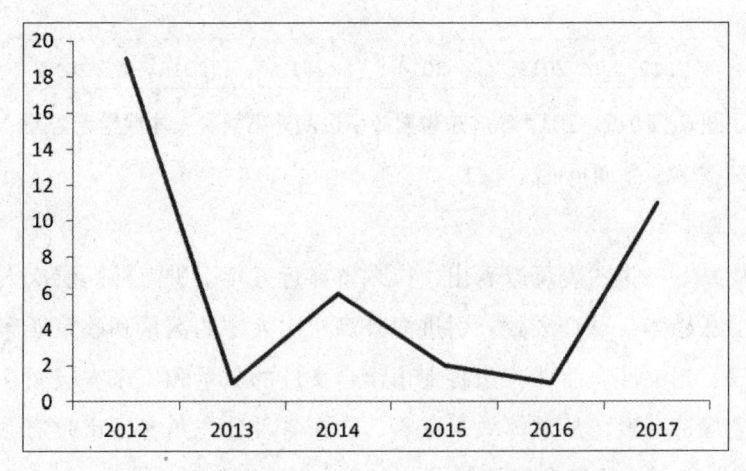

图 4　2012—2017 年广东人才政策数量变化情况

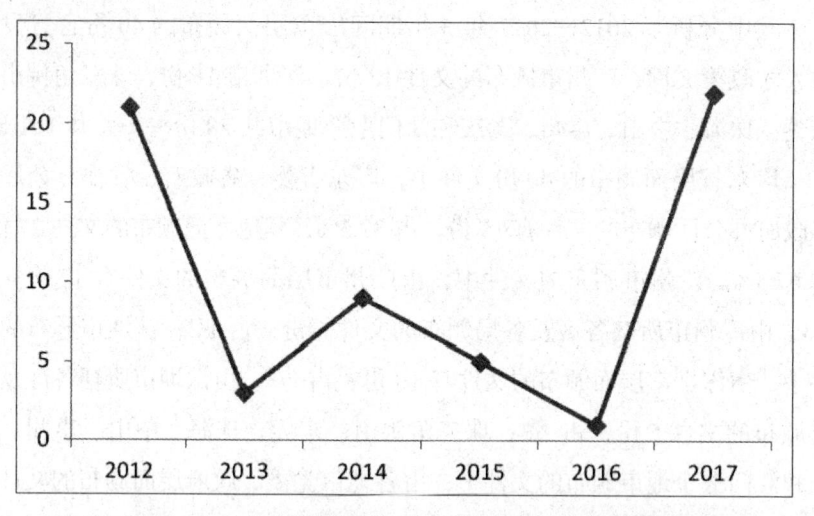

图 5 2012—2017 年广深和珠三角七地市人才政策数量变化情况

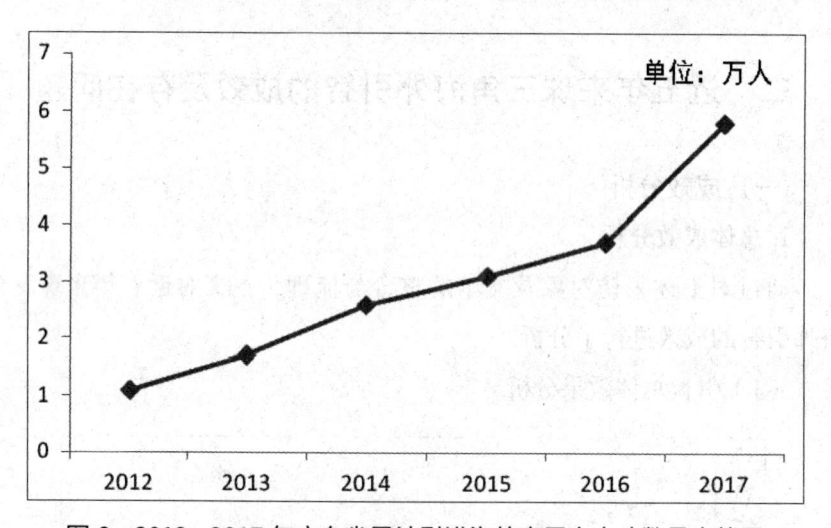

图 6 2012—2017 年广东省累计引进海外高层次人才数量走势图

数据来源：新闻报道。

从以上三张图表可以看出，广东省在近五年引进海外高层次人才呈总体上涨趋势，卓有成效。引进海外高层次人才的数量和政策颁布的数量并没有相关性。而珠三角各地市出台文件的数量和广东省层面在数量趋势上保持一致。从总体效果来看，广东省及珠三角各地市政府颁布的政策文件取得了比较良好的效果。

（2）引智总体满意度分析

如前文所述，广东省及珠三角各地市制定了大量的综合类、保障类人才政策。那么，海外人才对这些政策的满意度如何呢？首先从总体上看，根据2017年《南方日报》刊登的由全球化智库（CCG）、西南财经大学发展研究院、社会科学文献出版社在北京发布《中国区域国际人才竞争力报告》，广东成为引进外国专家最多的省份，并在国际人才创新方面表现最佳。在反映生活配套服务水平的"国际人才生活指数"上，广东也排名第一。说明外国专家对人才政策是总体满意的。

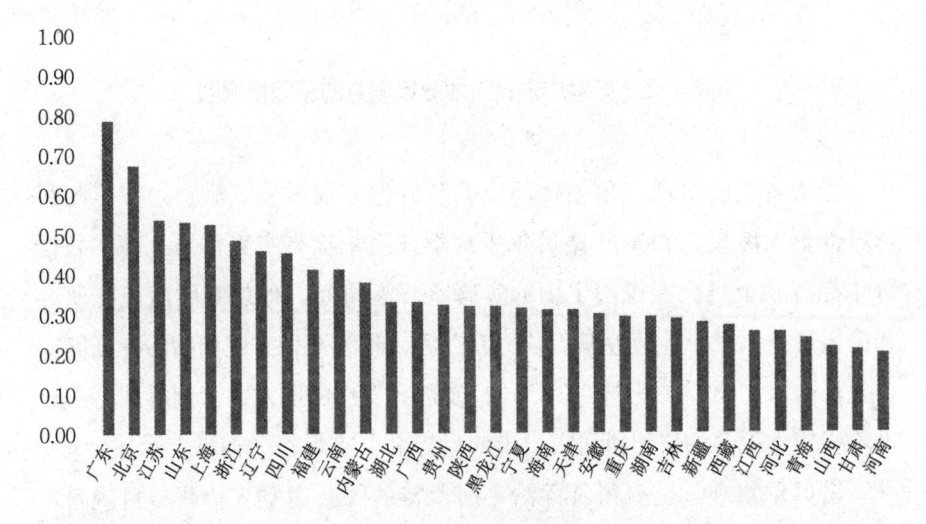

图7　2017年发布的《中国区域国际人才竞争力报告》

广东在"国际人才生活指数"上名列第一，资料来源：《南方日报》。

本文通过对海外人才样本的采访调查，也进一步印证了这一结论。在笔者访问的168位海外人才中，高达138位受访者表示对广东或他们所在地的人才政策表示满意，26位受访者表示基本满意，仅有4位表示不满意。

受访者对人才政策感到满意的首要原因是广东省人才环境的开放包容。其他的原因如下图所示：

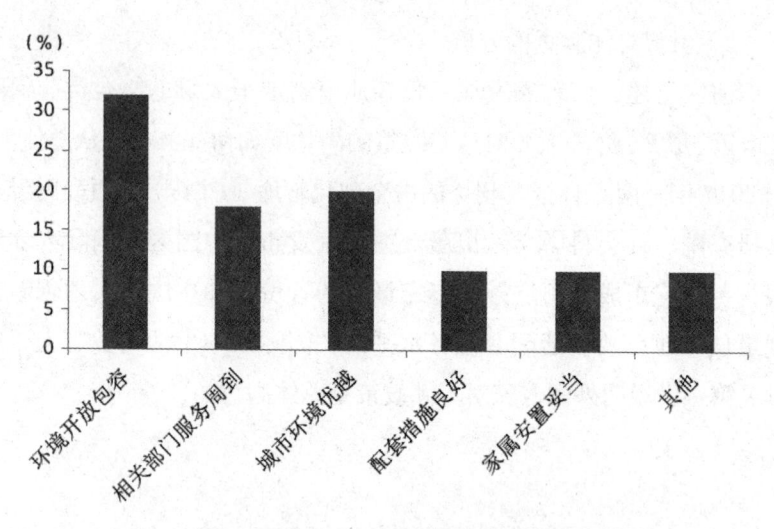

图 8　受访者对广东省人才政策满意的原因情况图

受访者主要对珠三角创新环境的开放包容程度感到满意。在广州科学城创新大厦里，2006年诺贝尔生理学或医学奖得主克雷格·梅洛教授每年都有几个月会在锐博生物的实验室开展研究。他带着团队正在研究如何通过技术手段让致癌基因"沉默"和"睡眠"，开辟癌症治疗新路。"我喜欢来广州，来发现机会。同时鼓励我身边的朋友来广州寻找合作，也希望带领更多的广州科研人员走向世界。"克雷格·梅洛表示。

诺贝尔物理学奖获得者乔治·斯穆特的团队携空气检测项目现身广州南沙，并在此落地生根。2011年诺贝尔经济学奖得主托马斯·萨金特也多次到访珠三角。

美国冷泉港实验室地处纽约湾区，曾诞生过8位诺贝尔奖得主，在世界上影响最大的十大研究学院中名列榜首。美国冷泉港实验室总裁兼首席执行官布鲁斯·斯蒂尔曼表示，科学和科学家的合作都是跨地区、跨国家的。广东有很多有才华的年轻人，而且在中山大学及其附属医院、广东省人民医院、香港大学等高校、医院设有很好的研究机构。"我认为如果能有良好的环境和机会给年轻人在中国做科研，这将会对全世界人类有益。"

但是，受访的海外人才也同时指出，广东的人才政策和北京、上海相比并没有特别的优势，有时甚至滞后。例如，来自希尔顿的扒房经理大卫就表示，2017年北京和上海已率先试点外国人就业兼职合同，而广东至今也并没有开始试行这一政策。

2017年，在境外人才职业结构方面，广东合同聘请境外专家占比最高，居全国首位，达65.81%；工作签证入境境外专家占比69%，排在全国第四位，在一定程度上反映了来粤工作的境外专家与单位建立了相对长期稳定的合作关系。

2. 引智政策均衡性分析

本文将广东近5年出台的人才政策进行了分类（分类简介已在第一章第三节说明），按照政策制定的目的分为引进类、培养类、评价类、流动类、激励类、保障类、综合类的数量分别是3项、4项、7项、1项、4项、10项、11项。广深和其他珠三角六市的数量分别是7项、6项、8项、3项、6项、15项、16项，合计如下图所示：

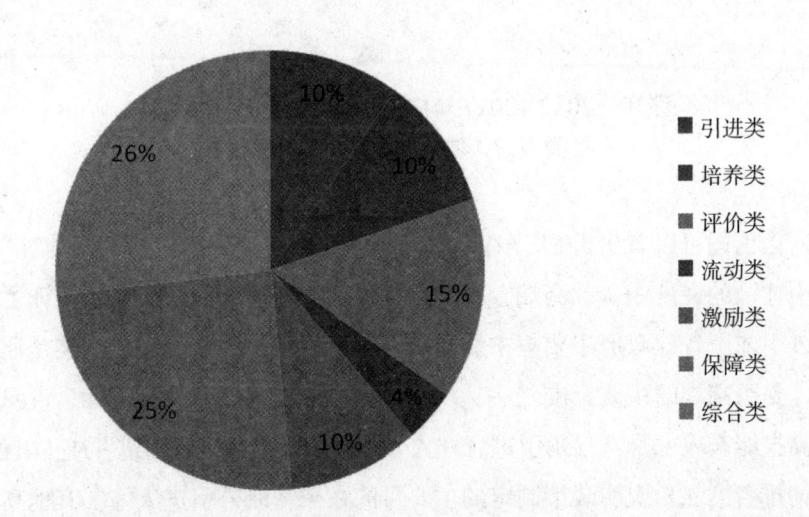

图9　2012—2017年广东省及珠三角各地市制定的引进人才政策类型图

从上图可以直观地看出，横向来看，综合类人才政策和保障类人才政策的数量远高于其他5类，占人才政策总数的51%；流动类和激励类的人才政策非常少，仅占人才政策总数的4%和10%。由此可见，广东省及珠三角各地市近5年人才政策类型分布以综合类、保障类政策为主，流动性人才政策极其缺乏。7种政策类型分布的不均衡在客观上造成了人才流向的单一性，人才政策也缺乏灵活性。

在此基础上，调研组还对这些政策出现的词频进行了分析，发现出现频率最高的引才关键词如下图所示：

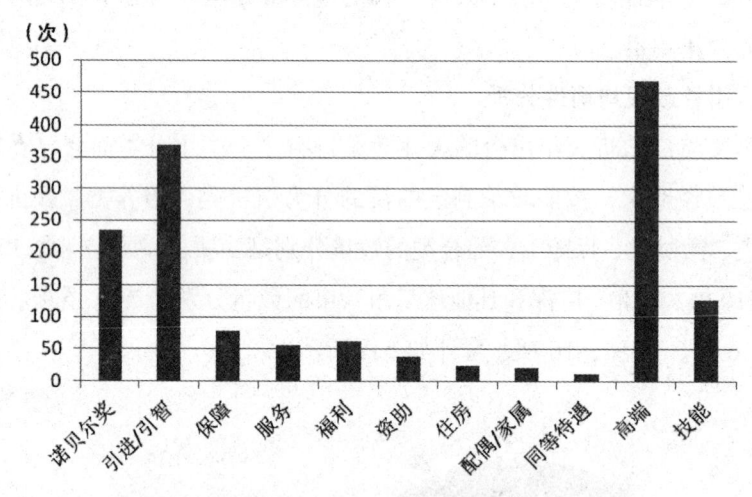

图10　2012—2017年广东省及珠三角9市出台的
主要引进人才政策类文本高频词分布

由上图可以看出，在广东省及珠三角9市近5年来出台的主要针对"海外引才"的文件中，"高端"和"诺贝尔奖"出现的频率很高，佐证了在海外引才上各地政府主要集中在高端人才，而且是否获得诺贝尔奖是证明人才是否高端的主要标准之一。"技能"一词出现频率位列第四，说明引进高技能人才也是珠三角引进海外人才的侧重点之一。"引进"或"引智"一词排名第二，说明政策制定的主要目的在于从海外引进人才。其他高频词则侧重于配套保障，"住房""福利""资助""家属配偶""同等待遇"等词榜上有名，从侧面说明了各地主要吸引人才的主要手段高度重合。

3. 引智政策创新性分析

从文本角度分析颁布的政策，无论是广东省级层面还是珠三角各地市层面，广东省的海外人才引进政策都敢于先行先试，多项人才政策为全国首创。例如，广东省 2015 年出台的《关于进一步改革科技人员职称评价的若干意见》"提出了 11 条操作性较强、含金量高的'干货'，多项措施为中国率先"。广东省还通过放宽来粤工作时间要求，取消年龄限制，吸引海外"高精尖缺"人才来粤工作。通过实施博士后国际交流计划、"双短"柔性引才等创新性做法，吸引外籍（境外）和有留学经历的博士毕业生、华人华侨来粤工作，集聚储备了一大批中青年高层次国际人才。自 2016 年 8 月 1 日起，广东省实施支持广东自贸区建设和创新驱动发展的 16 项出入境政策措施，为外籍高层次人才和创新创业人才提供了出入境和停居留便利。

珠三角各地市也在同步发力。广州市 2016 年初制定了《关于加快集聚产业领军人才的意见》，并出台了国内首创的"外籍人才绿卡"政策。2017 年，广州市又出台了《广州市鼓励海外人才来穗创业"红棉计划"》，拟在 5 年内每年引进并扶持 30 个海外人才来穗创业项目。深圳市制定了引进高层次海外留学人才的"孔雀计划"。珠海则首创重奖科技人才，仅 9 个月就收到了 500 多名留学生的来信。

此外，珠三角多地还出台了多个政策为人才制度"松绑"。例如，广州市致力于搭建全球引智网络——在广东省海外高层次人才工作站 2016 年的首场会议上，广州开发区与来自于悉尼、巴黎、东京、多伦多、硅谷、华盛顿、旧金山、纽约、伦敦、马德里等地的 10 个海外人才工作站签署了海外引才合作意向书，搭建连接全球的引才网络。深圳市将引才的触角直接伸向海外，规定在市政府驻境外、市外机构加挂人才工作站的牌子，增加驻境外人才工作站布点，赋予其招才引智工作职能。

东莞市规定外国专家需与用人单位签订合作协议或工作合同，且专家在签订协议和合同起一年内，在东莞工作时间累积不少于 30 天。在资金上，东莞市决定用 5 年时间，每年安排财政投入 4,400 万元，目标到 2020 年，技能人才总量达到 100 万人，培养电商创业人才 10 万人，开展企业技能人才评价 1 万人，培养国际化技能人才 5,000 人等。同样的方法也见诸佛山市，佛山市南海区外各类职业技术院校若为南海输送高技能应届毕业生，满足一定条件的，每所职业院校每年最高可获 30 万元奖励。

但是，如图 10 所示，各地为人才提供的福利保障高度重合，说明了政策创新并没有体现各地市的地域化特征。而与长三角和京津冀两个中国主要的城市群相比，以上手段也并没有体现出明显的创新。

4. 引智政策执行情况分析

海外引智政策的执行也是非常重要的一环。如图 5 所示，珠三角各市出台的人才政策在数量分布上并不均衡，广深由于城市需要遥遥领先于其他各地市。在执行力度上，各市及各市所辖各区县情况也不一样。

从调研情况来看，各地市的海外人才受访者对人才政策的熟悉程度各有不同。在广州、深圳和珠海，多数受访者认为相关机构对人才政策做出了很好的宣传和推广。在佛山、东莞和中山，受访者对于人才政策的熟悉程度相对良好；在惠州、江门和肇庆，受访者对于人才政策的熟悉程度很一般。如下图所示：

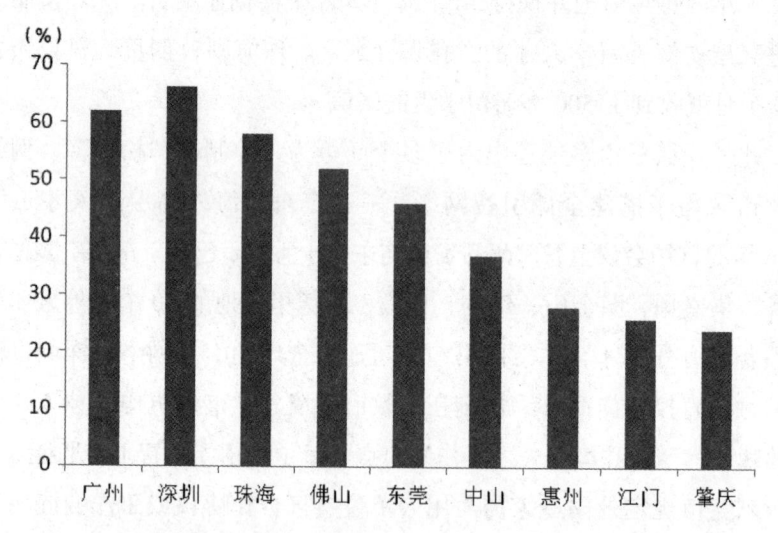

图 11　各地市海外人才受访者对广东省人才政策熟悉程度情况图
注：百分数代表基本熟悉的占比。

从调研结果看，在各地市，不同区县的受访者对于人才政策的熟悉和感知程度又有不同。如在广州南沙，来自德国的工程师 Domnick 表示经常会有人才及家属政策的宣讲，对政策基本了解；在深圳前海，来自澳大利亚的法律咨询从业者 Peter Feng 对当地人才法律、法规了如指掌。而同样在广州，白云区的广东外语外贸大学西语学院教授多明戈兹则表示相关程序基本交由校方办理，他对此知之不多。相似的情况也见诸珠三角九市。

（二）存在的问题及原因

作为改革开放的试验田、排头兵，广东省在海外人才引进方面起步较早。早在1983年，广东省委省政府率先成立"广东省引进国外人才领导小组办公室"（省引进办）和外国专家局，并于1984年颁发《关于做好广东省引进国外、港澳地区人才工作若干问题的规定》，对广东省引进国外及港、澳、台智力的重点、渠道、形式、计划管理，以及对引进专家的工作安排、生活待遇、组织领导等问题做了具体规定。这是指导广东省做好引进国外及港澳台地区人才工作的第一个重要文件。进入新世纪，在全球化以及科技、经济竞争日趋激烈的背景下，海外引才上升为国家战略，引才政策逐步向体系化发展。在引进海外高层次人才的工作中，中央和地方各级政府纷纷出台引才政策，实施引才项目。这些专项计划对于吸引海外高层次人才起到了积极的作用。经过30多年来的发展，珠三角地区，尤其是广州、深圳等重点城市，基本上已经形成了较为成熟的引才体系并形成了一整套相关的人才政策。但是，在引才工作不断深入发展的同时，机制运行不畅、政策红利削弱、创新不足、缺乏错层等问题仍然存在。

1. 政策创新性、主动性不足

从纵向来看，与国家层面出台的海外引才政策内容对比，目前省、市级制定的引才政策更多的是"向上看齐"，保持自上而下的统一。地方各级的引才政策实际上是国家层面各类引才政策的复制和延伸，没有根据区域发展特点和需求进行进一步细化，实现地域差异化，难以体现出地区的政策优势和特色。尽管广东省曾经出台过不少具有一定创新性的人才政策条款，但当前大部分政策的制定均是在国家相关人才政策出台后制定的，前瞻性和主动性不足。广东省应该继续鼓起作为改革开放排头兵敢为人先的勇气，发扬锐意进取的精神，结合粤港澳大湾区的区域创新发展和战略布局，利用好自身地区特点和区位优势，在人才政策上多做研究创新，担当起"四个走在全国前列"的时代使命。

从横向来看，各地区为了在引进人才的竞争中取得优势，在引才工作中相互对标，有意或无意之下复制过去及竞争对手的成功做法，尤其是着力于物质待遇等方面的政策优惠，一定程度上造成了政策的趋同化现象，容易出现在政策标准上互相攀高、待遇加码和脱离地区实际盲目引进的情况。

2. 评价机制有待进一步完善

评价是人才引进的首要环节，直接决定引才的质量和效果。人才评价标准对引进人才的领域、层次等起着决定性的作用。

目前珠三角主要城市中，深圳对"海外高层次人才"的界定和标准最为明确：深圳在2016年对《深圳市海外高层次人才认定标准》做了修订，将海外高层次人才划分为A、B、C三类，除科技创新人才之外，也包括文化艺术类人才的标准界定。广州目前沿用的是2008年出台的《关于鼓励海外高层次人才来穗创业和工作的办法》中的规定，其中统一的"硬杠"是在海外获得博士学位，并且引进后每年在本市工作一般不少于9个月；中山（《中山市引进海外高层次创新创业人才暂行办法》，2012年）、惠州（《来惠创业的海外和留学人才资格审核实施细则》，2013年）的标准与广州近似；珠海并未针对海外人才出台界定标准，却在作为"蓝色珠海高层次人才计划"的配套办法、于2014年推出的《珠海市高层次人才评审办法》中对高层次人才进行了界定。

从上述可见，在当前珠三角主要城市的人才引进过程中，对人才的评价维度主要还是局限于学历、职称、资历、身份等传统人才观的人才评价机制，未能很好地体现人才的综合能力和专业水平，一些特殊人才、专门人才、创新人才可能无法享受到政策的优惠。随着经济、社会的发展，社会对各类人才的职业化、专业化要求越来越高，而人才成长成才的渠道也日趋多元化，因此对人才的评价方式和评价模式也应该采取多元化运作机制，不能仅依靠学历、职称、身份这些硬指标进行评价。另一方面，虽然近年来随着海外引才机制的不断完善，政府、专家、市场多方参与的格局基本形成，但人才评价的政府主导色彩依然浓厚，参与人才评价的市场组织和社会组织的发展跟不上，存在评价主体结构单一、评审专家人员构成单一等问题，难以全面、科学、专业地评价人才。受制于评审难，往往倾向于用各种硬指标或简单地用成果代替业绩进行评价，甚至出现"外行评价内行"的情况。因此，在人才评价主体方面，同样也应该向多元化方向发展：对于创新型人才的评价需重视"专家选人"，专业评审中的专家不能仅参考其所属机构的知名度及专家自身知名度等因素，更要考虑专家研究专长，并适当引入具有海外背景的专家参与，保证主体的公平性；而对于创业型人才的评价则应突出"市场选人"，让更多的市场主体参与进来。

3. 人才政策的类型不均衡，缺乏灵活性

从前述分析来看，广东省及珠三角各地市近五年人才政策类型分布以综合类、保障类政策为主，流动类、激励类的人才政策较为缺乏。政策类型分布的不均衡在客观上造成了人才流向的单一性，人才政策也缺乏灵活性。

海外人才，特别是高层次人才是一种稀缺性资源，在各地人才工作考核中占有很重要的分量，因此各地往往不惜出台重磅政策，不断抬高政策优惠幅度。这种短期的、靠"拼资金"的引才模式对政府财政依赖性大且易于复制，相当于"价格战"，难以形成真正的竞争优势——当其中一个城市出台了项目资助政策，成果转化奖励，解决住房、户口、子女就学等优惠政策时，另一个城市为争夺人才资源，往往会出台相似的甚至更优惠的政策，各地在配套政策上竞相加码，导致引才成本大幅提高。而由于各地信息不对称，一些海外人才多头联系、待价而沽，增加了人才引进的内耗成本，使政策效益大打折扣。

目前广东的人才政策类型以综合保障类为多，解决生活方面的问题情况较好，但在科研、创业方面等阶段支持不足。相比较而言，内地的重庆市则通过积极开拓高层次人才合作交流平台，依托中国国际人才市场重庆市场、市人才交流服务中心，大力开展人才交流工作，建立"中国 - 乌克兰创新成果转化中心""中国 - 匈牙利两江创新创业中心"等6

个合作平台。在创新创业方面，重庆市政府积极与人社部共建"中国·重庆留学回国人员创业园"，共同搭建了留学人员创业平台，形成了就业创业的良性发展。

此外，引才政策的对象主要集中在高端、超高端人才，导致同一群体为数不多的高端人才重复享受多项资助。虽然高端人才可以发挥领军作用，但经济发展需要有多重结构的人才梯队支撑，相关引才政策也应该适当形成错层，朝普适化的支持机制发展。

4. 市场主体作用不明显

人才资源是第一资源，其流动配置也应由市场机制起决定性作用。但目前政府层面的引才政策很少关注能否落实到具体的企事业等用人单位。另一方面，企、事业单位等用人主体提出具体的人才需求需要层层向各级政府申请，市场和用人单位作为人才需求主体的作用没有得到充分体现。

5. 服务仍未形成比较优势

各地区之间的人才引进的竞争主要是比拼谁能提供更好的人才服务。目前，除了海外人才服务保障方面，依然是政府唱主角，行政化色彩较浓。过去海外人才数量少，政府可以提供"保姆式"的服务，但随着引进人才多样化，政府直接提供的人才服务已经越来越难以满足海外人才多元化、个性化、高端化的需求。面向海外人才的服务保障包括基础性的公共服务和个性化服务。其中基础性公共服务的部分，包括户籍、出入境、住房、社会保障、医疗、子女入学、配偶安置等应主要由政府承担。由于国内社会公共服务体系尚未完全实现国际化对接，除了广州、深圳部分地区，其他地区与长三角、京津冀地区以及部分内陆城市相比未能形成优势。另一方面，对于海外人才高端化、多元化的服务需求，目前可以提供的市场化专业性服务不足——虽然政府出台了一系列面向海外人才的优惠政策和服务，但仅靠政府和用人单位的人事管理部门去了解和办理这些优惠政策和服务，效率不高，一定程度上也成为政策优惠无法兑现的原因。因此，应当大力发展市场化、专业化的人才服务，通过市场上的专业机构提供这方面的服务，可以降低用人单位的管理成本，与政府服务形成相互补充，满足海外人才的个性化服务需求。

6. 统筹力度不足

海外人才引进工作是一项复杂的系统工程。从初期的对接洽谈，到落户后的政策扶持、服务保障，涉及组织、财政、人力资源与社会保障、土地、工商、税务、教育、科技等多个部门，统筹协调难度大。国家层面相关职能部门各自根据本行业和领域的人才需要以及公共服务职能，出台了海外人才引进相关的激励和优惠政策。这些政策涉及不同部门，但由于衔接协调机制不畅，政策之间缺乏协同、整合和配套，"碎片化"问题较为突出，容易导致资源分散和重复投入、政策难以落地执行。这个问题在地方层面也同样存在。而早在2006年12月，京津冀地区就召开了人才开发一体化联席会议，并且签订了《京津冀人才交流合作协议书》《京津冀人才代理、人才派遣合作协议书》《京津冀人才网站合作协议书》三份实质性交流合作协议书，使区域人才合作领域进一步得到拓宽，区域人才合作力度持续不断地加强。这些协议书不仅推动了当地原有的人才交流活动，同时为海外引智打下了坚实的政策基础。同时，这些协议具有相对的法律约束力和政府公信力，大大地提高了对海外人才回归祖国做贡献的吸引力。京津冀地区也建立了区域间的人才共享机制，这是该地区推动人才合作交流的重要方式。人才的高度流动合作，不仅提高了用人的效率——人才可以在甲地完成甲地的项目，随后到乙地再次完成同样的项目，也有效缓解了区域间人才结构性矛盾所产生的人才短缺问题。为了解决人才的流动问题，京津冀地区破除了医疗、住房、社保、职称等人才流动体制壁垒，畅通了合作引进海外高层次人才智力的渠道，从而为三方合作引进海外高层次人才智力提供便利。

三 对策及思考

（一）制定针对性更强的引才政策，弥补现有特定领域人才的不足

1. 从短期刺激转向长期运作，建立长效机制

各地应该先针对自身特点、区位优势、未来发展方向，综合考虑需

要什么样的人才、哪一行业的人才，然后有针对性地吸引人才，比如可以考虑通过建立海外"引智"人才数据库。各地市政府可根据自身发展的项目或产业，从长远角度来看如何制定出一个完整的政策体系，确定本地需要哪一类人才，并为人才创造环境，适应人才的发展。吸引人才是大趋势，市场的作用不可忽视，单靠制定政策无法解决本质问题，应该鼓励以市场手段为主。政府的支持作用和市场作用应该是良性互利关系。

制定一些有利于长效人才储备的政策，并在执行的各个环节上提高效率。以在华留学生的开发利用问题为例，虽然根据中央引进人才的文件，留学生在华取得硕士学位可以在中国工作，但如何实行、如何解决工作签证，还没有真正操作。为此，要尽快出台鼓励外国留学生在中国工作的政策。同时，在留学生回国方面，应该逐步放宽放松政策。中央政策在各省市如何落实执行、如何根据区域特点制定落实方案，直接影响成效。

2. 资助对象从集中在高端人才转变为重视多结构层次的人才群体

政府应该加大力度促进经济的流动，促进资源配置人才流动。需要改变一些不太合理的规则，拆除一些门槛，促进人才的良性流动。这一定程度上能弥补一些规则的不合理性和资源的缺失，促使人才多层次地、梯队式储备。比如，从一线城市到二三四线城市的侧重点设计方面，需要有整体的策略，有统筹的考虑。

除了关注从事科研、教学、工程技术、金融、管理等工作并取得显著成绩的人才，为了吸引国内急需的其他高级管理人才、高级专业技术人才、学术技术带头人以及拥有较好产业化开发前景的专利、发明或专有技术等高端人才群体，各级政府需要跟企业和市场紧密结合，加强人才供求的信息互通和策略研究，根据产业发展需要制定多层次海外人才引进的灵活政策，比如在企业税收、引智政策性补贴、住房及教育优惠等方面针对多层次人才群体，落实相应的细则和松动条件。除了政府各驻外使领馆和有关驻外机构高度重视海外引智工作外，可以考虑对猎头或者人才市场机构出台激励办法，利用市场因素为海外引智打开新的局面。

（二）探索出台更具世界性、灵活性、创新性的人才政策

加强人才发展软环境的建设，增加文化和社会关系方面的吸引力，推动人才融入当地的社会资本网络，更多地凭借开发经济形象、精神文明形象、地域优势以及富有活力的体制和政策创新形象来吸引人才、留住人才。比如，国务院印发《实施〈中华人民共和国促进科技成果转化法〉若干规定》，让人才合理合法地享有创新收益。上海、河北等地先后出台关于进一步促进科技成果转移转化的配套文件，积极探索市场配置人才资源的规律和方法。这些规定对海外人才群体也有很大的影响，确实需要细化更具灵活性和创新性的政策推动他们的积极性。如爱尔兰在2015年开始跟加拿大、美国、以色列和英国争夺软件工程师、数据分析师和程序员等领域的高级人才，在工作签证、永久落户、人才家庭团聚、配偶工作许可等等方面提供便利。大连市政府"实施海外优秀专家集聚计划"每年引进海外专家1000人次，遴选引智项目100项，推广引智项目成果10项。海外专家项目获市级立项的，给予10万元—100万元资助；获国家和省里立项的，予以1:1资金配套支持；获成果示范推广的，给予10万元—50万元资助。又如北京海淀区中关村创业大街的"外籍人才服务窗口"，正是人才管理改革的具体举措，旨在为外籍人才提供包括企业注册、知识产权、法律服务、投融资服务等一系列支持。这些示范性的做法，向全世界释放了集聚创新创业人才的信号，有助于提升中国对国际人才的吸引力和凝聚力。

（三）人才服务更具有国际标准

引进了海外人才之后，不能轻视服务工作，需要竭力做好这些人才的安置与使用，做到留得住人才、用得好人才。比如，绝大多数留学人员选择回国工作，特别是一些高层次留学回国人员，并不完全是为了提高自身物质待遇，更主要是为了追求事业的发展和自我价值的实现。我们要改善工作生活环境，促进人才发展，最终使海外高层次人才能做到人尽其才，才尽其用。目前有一些地方已经设有优秀专家工作站、创新助力服务站、高校创新助力联合体等合作机构，实施专家服务基层计划，制定市级专家服务基地、专家服务基层示范项目资助政策。但是，专门

针对海外引智的服务，还有比较大的提升空间，比如针对文化差异、海外人员对国内工作环境或生活等方面"水土不服"的这些服务没有常规化、比较长久的策略。

（四）加强人才政策的评估

因为目前的海外人才政策是非规范性法律文件，具体实施难度比较大，或者说有些规则可操作性不强，各文件间也许会出现法律冲突，留学回国政策还存在重引进轻使用现象。在引进海外留学人才时，需要避免偏重采取改善待遇、物质刺激的方式，仅仅用功利化色彩浓厚的"封官"与"许愿"方式招揽人才，缺乏人才使用的软环境保障的重视和创设条件。因此，有一套完善的、规范化的评估系统尤其重要。这需要政策颁布和执行部门针对海外人才的实际情况，健全海外人才政策的评估机制。这样，也有利于避免因为引才政策标准的竞争激烈而趋向同质化，导致一味拼资金、拼优惠政策的情况出现。

（五）加强粤港澳大湾区区域合作引才，建立人才环流体系

在粤港澳大湾区建设的战略背景下，湾区内应该牢牢把握住区域合作的契机，利用湾区政策优势，搭建粤港澳人才环流体系，形成有利于湾区产业链发展的战略部署，尤其是在海外引智方面向港澳借鉴经验时，要促进内地科研人才和海外人才的良性流动。可以预见，湾区发展必定求才若渴。香港更是推出了为期三年的"科技人才入境计划"等吸入专才的新计划，也采取了"规定申请的科技公司及机构，每聘用三名非本地人士，便须聘用一名本地全职雇员和两名本地实习生，从事科技相关工作"这些相应的办法保障本地人士的就业机会和科技人才的培养。大湾区内的城市有很好的互补性，随着湾区各方面发展的融合，各类人才转化的创造力会辐射到更广泛的地区，推动优化引智的大环境，带动整个区域的发展。

参考文献：

陈建新、陈杰、刘佐菁：《国内外创新人才最新政策分析及对广东的启示》，《科技管理研究》2018年第15期。

陈思勤、朱伟良、罗湛贤：《诺奖得主争夺战 珠三角如何打赢加速一流科技人才和创新资源流动》，《南方日报》2017年12月29日。

杜红亮、赵志耘：《中国海外高层次科技人才政策研究》，中国人民大学出版社2015年版，第96—100页。

顾承卫：《新时期我国地方引进海外科技人才政策分析》，《科研管理》2015年第1期。

刘玉雅、李红艳：《京沪粤苏地区人才政策比较》，《中国管理科学》2016年第11期。

刘佐菁等：《广东近10年人才政策研究——基于政策文本视角》，《科技管理研究》2017年第5期。

广东省地方史志编纂委员会：《广东省志政权志》第4篇第4章第2节，2003年第1版。

广州年鉴编纂委员会：《广州年鉴》，广东人民出版社1993年版，第553—554页。

广州年鉴编纂委员会：《广州年鉴》，广东人民出版社1994年版，第472—473页。

大连市科学技术局：《对市政协十三届一次会议第0438号提案的答复函》，大连市政府门户网站2018年7月12日，http://zwgk2017.dl.gov.cn/xxgk/zxta/230285.jhtml。

Gordon Hunt, "Ireland's timely battle to attract talent from overseas", Thesiliconrepublic, March20, 2015, https://www.siliconrepublic.com/jobs/irelands-timely-battle-to-attract-talent-from-overseas.

论历史名人资源与城市形象建构和推广
——基于中山、茂名、惠州三地的调研

池溶 叶倩儿 裘蓓蓓 刘佳 谢杭丽[*]

【摘要】 历史名人是历史文化的缔造者和继承者，充分挖掘城市历史名人资源和精神内核，对城市形象的建构和推广有重要的意义，因此各地的名人争夺战和历史名人资源开发屡见不鲜。如何更好地利用历史名人来打造城市形象，成为摆在许多城市面前的问题。本调研以中山、茂名和惠州为例，通过分析、归纳、总结，管窥三市在挖掘名人文化遗产方面的共性和特点，总结经验和不足，并给出相应对策和建议。

【关键词】 历史名人；城市形象；文化环境

一 引言

在全球化的浪潮下，城市竞争越发激烈，从经济、科技等"硬实力"的比拼转向文化"软实力"的角逐。为避免千城一面，许多城市纷纷挖掘当地的历史文化，对城市形象进行精心包装推广。历史名人是历史文化的缔造者和继承者，充分挖掘城市历史名人资源和精神内核，对城市

---

[*]【作者简介】池溶，女，茂名晚报采访中心记者；叶倩儿，女，中山广播电视台全媒体编发部主任助理；裘蓓蓓，女，惠州市广播电视台时政新闻部《午间新闻》栏目编导；刘佳，女，广东外语外贸大学新闻与传播学院硕士研究生；谢杭丽，女，广东外语外贸大学新闻与传播学院硕士研究生。

形象的建构和推广有重要的意义，因此各地的名人争夺战和历史名人资源开发屡见不鲜。如何更好地利用历史名人来打造城市形象，成为摆在许多城市面前的问题。

近年来，中山、茂名和惠州三个城市为适应自身快速发展的需要，当地政府不遗余力地利用历史名人对城市形象进行再包装、阐释和定位，相继取得了不错的成效。其中，中山市作为民主革命先行者孙中山先生的故乡、全国唯一以伟人名字命名的城市，通过深入实施"孙中山文化工程"，让孙中山人文资源和精神财富得以创造性应用，转化为推动中山发展和人民进步的精神力量；茂名市从昔日"南方油城"形象逐渐转变为今天的"滨海绿城"，同时传承和弘扬公元六世纪岭南俚人杰出首领冼夫人的"唯用一好心"精神，打造"好心茂名"新形象，推广"好心文化"，重塑城市生态；惠州市具有1,400多年建城史，名人辈出、文脉悠长，通过深入挖掘葛洪、苏轼、廖仲恺、邓演达、叶挺等名人资源，重新定位城市文化，指导城市发展的走向，进而塑造美好的城市形象。

本次调研将围绕中山、茂名和惠州三个城市在挖掘和利用本地历史名人资源的方法、成效和不足，采用资料分析、问卷调查、访问调查相结合的方法，通过分析、归纳、总结，管窥三市在挖掘名人文化遗产方面的共性和特点，总结出一些成功经验和不足，并给出对策和建议。

二 挖掘历史名人资源的意义

历史名人是一个民族的宝贵财富，是重要的文化遗产和资源，具有文化传承、教化民众甚至促进地区经济发展等多重价值功能。党的十八大以来，习近平多次论述中华优秀传统文化的思想内涵、道德精髓、现代价值和传承理念，形成了系统的传统文化观。在优秀传统文化的价值定位上，习近平强调"优秀传统文化是一个国家、一个民族传承和发展的根本，如果丢掉了，就割断了精神命脉"，指出"中华优秀传统文化是中华民族的精神命脉"，"中华传统美德是中华文化精髓，蕴含着丰富的思想道德资源"。① 在优秀传统文化的传承途径上,习近平强调要"加强对中华优秀传统文化的挖掘和阐发",从传统文化中提取民族复兴的"精神之钙",努力实现传统文化的"创造性转化、创新性发展",使之"在继承中发展,在发展中继承",并"与现实文化相融相通,共同服务以文化人的时代任务"。②

我国历史悠久,各地名人辈出。历史名人作为优秀传统文化的重要组成部分,对当地的形象塑造起着不可忽视的作用。在城市建设中借助名人品牌效应,有助于加强历史文化资源的深度挖掘和广泛弘扬,对吸取先贤思想智慧、赋予城市更高的文化品位、增强城市综合竞争力都具有深远意义。

1999年,山东威海市为发展当地旅游业,在央视投播了我国首个城市形象广告,在此后的十余年间,全国各地都开始不遗余力地打造自身的文化品牌和城市定位,城市形象的广告数量急剧增多,其中以历史名人作为城市形象的不在少数。需要注意的是,这种做法固然可以突出城市个性、提高城市知名度,但因此而引发的纠纷也不在少数。比如2009年因为"李白故里"而最终引发两国四地争抢纠纷,同一年山东滕州和河南平顶山也因"墨子故里"纠纷不断。而这些纠纷的起因,归根到底是历史名人给城市带来的经济效益。功利性的争抢,不但对城市宣传无益,反而会带来极大的负面效果。"若只是一味片面强调文化产业在经济发展中的物质推动作用,就必然会导致社会文化力量的薄弱和人文精神的萎缩。"③ 所以在推动自身历史文化名人资源的开发时,各地在选择和方法上都应该慎之又慎。

---

① 习近平:《习近平谈治国理政》,外文出版社2014年版,第10页。
② 习近平:《在纪念孔子诞辰2565周年国际学术研讨会上的讲话》,2014年9月24日。
③ 郭国昌:《发展文化产业切忌泛产业化》,《人民日报》2010年10月22日。

三 三地历史名人资源及城市形象推广的概况

（一）伟人故里中山市

民主革命先行者孙中山先生深深影响了中国近代以来的发展路向，并成为凝聚全球华人的精神纽带，孙中山思想和精神是中华民族珍贵的文化财富。中山市是孙中山先生的故乡、全国唯一以伟人名字命名的城市。孙中山文化可谓中山市的城市灵魂，是推广中山市城市形象的重要资源。在文化大发展大繁荣的环境下，中山市坚持以更高层面、更大力度推进孙中山文化工程建设，全面弘扬孙中山先生的思想与精神，推广文化旅游资源，树立文化品牌，塑造城市形象，凸显文化魅力，让孙中山文化基因得以进一步激活。经过多年的努力，有效增强了伟人故里的美誉度和吸引力。

1."孙中山文化"成为中山市第一城市品牌

2007年，中山市第一次提出"孙中山文化"概念。2008年，中山市委、市政府以一号文件《关于加快推进文化名城建设的意见》的形式，将孙中山文化工程列入八大文化工程之首。经过十年努力，孙中山文化已深入人心，成为中山市第一城市品牌，并上升为广东省的命题和国家命题。

据介绍，2010年7月23日，广东省委、省政府印发了《广东省建设文化强省规划纲要（2011—2020年）》，其中将"孙中山文化节"列入重要项目。2011年的广东省政府工作报告中也强调"筹办好纪念辛亥革命100周年活动，弘扬孙中山文化"，孙中山文化成为广东省的命题。

2015年11月11日，纪念孙中山诞辰149周年"孙中山文化"专题研讨会在人民政协报社会议室召开。出席研讨会的全国人大常委会原副委员长、民革中央原主席周铁农在讲话时赞成"孙中山文化"的提法，建议对孙中山文化进行深入研究。他指出，研究孙中山文化要为"振兴中华"和"祖国统一"服务，这也是孙中山先生当年为之奋斗的目标。中山市为伟人故里，对"孙中山文化"的发扬需发挥应有作用，可谓责无旁贷、使命光荣。以此为标志,孙中山文化逐步上升为国家命题。①

2. 成功创建省内第一个以文化为品牌的国家 5A 级旅游景区

孙中山故里旅游区是中山市重要的历史名人文化旅游资源。该旅游区坐落在广东省中山市南朗镇翠亨村,东临珠江口,西靠五桂山,毗邻港澳,距中山市城区约 20 公里,距广州城区约 90 公里,隔珠江口与深圳、香港相望,总面积达 3.15 平方公里。2016 年 11 月 4 日,孙中山故里旅游区被国家旅游局授予国家"5A 级景区"牌匾,是中山市首个、广东省内第 12 个国家 5A 级旅游景区,也是广东省内第一个以文化为品牌的国家 5A 级旅游景区。

孙中山故里旅游区涵括孙中山故居纪念馆、翠亨村、中山城、辛亥革命纪念公园和犁头尖山五个核心景区,全方位呈现了孙中山的出生和成长环境、革命活动及相关历史遗迹。其中,孙中山故居纪念馆是以全国重点文物保护单位孙中山故居为主体的人物类纪念性博物馆、国家一级博物馆,成立于 1956 年,目前管理范围 20 万平方米,从业人员 135 人,是孙中山故里旅游区的核心景区。长期以来,该馆在保护管理好孙中山故居的同时,坚持保护文物环境,以真实性、完整性、原生态的原则,整体保护了一座以伟人为背景、具有很高文化价值的村庄,并对其实施有效管理和合理利用,形成以"孙中山及其成长的社会环境"为主体,物质文化与非物质文化遗产相结合,兼具历史纪念性、民俗性的展示体系。②

2004 年 12 月,时任中共中央总书记、国家主席、中央军委主席胡锦涛同志在孙中山故居纪念馆视察时,就曾作出"你们保护得很好"的高度评价。2013 年,在国家文物局公布的国家一级博物馆运行评估结果中,孙中山故居纪念馆综合总分排名全国第 19 位,在"纪念馆"类别中总分排名全国第一,并由此获得了"全国最具创新力博物馆"的荣誉。

---

① 侯玉晓:《孙中山文化 中山第一城市品牌》,《南方都市报》2018 年 11 月 16 日。
② 孙中山故里旅游区官网:http://www.sunzhongshanguli.com/。

论历史名人资源与城市形象建构和推广 203

图1 孙中山故居纪念馆正门

图2 孙中山故居

图片来源：孙中山故里旅游区官网。

3. 游客量日益增长[①]

孙中山故里旅游区成功创办国家 5A 级景区以来，近两年游客量日益增长。据孙中山故里旅游区管理中心统计，2018 年国庆假期孙中山故里旅游区总游客量为 268,641 人次——其中故居游客量 142,921 人次，中山影视城游客量 25,675 人次，辛亥革命纪念公园游客量 100,045 人次（此

---

① 孙中山故里旅游区管理中心：《孙中山故里旅游区工作简报》2018 年第 26 期。

数据为故居游客量 70% 的测算值，下同），同比 2017 年国庆游客量增长 29.6%。中山影视城营业收入 120.3 万元，同比 2017 年 78.5 万元增长 53.2%。值得一提的是，本次国庆假期中山城推出了"首届狂欢嘉年华"夜场活动，七天共吸引了游客 6,080 人次，额外创收 13.8 万元。

	10月1日	10月2日	10月3日	10月4日	10月5日	10月6日	10月7日	10月8日
2018年	48264	72112	51564	39978	29166	16888	10669	
2017年	18477	34219	41729	37819	26241	23270	15668	9885

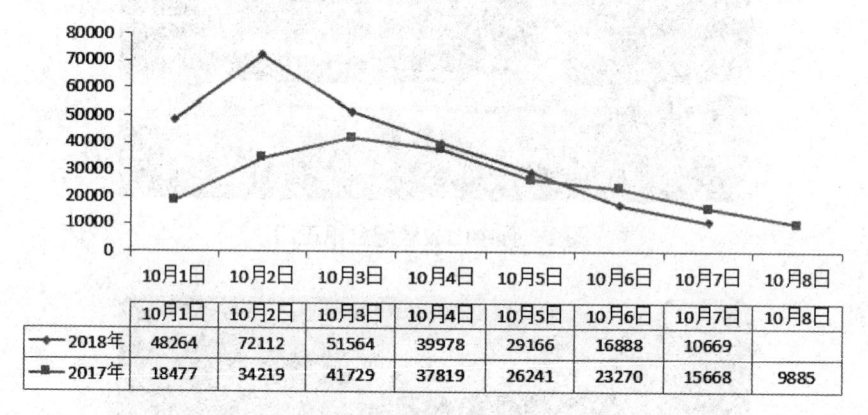

图 3　2017—2018 年国庆黄金周游客量情况（单位：人次）

表 1　　2017 与 2018 年国庆黄金周各景点游客量情况（单位：人次）

日期	故居 2017年	故居 2018年	中山影视城 2017年	中山影视城 2018年	辛亥革命纪念公园 2017年	辛亥革命纪念公园 2018年	犁头尖山 2017年	犁头尖山 2018年	合计 2017年	合计 2018年
1日	10017	25511	1212	4895	7012	17858	236	—	18477	48264
2日	17948	38986	3200	5836	12564	27290	507	—	34219	72112
3日	22140	27390	3500	5001	15498	19173	591	—	41729	51564
4日	19870	21214	3280	3914	13909	14850	760	—	37819	39978
5日	14068	15344	1800	3081	9848	10741	525	—	26241	29166
6日	12520	8704	1400	2091	8764	6093	586	—	23270	16888
7日	8415	5772	920	857	5890	4040	443	—	15668	10669
8日	5219	—	500	—	3654	—	512	—	9885	—
合计	110197	142921	15812	25675	77139	100045	4160	—	207308	268641

备注：受台风"山竹"影响，2018 年国庆黄庆黄金周犁头尖山围蔽施工，不对外开放。

据孙中山故里旅游区管理中心工作人员介绍，2018 年国庆假期孙中山故里旅游区游客呈现三大特点。

一是散客与团客人数相比，散客人数居多。

二是入场观众以省内周边城市游客居多，省外游客也以周边省市为主，自驾游是主要出行方式。根据节日期间管理中心随机对453名游客做的问卷调查结果显示，共有282名游客以自驾车方式到达景区，占比62.2%。

三是2018年游客最高峰值出现在10月2日，为72,112人次，创景区历史新高，并超过景区日最大承载量6.5万人次。其中故居当天游客量为38,986人次，已超过其日最大承载量值3.3万人。同日下午1:30—4:00，园内瞬间游客量超过11,000人，亦远超其核定游客接待上限值6,800人。面对这种情况，景区及时启动《游客高峰时段客流控制管理方案》，确保了景区、游客的安全以及服务质量。

据分析，2018年国庆假期游客量大幅提升的主要原因有几个方面。

一是天气原因。本次国庆期间中山天气晴朗，秋高气爽，十分适合市民游客外出游玩。

二是前期宣传充足。国庆节前一周，孙中山故里旅游区的三个微信公众号，包括"孙中山故里""孙中山故居纪念馆"和"中山影视城有限公司"，共发布了13篇相关微信推送，包括活动预告、景区工作简讯等，相关内容还得到了"中山发布""中山旅游"、《中山日报》、中山网、中山广播电视台等市级主流媒体的关注和转发。省旅游局官方公众微信号"广东旅游"更是将孙中山故里旅游区作为国庆广东十大旅游精品线路之一进行推广，充足的宣传为节日打下了坚实的基础。

三是5A级景区效应的持续提升。孙中山故里旅游区一直着重于5A级景区宣传和服务提升的工作。长久的"内修外炼"让景区具有较高的服务水平和良好的口碑，在本次国庆假期厚积薄发，从而带来了游客量的大幅提升。

（二）好心之城茂名市

1. 油城蜕变

茂名因油而兴，"油城"这一形象始于20世纪60年代，不仅为外人所熟知，而且也扎根在本地人心中。1954年，国家派出130钻井队进驻茂名，在勘探3年后发现了一个适宜大型露天开采的油页岩矿，可年产100万吨原油，可供开发100年。为建设露天矿，上万名从五湖四海聚集而来的科技人员、技术工人和民工变成现代"愚公"，靠"锄头畚箕加扁担"和"肩挑手提板车拉"拼命挖矿，毫无怨言。露天矿周边的居民也非常支持油页岩矿开采。据《人民日报》报道，1958年至1960年三年间，先后在矿区、页岩油厂区外迁36个村庄、8,600人。从1962年正式投产至1993年1月停产，茂名露天矿累计开采油页岩1.02亿吨，生产页岩原油292万吨，为我国甩掉"贫油国"帽子做出了积极贡献。[①]

"油城"这一城市形象对于茂名来说蕴含着团结、坚韧、拼搏、无私奉献的精神，但也伴随着污染和破坏环境等负面印象。20世纪90年代，油页岩开发逐步停止后，露天矿几经承包转手，私人企业主不计后果肆意开采，有的地方甚至被当成填埋废渣的垃圾场，加上过去开采向外排弃的表土和提炼石油后剩下的岩渣，整个污染面积加起来达20平方公里。因为污染问题，露天矿周边的村子的生活苦不堪言，社会治安也日益恶劣。直至2013年12月31日，茂名露天矿移交至茂名市政府。

偌大的矿坑是茂名城市形象上急需修补的一个伤疤。党的十八大以后，茂名市委、市政府在"五位一体"新发展理念的指导下，经过数十次现场调研和科学论证，下定决心放弃高岭土、煤炭等带来的巨大采矿收益，进行环境综合整治，建设生态公园，把宝贵资源留给子孙后代。2013年6月，茂名市政府对露天矿确立了"引水、种树、建馆、修路"的生态修复工作思路，引入高州水库水使矿坑湖死水变活水，改变矿坑湖水质，改善周边8,800多亩农田灌溉条件，为城区增加了一个面积约6.8平方公里的美丽湖泊；2014年开始，通过政府投入和发动社会捐资办法，完成了约8,000亩、40余万株的复绿工程；2014年底，公园路网分三期实施建设；2016年，40公里的环湖公路已全线贯通；2015年利用矿区原有旧厂房改建博物馆……

---

① 郭舒然、贺林平：《广东茂名"城市伤疤"变身生态公园——中国第二大露天矿坑的第二春》，《人民日报》2018年2月2日。

2013年是茂名城市形象转变的关键一年。整治露天矿，只是茂名市坚持贯彻全面推进绿色发展的成功范例之一。茂名的母亲河小东江是2014年7月被列入全省重点整治的"四河"之一。通过一系列铁腕治水的措施，截至2017年，小东江连续三年实现年度整治目标，是全省"四河"整治中唯一连续三年水质达标的河流。2013年以来，茂名市先后出台污染天气应对、大气污染防治攻坚等综合防治方案，健全环保工作统筹协调机制，高位部署推动，细化责任措施，全区域开展源头防治行动，取得良好效果。近五年来，茂名环境空气质量持续向好，在全省排名逐年上升：2014年排名全省第六，2015年排名全省第四，2016年以来连续两年半排名稳居全省第三。同时，茂名市以林业四大工程为切入点，带动城乡造林绿化，全面构筑绿色生态屏障，2012年以来，全市累计完成造林更新作业面积111.53万亩；建设提升高速公路生态景观林带近100公里，国省道公路绿化1,000多公里；新增森林公园71个、湿地公园8个；建成乡村绿化美化示范点1,006个、森林家园280个。

"油城"变"绿城"，茂名的城市形象逐渐摆脱污染的影子，转向宜居宜业的滨海绿城。

2. 推广"好心之城"

文化是城市的灵魂。茂名市在城市治理中逐渐整合出与城市特质相契合的文化根脉——"好心文化"。在"好心文化"的浸润下，茂名的城市生态得以重塑，形象更为丰满和独特。

"好心精神"是在茂名市本地历史文化的积淀下形成的，源头可追溯至六世纪时的冼夫人。冼夫人历经梁、陈、隋三代，稳定岭南，收复海南，除暴肃贪，保境安民，被周恩来总理誉为"巾帼英雄第一人"。《北史》《隋书》《资治通鉴》等史书均为她立传。据《隋书·谯国夫人传》记载，冼夫人晚年如此告诫子孙："我事三代主，唯用一好心。"冼夫人"唯用一好心"的精神体现的是对国家、对民族、对百姓的"好心"，是爱国之心、爱民之心，是社会和谐之心、民族团结之心，与社会主义核心价值观高度契合。在冼夫人受命坐镇岭南地区期间，她奏请隋朝皇帝以晋代神医潘茂名的名字作为家乡的地名，以传承他悬壶济世、治病救人的高尚道德。隋朝开皇十八年设立茂名县，唐太宗贞观十八年又以潘茂名的姓把南宕州改名为潘州。

后来，人们对冼夫人的敬仰逐渐形成了一种民间信仰习俗——冼夫人信俗，这是以信奉和弘扬冼夫人的爱国、爱民、立德为核心，以冼太庙为主要活动场所，以庙会、习俗和传说等为表现形式的民俗文化，由祭祀仪式、日常生活习俗和故事传说三大系列组成。2014 年，"冼夫人信俗"被列入第四批国家级非物质文化遗产代表性名录。目前，全球有 2,000 多座冼夫人庙，不但遍及广东、海南、广西等省区，还散布于马来西亚、泰国、越南等地。

图 4　茂名高州市冼夫人纪念馆举行冼太殿落成庆典

图片来源：茂名网。

为打造"好心文化"这一城市品牌，推广好心茂名的全新形象，茂名市进行了深入调研，鼓励和发动相关专家、学者深入开展茂名"好心文化"的理论研究和宣讲工作，出台了《冼夫人文化发展纲要》。同时充分借助报纸、网络、电视、广播等载体宣传"好心人物"，报道"好心事迹"，营造"好心氛围"，引导干部群众学好人、存好心、做好事。为加强对茂名地域历史文化资源的挖掘整理，茂名市拍摄了电视剧《潘茂名》，制作了大型历史纪录片《冼夫人》，并相继在中央电视台播放。茂名市还对与冼夫人有关的故居遗址、隋谯国冼氏墓、娘娘庙即"三冼"

进行保护，投入 5 亿元资金建设冼太夫人故里文化旅游景区，并通过了国家旅游 4A 级认证。

此外，茂名市还推出系列活动：2016 年 12 月，由南方报业传媒集团、茂名滨海新区、茂名市电白区、茂名市高州市共同主办的冼夫人与"一带一路"国际论坛在广州举行。海内外冼夫人后裔、知名专家学者等在论坛上共同研讨冼夫人与"一带一路"的渊源以及如何在"一带一路"沿线推广冼夫人文化。2017 年 4 月，茂名市委宣传部主导的"冼夫人海外行"活动先后走进了马来西亚、越南和泰国。随后，茂名市推出系列活动，开展好心茂名人、好心茂名家庭、茂名好网民等的评选。2017 年 4 月，茂名市开展向社会公开征集"好心茂名"徽标活动。2017 年 6 月，茂名市政府正式将露天矿坑湖命名为"好心湖"，邀请名家熊育群创作《好心赋》，歌颂茂名的山川地理之美、人文之美。2018 年 8 月，茂名市十大文化名片出炉，其中好心湖位列第一，冼夫人列第二。2018 年 10 月 21 日，茂名市在露天矿生态公园举行"2018 奥园·茂名国际生态马拉松赛"，向来茂名参赛的国内外选手展示茂名这座好心之城的新形象。

时任茂名市委书记的李红军 2018 年 4 月在《茂名日报》发表署名文章《弘扬"好心文化" 助推茂名振兴发展》，解读"好心文化"的渊源和传承。10 月 24 日，在茂名市全市宣传思想工作会议上，李红军强调要推动"滨海绿城、好心茂名"新形象深入人心。11 月 6 日，《南方日报》专版刊登了题为《文化浸润转变发展理念，好心为源涤荡社会新风——"好心文化"重塑茂名城市生态》的文章，介绍茂名近年来如何利用"好心茂名"提升城市发展品质。

为塑造"滨海绿城，好心茂名"这一全新形象，茂名市采取了一系列切实有效的措施治理环境污染，还举办了各种活动推广"好心文化"，营造好心氛围。这在一定程度上展示了茂名的新形象，提升了城市的知名度和影响力，但是也还存在一些问题。

（三）国家历史文化名城惠州市

惠州市地处广东省东南部，位于珠江三角洲东北部，东江中下游，毗邻香港，东至汕尾，南临南海，西南与深圳、东莞交界，西连广州，北接河源。惠州自古以来人杰地灵，人才辈出。自秦汉以来，在惠州居住、生活过的中国历史名人共计480多位，涉及宗教、军、政、文、商、体、艺、科教、医疗等各个行业，大多为所在领域的风云人物。

纵观惠州的历史名人留下的各种文化遗产，可以看出鲜明典型的地域特征和十分清晰的时代连续性。这些文化遗产为惠州留下了珍贵的精神财富，构成了惠州文化的独特内涵，也成为了惠州对外宣传的重要文化名片。多年来，惠州一直致力于文物保护事业，"将惠州建成一座历史文脉和现代文明相互辉映、文化传承与经济社会协调发展的文化名城"成了城市的发展理念。据了解，仅2008年到2015年，惠州在文保方面已累计投入资金约28.4亿元。

2015年，惠州入列国家历史文化名城，城市历史文化资源得以进一步挖掘和开发，城市美誉度和知名度得到极大提升，文化产业也迎来发展拐点，以旅游业为龙头的文化产业将是惠州新兴的朝阳产业。据不完全统计，自2007年至2017年十年间，惠州国庆黄金周接待客流量从100万上升到500万，旅游总收入从2.94亿元上升至24.02亿元。

1. 惠州与苏东坡

苏东坡是让世界认识惠州的第一人，也是较为系统地将中原文化传播到惠州的第一人。从2007年开始，惠州就把东坡寓惠文化作为惠州本土文化品牌之一纳入"文化兴市"发展战略规划，进一步挖掘、整理、开发东坡寓惠文化资源，把弘扬东坡寓惠文化作为推进文化大市建设的夺目亮点，惠州东坡文化的挖掘和发扬有了更多的形式和内涵。多年来，惠州致力于东坡遗址、遗迹、纪念馆的保护、利用，先后投入巨资对惠州西湖、罗浮山等地的"苏迹"进行挖掘和整治，并重建合江楼，修建东坡园、修复国内唯一可以明确考证的苏东坡亲自筹建的居所东坡祠，也积极推动东坡艺术作品的创作与旅游业的开发。

目前，惠州西湖孤山东坡园整体工程以苏东坡在惠史迹为线，园内建有啖荔亭、杯酒亭、归醉亭、小圃五味轩、景贤祠、相宜居等景点，并在廊前设东坡诗词石以供吟诵赏析，还设有《东坡居士》《造福》等六座雕塑展示东坡寓惠生活。东坡祠景区项目规划总用地面积约3.36万平方米，总投资约 2.3 亿元，包括惠州东坡祠核心区、东坡纪念馆、东坡粮仓文化创意区及相关建筑等。一批苏学研究著作如《苏轼与惠州》《苏东坡与王朝云》、首部沉浸式多媒体舞台秀《鹅城幻影》等文艺作品相继问世。

图 5　惠州西湖孤山东坡园

图片来源：百度百科。

　　时至今日，"苏东坡"这三个字已经衍化为一种地方人文精神。惠州人在东坡文化的继承和发展中，逐渐形成了崇文厚德、包容四海、敬业乐群的惠州精神。惠州还以东坡文化为媒，与眉山等兄弟城市加强学术经济交流。2010 年，儋州、惠州、黄冈三市签订友好联盟框架协议，约定轮流举办东坡文化节。自第三届东坡文化节起，眉山市加盟，以 "3+1" 模式参与轮办东坡文化节。2019 年第十届东坡文化节在惠州举办。在本次问卷调查中，超过一半的被调查者都知道苏东坡。2018 年 10 月 29 日，惠州西湖旅游景区正式获评 5A 级景区，这也是惠州第二个 5A 级景区。

2. 惠州与葛洪

　　2013 年广东罗浮山获评惠州首个国家 5A 级旅游景区。2015 年 10 月 5 日，中国科学家屠呦呦因发现青蒿素而获得了诺贝尔生理学或医学奖。其发现青蒿素的灵感来自东晋葛洪的著作《肘后备急方》，而当年葛洪炼丹地就在惠州罗浮山。借着葛洪和屠呦呦的名人效应,惠州开始全力打造广东中医药产业与健康服务业新品牌。广东省葛洪中医药研究院、葛洪博物馆、中国中医药信息研究会葛洪研究会、岭南名医葛洪学术经验传承工作室、中医科学大会等一批颇具影响力的机构和活动纷纷落户惠州,极大地提升了惠州在国内和国际上的影响力。

据了解,早在上世纪八十年代,博罗县便以"一县五药厂"冠称全国,而近几年惠州市中医药产值每年均以30%以上的速度增长。惠州全市现有中药制剂企业9家、中药饮片生产企业6家、中药制剂厂外车间2家。全市中药材种植面积约2.26万亩,2018年中药生产总值估计超过20亿元。除了在产业上发挥了巨大的效应,葛洪的科学精神和献身精神也在潜移默化地影响着每一个惠州人。

为了帮助大家进一步领略葛洪文化遗产和中医药传统文化精华,助力中华优秀传统文化的对外交流,惠州市还在罗浮山景区建立了葛洪博物馆,总建筑面积3,000多平方米,牌匾由屠呦呦亲笔题字。馆内展示了葛洪夫妇的生平事迹、著作、医学的贡献,以实物或体验的方式将葛洪养生文化呈现出来。未来,惠州市将进一步挖掘罗浮山的中草药文化资源,或将在罗浮山景区内恢复"洞天药市"的奇观胜景,走产业和旅游双线发展的路线。

图6 惠州罗浮山葛洪博物馆

图片来源:百度百科。

3. 惠州与红色文化

在两次国内革命战争、抗日战争、解放战争等阶段，红色烽火遍布惠州大地，留下了一批铭记红色历史的纪念馆、烈士纪念建筑物、革命战争中重要战役和战斗纪念设施等。据统计，惠州革命遗址共有525处，时间上涵盖大革命、土地革命战争、抗日战争、解放战争等各个历史阶段，分类上涵盖组织领导机构及重要会议旧（遗）址、重要战斗旧（遗）址、人物故居、纪念馆（堂）和碑亭像、烈士陵园和墓等，其中相当一部分在东江地区、广东乃至全国都具有重要影响和地位。

如今，虽然烽火不再燃，但"红色基因"早已融入惠州人的血脉，根植在惠州市民心中，有力有效地促进着经济和社会发展，创造新时代美好生活。近年来，惠州注重保护利用红色文化遗址，传承弘扬红色文化，重点打造了一批红色人物景区景点，如改（扩）建惠州中山公园、叶挺纪念园和邓演达纪念园，修复高潭革命旧址、中共惠阳县委机关旧址和平陵白芒坑旧址，修建仲恺广场、平山百丘田革命纪念地、镇隆四大半围革命纪念园和永汉革命景区园，新建东江纵队纪念馆、粤赣湘边纵队纪念公园等。这些革命遗址在革命传统、爱国主义和社会主义核心价值观教育中发挥了积极作用。

以叶挺将军纪念园为例，自2011年叶挺将军纪念园开放以来，年均接待游客量近80万人次。在叶挺将军诞辰122周年之际，为纪念这位为中华民族解放事业立下不朽功勋的革命先驱，弘扬坚持真理和信仰，热爱祖国和人民，为民族解放事业勇于牺牲的革命精神，同时为贯彻落实中共中央关于"传播红色文化，传承红色基因"的精神，进一步丰富和推动爱国主义教育，叶挺纪念馆经过多年收集整理编印出版了《叶挺纪念馆典藏图书》。该图书曾亮相2018年"南国书香节"和第八届惠州书展，成为亮点。

除了投入资金保护和升级革命遗址，在铭记和弘扬红色文化方面，惠州市还定期举办重大纪念活动，以红色景区景点为平台大力宣传革命历史、弘扬红色文化。如纪念叶挺、邓演达、廖仲恺、廖承志诞辰，纪念东征和高潭区苏维埃政府、东纵、边纵成立等，每5年举行一次纪念活动，长期坚持至今。2017年底，由惠城区原创的重大历史题材话剧《邓演达》，作为中国农工民主党第十六次全国代表大会开幕式当天的展演剧目在北京会议中心报告厅上演。约500位参会人员到场观看，给予了该剧高度评价。话剧《邓演达》是深入挖掘惠城区人文历史资源并加以创新打造的具有惠州地方特色以及思想性、艺术性、观赏性完美结合的优秀文艺作品。这是首次将农工党创始人邓演达搬上舞台，对中国农工党来说意义重大。同时，这也是惠州大型文艺精品首次应邀进京汇报演出。

图7　惠州叶挺将军纪念园

多年来，在挖掘收集研究惠州革命史料方面，惠州市、县（区）党史部门积极开展相关工作，拿出和征集了一批较高质量的学术论文、报告等研究成果。近年来，仅惠州市委党史研究室就出版了《叶挺纪念与研究集萃》《高潭革命历史简明图册》《惠州英烈传》等史料图书56册。这些通俗性读物大量发放、出版，利用各种场合、通过各种方式赠送给社会各界人士阅读，发挥了故事书功能，并在反哺红色旅游方面起到了十分积极的效果。根据问卷调查，叶挺的知名度远远高于葛洪，证明在惠州文化旅游方面，以叶挺为代表的红色旅游基础性更好。

四　成功经验

经过分析发现，通过多年努力，中山、茂名、惠州三地在挖掘历史名人资源，推广城市形象方面已取得一定成效，具有可供其他城市借鉴的经验。为了更深入地研究本课题，扩大调研对象范围，调研组设计了调查问卷并通过微信发放。调查除了针对中山、茂名和惠州三个城市的市民，还包括全国其他城市部分市民。主要调查三地市民和各地游客对三地历史名人的了解程度，当地政府推广历史名人的力度和效果，以及三地历史名人与城市旅游业发展的关系。

本次调查共收到有效样本238份，籍贯是中山、茂名、惠州的共106人，占比45%，其他城市的132人，占比55%。年龄分布在18—30岁的样本占比50%，本科学历样本占比51%，样本数据真实有效。调查数据显示，只有9%的调查对象在确定旅游目的地时，不会将历史名人纳入考虑范围之内；55%的调查对象表示外出旅游时，会特别关注当地的历史名人故事；38%的被调查者表示要视情况而定；只有7%的调查对象持否定意见。数据说明，挖掘历史名人资源对于城市旅游发展和城市形象建设具有积极意义。

（一）政府部门高度重视

调查结果显示，大多数市民和游客对政府在推广历史名人方面的工作较为认可。只有8%的调查对象认为政府在推广历史名人方面力度较小，7%的调查对象认为推广效果不好。42%的调查对象认为推广力度较大，32%的调查对象认为推广效果较好。

从伟人故里中山市、好心之城茂名市、文化名城惠州市的城市形象定位可以看出，三地近年来都把当地历史名人作为对外宣传的重要文化名片，投入大量人力物力，高度重视对历史名人资源的研究和开发利用。以中山市为例，2007年，中山市提出建设文化名城战略，并将"孙中山文化"工程放在八大文化工程的第一位，在全国最早提出并实践"孙中山文化"。2011年是辛亥革命100周年，这是擦亮孙中山文化品牌一个千载难逢的历史性机遇。中山市各级政府投入1亿多元的资金进行与孙中山文化和辛亥革命有关的文化硬件建设，并投入3,000万元开展以"百年辛亥·人文中山"为主题和以"中山杯"华侨华人文学奖、"辛亥百年"大型全球高端论坛为重点的"十大项目"系列文化活动。2011年，中山市还规划了起步核心区 50 平方公里、整体为 230 多平方公里的翠亨新区，将孙中山故乡南朗镇纳入其中，并启动孙中山故里旅游区 5A 景区改造。2016 年，恰逢孙中山先生诞辰 150 周年，中山市高规格开展孙中山先生故里旅游区国家 5A 级景区创建工作，由市主要领导挂帅，最终顺利获评。

（二）市民积极主动推广

"构建全民共建共享的社会治理格局"是党的十八届五中全会在全面深化改革背景下提出的一项重要战略任务。城市形象推广是一项庞大的系统工程，需要社会各界的积极协调和密切配合，除了政府牵头，还需全民参与。只有充分调动市民的主人翁意识，增强其使命感和自豪感，并在城市形象推广中主动参与和积极维护，才能形成合力，达到广泛而良好的宣传效果。在这一方面，中山、茂名、惠州都已取得一定成效。从调查数据可直观发现，98% 的调查对象对自己家乡的历史名人有了解，只有 3.3% 的调查对象表示从不主动推广家乡历史名人，15% 的调查对象认为家乡的城市形象与历史名人没有关系。这说明绝大部分被调查者对自己家乡的历史名人具有认同感和自豪感，认同历史名人对家乡城市形象推广所起到的积极作用。

（三）游客了解渠道多样

从调查数据可知，调查对象对中山、茂名、惠州这三个城市的历史名人的了解渠道多样，其中通过书籍、资料、电影或电视节目了解的占比最大。从上文的介绍可知，三地都通过较为丰富的手段挖掘历史名人资源，以群众喜闻乐见的载体推广城市形象。除了传统的科普读物、展览等载体，还有电视剧、纪录片等更有利于对外传播的新形式。另外，有 37% 的调查对象表示通过实地参观了解历史名人。结合数据可知，到过这三个城市旅游并参观过当地历史名人故居等相关古迹的人占比超过一半，认为历史名人对其所在城市形象影响很大的占 55%。以上数据说明调查对象对中山、茂名和惠州这三个城市的历史名人较感兴趣，通过多渠道了解并且到当地旅游时会主动参观相关景点，且认同这些历史名人对其所在城市的影响。

五　面临瓶颈

中山、茂名和惠州三地政府在利用和发掘历史名人资源，构建和推广城市形象上取得非常大的成效，但是面临的瓶颈和问题也一样突出。

（一）共性问题

1. 历史名人遗迹的保护和开发急需改进

由于规划协调等原因，中山市对于散落各处的重要历史名人遗迹缺乏整体性的保护与利用规划，一些重要的遗迹并没有得到有效的保护和利用。比如位于三乡镇雍陌村的郑观应故居，现在是由孙中山故居纪念馆代为管理，但由于地理距离过远，跨区域协调存在阻滞等问题，现在的管理和开发几乎为零，绝大部分游客根本不知道中山这样一处历史遗迹所在。又比如与孙中山相关的文化场馆，如孙中山纪念堂、孙文纪念公园等，开发利用力度也不够大，人们大多把这里当成观光休憩的场所，而非接受孙中山文化熏陶的地方。

茂名市的历史名人不少，除了冼夫人，还有悬壶济世的潘茂名、水稻专家丁颖、抗日名将邓龙光等等。茂名对这些名人的故居遗址以及相关活动情况的研究、开发和传播力度都不足。比如纪念丁颖的活动极少，丁颖故居、纪念馆等建筑亟待保护。这些名人为国为民的奉献精神也与好心精神一脉相承，茂名市对于历史名人的文化效应、经济价值和社会价值并没有充分开发、利用。

惠州近年来加大了对历史文化名人资源的保护力度，但目前的保护方法往往只停留在遗址遗迹的复原或翻新上，缺乏对其精神内涵进行更深层次的挖掘，使得人们对苏东坡、葛洪、叶挺等历史名人的认识，大多流于表面，参观完后就很快忘记了，无法对后代起到思想、文化、道德、修养等方面的洗礼作用。同时，散落各处的历史名人遗迹也没有很好地串联起来形成合力，例如廖仲恺纪念园，因地处偏僻，基本上乏人问津。

2. 城市的文化特性有待强化

一个富有鲜明文化主题的城市，才能对外具有影响力，对内产生凝聚力和创造力。但在城市建设中，中山并未能把孙中山文化的元素体现到城市的各种细节之中，包括城市规划、风貌控制、城市文化等。特别是公共场所和重大活动中，孙中山文化的元素注入甚少，没有建立体系化的孙中山文化标志视觉系统。城市的整体氛围让人很难意识到这里是一代伟人的故里，对孙中山文化的宣传方式还有待进一步丰富和拓展。

茂名也存在与中山类似的问题，在市区几乎看不见与冼夫人相关的标志性建筑、雕塑。尽管"好心茂名"徽标现在在市区许多公共场所出现，但是"好心"元素依然太少。作为城市形象的内核，"好心"如果无法用艺术形式具象化，日常让市民和外地游客所感知，那"好心茂名"的推广就会流于表面，效果大打折扣。

而惠州的城市文化特性不明显问题在于名片太多，降低了辨识度。一般城市定位宜选择一位最具代表性的文化名人进行宣传，但目前来看，葛洪与苏轼是惠州的两张文化名片，不相伯仲。他们不仅是举足轻重的历史人物，且所言所为泽被后世至今，这是历史留给惠州的珍贵资源。以往对二者不同的探讨多着眼于两位大家专攻"学科"的不同：一个从民生从诗词创作，一个从医药从养生方法。实际上，从惠州角度看，两者相比，葛洪有另一种优势：苏轼由于仕途颠沛，一生历典八州，大多留下优良政绩和名章佳句，惠州只是其中之一，而葛洪一直与罗浮山紧密相连。也就是说，从文化的稀缺性上说，就惠州而言，葛洪比苏轼更胜一筹。除了这两位历史名人，惠州近年来还着力打造红色旅游，推出叶挺、邓演达等一批红色人物，中医药文化、东坡文化、红色文化三头并进，无形中造成了多头发展、无法形成合力的局面。

3. 文化旅游的产业化水平有待提高

本调研小组在调研过程中发现，三个城市整合开发名人故居、古建筑群、革命遗址、特色产业文化等相关文化旅游资源的力度不大，文化旅游的产业化水平相对比较低下，旅游纪念品和商品的开发滞后于旅游发展的需要，景区周边的吃、住、购、娱等功能区的规划建设尚未跟上。会展等旅游文化中的历史名人元素甚少，缺乏普及性读物、品牌性大型主题活动和常年性的大型展览、讲座和文化场馆。比如由孙中山诞辰纪念日演化的"孙中山文化节"未能坚持,学校教育中融合孙中山文化的课程设计仍需改善。在茂名市纪念冼夫人的活动主要是民间祭祀,政府举办的活动往往形式大于内容,参与的市民较少,影响力也不够大。

4. 停车难问题突出

调研还发现,三地的社会停车场管理欠缺。如在孙中山故居周边,存在多个社会停车场。但笔者实地体验发现,在今年国庆假期期间,由于管理问题,自驾出游体验并不佳。其中较为严重的是故居对面停车场出入口缺少车辆引导及分流措施,因此在车辆出入时,容易引起翠亨大道的交通拥堵,不仅影响游客体验,同时也给周边居民带来不便,急需管理中心加强和社会停车场的协调,提升管理水平,以达到5A级景区的标准。

在停车难问题上,惠州西湖最为明显,这也是制约惠州西湖发展的一个重要因素。虽然近年来惠州投资新建了丰渚园、高榜山及荔浦风清公园停车场等停车设施,但是停车难的问题还是比较突出。

2015年以来,茂名成立了市公共停车场和道路临时停车泊位规划建设领导小组,在市区规划设置了7,000多个停车泊位,但一些公园广场和商场周边停车难问题依然突出,且曾因停车泊位即将收费引起市民较大争议。

(二)个性问题

除了以上四点,中山、茂名、惠州三个城市还各自存在不同的问题,急需进一步解决。

1. 中山:长期多头管理,各自为政

笔者在调研中发现,虽然孙中山故里旅游区管理中心已成立,但原来的多头管理问题仍没有缓解。面对新的挑战,管理中心无法从全局和战略的高度推动旅游区整体发展。孙中山故居纪念馆本身是属于市文化广电新闻出版局管辖的副处级事业单位,而周边中山市纪念中学属于教育系统,中山城影视基地属于国资委管理,故居周边即翠亨村的行政和社会管理、环境整治由南朗镇属地负责,然而故居门前的S111省道维护主体又是市公路局。由于各自之间互不统属,甚至互无关联,致使大家在平时的工作开展中联系不够，未能形成有机整合，各自为政现象突出。

比如孙中山故居纪念馆目前对公众开放的面积为20万平方米，换算下来不到300亩地，较之毛泽东、邓小平故居的核心区分别为500亩和839亩相差甚远。由于规模太小，孙中山故居纪念馆无法发挥牵动中山市文化旅游产业发展的"龙头"作用。孙中山故居纪念馆方面透露，纪念馆也想扩张，但周围已经无地可用。周边主体单位的每一次开发建设，都是在挤压孙中山故居的空间，使故居"困囿樊笼"。

2. 中山："外援"不力，"借势"不够

"借势做事"往往能够起到四两拨千斤、事半功倍的效果。例如2003年毛主席诞辰110周年的时候，韶山曾经以"缅怀毛主席，共建新韶山"为口号，发动了全国15个副省级城市共建韶山，累计募得资金数以千万计，借机完成了韶山旅游区交通路网的改造。在文化研究上，韶山也非常善于借力，趁着毛泽东同志故居成为全国爱国主义教育基地的契机，韶山说服中央，将17,000千多件毛主席遗物迁到韶山，并以此为基础新建了毛主席遗物馆，使得韶山成为纪念毛主席最神圣的精神家园。

相较而言，中山虽然智慧地避开"政治"切入，不以"思想"和"理论"这些意识形态的敏感问题来定位孙中山，而是巧妙地从"文化"切入，提出了"孙中山文化"这一"中性"概念来定位，但却未能紧紧抓住这个概念来延伸、深化，甚至还没有形成广泛而深刻的共识，这不能不说是一个重大的遗憾。虽然在辛亥百年期间，中山市也借机做了不少活动和项目，但总的还是停留在本市的范围，局限性很大。

在孙中山研究领域，据调查，孙中山故居纪念馆的文物文献资料除了自身购买收集，很多是海内外华人华侨自发捐献，来自上级的支持有限，这也使得孙中山故居纪念馆不能理直气壮地成为国内外孙中山文化研究的中心，中山市的城市地位没能借势进一步提高。

3. 茂名：对"好心茂名"的推广力度不够大、范围不够广

笔者在茂名市内对81位市民进行了访问调查，问题包括：

a. "好心精神"是源于哪位历史名人？

b. 您在茂名市经常看到"好心茂名"徽标吗？

c. 您觉得"滨海绿城 好心茂名"这一城市形象比油城更能代表茂名吗?

d. 您参加过政府举办的以"好心茂名"为主题的活动吗?

e. 您觉得政府推广"好心文化"的效果怎样?

f. 您认为茂名市还需要在哪些方面努力,才能更好推广新城市形象?

受访的81名市民年龄在16岁至60岁之间,从事职业有公务员、教师、退休工人、企业员工、学生、志愿者等等。其中,有21个人不知道"好心精神"源自冼夫人,6个人不认识"好心茂名"徽标,10个人从未注意身边是否有徽标,12个人认为茂名是"油城","滨海绿城 好心茂名"无法代表茂名,35个人从来没参加过政府举办的以"好心茂名"为主题的活动,51个人认为政府推广"好心文化"的效果一般或不好。在最后一道开放性问题上,大多数市民认为政府不要只做形象工程,而要落到实处——提高市民整体素质,宣传正能量。具体的建议有整治交通乱象,"创卫"要落实到城市的每个角落,建设代表"好心茂名"的地标性建筑等。

从调查结果看,"好心茂名"这一城市形象的宣传力度还不够大,不够深入民心。其中一位法律专业的女大学生在访问中还提到:"'好心茂名'的宣传范围似乎仅在市区以及城镇化水平比较高的近郊。我在回茂南区农村老家的一路上,看到城镇化水平比较低的乡镇、乡村并没有宣传。"茂名市市小县大,乡镇和农村人口较多,"好心文化"的推广范围需要扩大到各个乡镇。

4. 茂名:冼夫人知名度不高

不仅市外很多人不知道冼夫人,甚至很多茂名人都不知道冼夫人。这直接影响了"好心茂名"城市形象的推广效果。相比花木兰、穆桂英等虚构的女性英雄形象,冼夫人的知名度远远不及。虽然也曾鼓励利用楹联、木偶戏、缅茄雕刻、版画以及文学创作等形式打造冼夫人"艺术文化",同时结合年例等民间各种传统活动纪念冼夫人,但是对于年轻一代的吸引力仍显不足。

在关于中山、茂名、惠州三地历史名人与当地城市形象关系的问卷调查中，调研组共收到238份有效样本，知道冼夫人的被调查对象只有66人。2018年4月，广东石油化工学院学报刊登了一篇题为《冼夫人文化在地方高校传承和发展状况研究》的文章，研究人员对广东石油化工学院、茂名职业技术学院、广东茂名幼儿师范专科学校和广东茂名健康职业学院四所学校的大学生进行调查，发现30.5%的学生没有听说过冼夫人，"冼夫人庙"和"别人口述"是高校学生们认识冼夫人的主要途径，选择民俗文化"年例"等形式的学生比较少。由此可见，大学生们对冼夫人文化普遍不太了解，高校对引入冼夫人文化进校园的成效不彰。①

5. 惠州：新生代如何传承城市文化

在调查中发现，惠州的新生代普遍感觉惠州打造文化名片和自己的距离很远，不知道能够做什么，代表了新生代传承历史文化时的一个共同困惑。一方面，文化历史宣传的手法还处于比较陈旧的阶段，无法吸引新生代去了解，自然谈不上传承。另一方面，文化的传承是一个长期的过程，往往也是一个投入和产出不成比例的事情。惠州市政府近年来在保护文物古迹等方面投入了较大的资金，但在传承人上仍然缺乏响应的机制和资金，年轻人生活没有保障，自然对文化的传承缺乏兴趣。

6. 惠州：固定套路太多，游客积极性不够

不管是东坡文化、葛洪文化，还是红色文化，目前都存在游玩项目单一、文化宣传呆板的问题。如何处理旅游的公益性目标和商业化操作之间的关系，成为不少旅游从业者思考的问题。如今，在一些红色景区存在"观看展览→化妆拍照→欣赏节目→品尝饭菜"的固定套路。由于内涵挖掘不够，不能"寓教于游"，让游客感到"不过瘾"。这源于管理者对历史文化名人的认识单一，在景点开发上生硬强调历史和教育功能，却忽视旅游功能，对其核心旅游吸引物的旅游功能挖掘不够，游客无法主动参与和体验。

---

① 陈小霞、何馨琳：《冼夫人文化在地方高校传承和发展状况研究》，《广东石油化工学院学报》2018年第2期。

六　对策与建议

（一）整合全市旅游资源，保护开发遗址遗迹

当前，不少城市的文化旅游资源都像一盘散落的珍珠，需要以一位有代表性的历史名人为主线整合周边甚至全市的文化旅游资源，形成文化聚集效应。在整合资源之前，建议先组建高端专业团队，对文化旅游资源发掘整合、提升利用的方式和做法进行可行性研究，分析得失利弊，计算投入产出，拿出尽可能翔实的数据，供有关部门决策参考。然后，围绕相关的历史名人，将故居、遗址串联起来，繁荣特色文化旅游产业。比如，中山市可以将孙中山故居为代表的系列名人故居、历史悠久的古祠堂群和古建筑群、一镇一品的特色产业文化、保持完好的岭南水乡风貌等这些资源统领起来，再结合红色文化、近代文化、华侨文化、生态文化、民俗文化、美食文化、产业文化等，组合开发多条文化旅游路线。①

此外，还需加强历史名人故居、遗址和遗迹的保护、修缮和完善，在城市规划中做好统筹协调。比如，在茂名滨海新区（原电白县）电城镇山兜村，有丁村冼太夫人故居遗址、隋谯国夫人冼氏墓、娘娘庙（冼庙）等，文物文化资源独特丰厚。可是 2013 年才被茂名有关部门重视，随后将其打造成了国家 4A 级历史人文旅游景区。

建议进一步完善景区的基本配套设施。停车难是典型的"城市病"，与交通拥堵、出行难一样，直接影响城市形象，也是影响旅游体验的一大因素。建议政府提高城市管理水平，提前做好城市建设规划，完善基础设施建设，提高城市服务功能，尤其是要做好与历史名人相关的旅游景点停车场的建设和管理，以吸引更多游客前往。

（二）强化特色文化标识，塑造鲜明城市形象

具有地方特色的有形文化能在人们意识中留下强烈印象，也更能承载精神家园的情感寄托。调研组发现，除茂名市之外，中山市和惠州市

---

① 丘树宏：《孙中山文化：一个重要的国家命题》，《同舟共进》2014 年第 6 期。

目前还没有相关的文化旅游标识。建议各城市确定并公布统一的文化旅游标志，建立以历史名人为主导的城市文化形象视觉识别体系。在所有可能用到的可视目标上，如建筑物外表面、公共交通车辆、车站显眼位置、酒店宾馆的宣传册、主要的门户网站，甚至每个市属单位工作人员的名片，反复强化历史名人文化旅游形象。

（三）搭建文化研究交流平台，夯实城市形象内容支撑

以历史名人推广城市形象需要有文化研究成果来做支撑。建议利用好从国家到市的各类交流基地，加强历史名人文化的研究，提炼和丰富历史名人留下的政治、精神、文化遗产。建议大力挖掘研究人才，通过引进和培养相结合的方式壮大研究力量。例如中山市可与国内外的著名高校合作，开展以孙中山文化为核心的近代中国史学研究，恢复和规范提升原来设置的"孙中山研究生奖"，并通过定期举办不同层次的学术活动交流研究成果，挖掘并推介孙中山文化旅游资源。再比如，面对冼夫人知名度不高的问题，首先要在本市广泛宣传和推广冼夫人事迹和精神，开展冼夫人进课堂等活动。除此之外，还可以通过大学、研究机构和智库推广冼夫人文化，加强和扩大对冼夫人相关课题的研究。如果能找到与冼夫人相关的典籍、档案，广东、海南等就可以考虑联手将冼夫人文化申报世界记忆名录。

（四）丰富推广和营销手段，把握传播契机

"酒香也怕巷子深"，再有名的人同样需要一些推广和营销手段来提高知名度。比如蒋介石的故乡奉化市就打好了"两岸牌"，多次赴台湾召开专场旅游推介会，主题就是"民国名镇、蒋氏故里"。奉化还在台北机场、日月潭等地投放广告，并巧妙借助台湾国文课本中蒋氏父子有关家乡记忆的文章进行"乡愁营销"，促成了很多台湾游客到奉化溪口寻根溯源。中山市完全可以复制这些做法，不过更重要的是"借势营销"。通过孙中山先生在加强海峡两岸联系、凝聚海外华人华侨的精神纽带等特殊作用，中山市应争取更多来自国家和省级的政策、资金支持。随着两岸高层往来的增多，不排除在不远的将来，两岸会晤的级别将进一步提高。如果两岸领导人高级别的会晤能选址在孙中山先生的故乡中

山市举行，对中山而言，将会是促进城市发展和提升城市知名度、美誉度的千载难逢的历史性机遇，也是中山市为国家和民族做出应有重要贡献的历史性机遇。

目前，我国非常重视文化的对外传播，而冼夫人所在的俚族与生俱来有海洋性，其文化遗存遍布东南亚，是外国友人了解我国文化的一扇窗口，是促进我国和其他国家共同发展的重要渠道和纽带。假如以冼庙为支点，由点到面开展冼夫人宣传，会更容易被当地民众接受。

（五）手段与时俱进，吸引新生代参与

文化的传承和复兴要靠年轻人，宣传和推广城市形象更要依靠年轻人。建议三个城市在举办与历史名人和传统文化相关的活动时充分利用全媒体传播渠道，拓展传播形式，满足不同人群的需求。比如，拍摄短视频，制作精美的H5页面，让年轻人更容易接受和参与。此外，还可以在活动中利用VR技术宣传推广城市形象和历史名人，让市民在虚拟体验的互动中了解历史名人的事迹，学习传统文化。

建议在市民中加强普及和推广历史名人文化知识，增加中小学课堂教育的相关内容，通过绘本、动画等小孩愿意学、能学懂的方式传播历史名人知识，让孩子从小熟知当地历史名人，培育年青一代的历史感和荣誉感。定期举行相关展览和主题活动，让广大市民主动成为家乡名人的"推销员"和"讲解员"。

七 结语

城市无法复制是因为城市文化的独特性。三座城市分别拥有三种独特的城市文化环境，因此对历史名人进行开发利用的具体策略也不太相同。中山市对孙中山文化旅游资源进行发掘整理提升利用，茂名市深挖冼夫人这条历史文脉打造"好心之城"，惠州市利用国家历史文化名城这一名片做大做强文化产业。三座城市大力弘扬和继承历史文化，使之与现代优秀文化相融汇升华后再注入城市形象中，在一定程度上提升了城市知名度和居民幸福感，并推动社会经济快速发展。虽然在整合利用

历史名人资源上还存在一些问题，但当地政府若能正视问题，推出有效措施持续改善，就能塑造城市文化个性，创新城市形象。

参考文献：

黎丹丹：《历史文化资源与安徽省淮南市的城市形象重塑》，华中师范大学硕士论文，2017年。

李婷婷：《山西历史名人资源纠纷研究》，华中师范大学硕士论文，2014年。

邵林、伊宏伟、戴杰、崔玲玲：《古文化在现代城市形象建设中的应用》，《人资社科》2014年第4期。

政协广东省惠州市委员会编：《惠州历史文化丛书》，广东人民出版社2016年版。

《惠州市历史文化名城保护条例》：http://ghjs.huizhou.gov.cn/pages/cms/hzzjj/html/artList.html?cataId=a5e13e08f7504cd683ff47188c2074e8。

参考网站：

惠州西湖官方旅游网：http://www.hzxihu.net/。

罗浮山旅游景区：http://www.lfswq.com/。

孙中山故里旅游区官网：http://www.sunzhongshanguli.com/。

叶挺将军纪念园：http://www.yeting.org/web/cn/index_cn.htm。

附：

关于中山、茂名、惠州三地历史名人与当地城市形象关系的调查问卷

非常感谢参与本次问卷调研，本次调研仅供本小组分析使用，您的信息将严格保密，请放心填写。

1. 您的籍贯：（选择中山/茂名/惠州的调查对象请填写第4至11题，第15、16题）

   ○中山 / 茂名 / 惠州　○其他

2. 您的年龄段：

   ○18岁以下　○18-30岁　○31-45岁　○46岁以上

3. 您的最高学历：

○大专以下　○本科　○硕士以上

4. 您了解自己家乡的历史名人吗?

○了解较深　○一般　○不是很熟悉　○不了解

5. 您会主动推广家乡历史名人吗?

○经常　○较少　○从不

6. 您觉得自己家乡的城市形象与历史名人关系大吗?

○关系很大　○有点关系　○关系不大

7. 您觉得当地政府在推广历史名人方面力度如何?

○很大　○一般　○较小

8. 您觉得当地政府在推广历史名人方面效果如何?

○较好　○一般　○不好

9. 您认为历史名人对所在城市的旅游业发展有推动作用吗?

○很大　○一般　○不大

10. 下列历史名人您知道吗?（多选）

□孙中山　□冼夫人　□潘茂名　□丁颖　□苏东坡　□葛洪　□叶挺

11. 您对上述文化名人熟悉或知道的途径?

□听别人口述　□阅读过相关书籍或资料　□电影或电视节目　□实地参观过

12. 您到过中山、茂名、惠州这三个城市中的任意一个城市旅游吗?

○到过　○没有

13. 您到这三个城市旅游时参观过历史名人故居、相关古迹或庙宇等地吗?

○参观过　○没有　○想去但没去成

14. 您认为这些名人对其所在城市形象的影响如何?

○很大　○一般　○没感觉

15. 确定旅游目的地时，历史名人会成为您选择的因素之一吗?

○一定会去　○考虑然后顺便游览　○不感兴趣

16. 外出旅游时，您会特别关注当地的历史名人故事吗?

○是　○否　○看情况

香港、澳门回归后中小学国民教育发展情况的调研报告

辛灵　周莉　谭晶[*]

【摘要】党的十九大报告指出，要发展壮大爱港爱澳力量，增强香港、澳门同胞的国家意识和爱国精神。学校教育在中小学生的身心发展，尤其是三观形成中起主导作用。本文采用文献分析法、文本分析法和深度访谈法的方式，以时间轴为顺序，对港、澳两地回归后中小学国民教育发展情况进行了调研和梳理，以呈现、总结把握香港、澳门两地回归后中小学国民教育发展情况。

【关键词】香港回归；港澳国民教育；学校教育

一　绪言

（一）研究背景

党的十九大报告指出："我们坚持爱国者为主体的'港人治港''澳人治澳'，发展壮大爱港爱澳力量，增强香港、澳门同胞的国家意识和爱国精神，让香港、澳门同胞同祖国人民共担民族复兴的历史责任、共

---

[*]【作者简介】辛灵，女，21世纪经济报道海外部资深编辑；周莉，女，广东教育出版社有限公司对外合作室副主任；谭晶，女，东莞广播电视台新媒体中心"今日东莞"英文网编辑。

享祖国繁荣富强的伟大荣光。"①可见，在新的历史条件下，继续加强对港澳青少年进行爱国主义国情教育，对于振奋民族精神，凝聚全民族力量，维护改革发展稳定的大局，具有十分重要的现实意义。

我国当前的国情教育主要包括中国历史的教育，社会主义必然性的教育，经济文化发展现状的教育，经济资源和人口问题的教育，中华民族优秀传统的教育等。港澳两地自回归以来一直坚持与探索符合本地区特色的国民教育，取得了不少成绩，但在许多地方还有发展的空间。

香港同胞曾遭受100多年的英国殖民统治，澳门同胞遭受葡萄牙殖民统治的时间更是长达400多年。长期的殖民教育以及各种政治力量和文化影响源的此消彼长，让港澳同胞对自己国民身份的认同模糊不清。而且"一国两制"这一独特的政治制度，令港澳的政治结构、社会生态处在"一国"与"两制"的敏感纠缠之中。

港澳回归后，特区政府采取一系列措施，以增强港人、澳人的国民身份认同和国家归属感，其中"国民教育"是两地最主要的举措之一。这里所说的"国民教育"，也就是我们通常所说的"国情教育"，主要是指让学生了解本国资源、地理、环境、人口、政治、经济、文化、历史等方面基本情况，使之成长为知国、爱国、报国的国民。（下文中，"国民教育"和"国情教育"的说法都有）经过回归后多年的努力，港澳同胞对国家和民族的认同有了一定程度的提升，但同时也存在不少需要面对的问题，有必要认真总结经验和教训。

（二）调查对象、内容和方法

我国教育理论界普遍认为，学校教育与家庭教育、社会教育相比更具有目的性、计划性、系统性，因而在个体的身心发展中起主导作用。同时，中小学阶段是教育的启蒙阶段，这个阶段学生的思想观念尚未成熟，具有较大的可塑性；他们接受新鲜事物的能力很强，但欠缺鉴别力，因此中小学阶段也被认为是世界观、人生观和价值观形成的关键时期。

---

① 习近平：《决胜全面建成小康社会夺取新时代中国特色社会主义伟大胜利：在中国共产党第十九次全国代表大会上的报告》，人民出版社2017年版，第53页。

为此，2018年9月至11月，我们将香港、澳门两地中小学校的国民教育作为本次调研的对象，对港、澳两地回归后中小学国情教育发展情况进行了调研，以呈现、总结香港、澳门两地回归后中小学国民教育举措、成效及不足，并在此基础上探讨进一步改进策略，为相关部门加强中小学国民教育建设提供科学决策依据。

此次调研主要采用文献分析法、文本分析法和深度访谈法等。文献分析法主要通过搜集有关港澳两地中小学校国民教育研究成果、港澳两地教育部门官方网站信息、两地基本法和教育法规等，整理出对本文有理论支撑作用的事实及观点；文本分析法主要介绍澳门教科书内容并对其特点进行分析；深度访谈法主要是通过与澳门教育与青年局督导郭晓明等进行面对面的采访交流。

二　香港国民教育基本情况

香港大学回归前开展的一项持续统计显示，由于特殊的历史原因，香港回归前，人们对国家的观念很薄弱，回归后，仍有不少人对国民身份不清楚。调查发现，受访人群中，年纪越大，自觉爱国及爱港的程度便越高，年轻人的爱国爱港程度普遍偏低，[①]凸显在青少年中开展教育续根的迫切性。那么，回归了21年的香港，中小学的国情教育现状如何呢？

据相关统计数据显示，目前香港共有大约500所中学，除个别私立学校和国际学校外，大部分由政府资助。数据显示，2017学年香港有30多万中学生，老师人数超过2.88万。回归21年来，除新增升旗礼这项课外活动外，香港的中学课程、教学形式等还有其他不少变化，学制由沿用多年的5年中学加两年预科，改为3年初中加3年高中。[②]我们根据相

[①] 杨继斌、徐春柳：《香港推行国民教育增进港人情感归属》，《新京报》2007年6月11日。

[②] 张雅诗：《更加重视国情教育和学生能力培养——一位中学老师感受香港教育转变》，新华网2017年6月8日，http://www.xinhuanet.com/2017-06/08/c_1121108265.html。

关资料分析，把香港的国情教育发展具体分为以下几个阶段。

（一）回归前后：国民教育起步

1985年《中英联合声明》发布，香港进入回归之前的过渡阶段。香港教育署为了适应政制改革的需要，于同年8月颁发了《学校公民教育指引》（简称《八五指引》），在全港中小学推行公民教育，侧重于让香港人摆脱宗主思想，培养认同香港地区的香港市民。《八五指引》提出公民教育实质上是政治教育的观点，打破了学校教育的政治禁令，并且第一次把当代中国、内地和香港关系、爱国观念等内容列入课程范围之中。[①] 同时，还制定了从幼儿园到大学预科的公民教育大纲，为香港国民教育（国情教育）的发展奠定了法制化基础。

1996年8月，香港教育署对《学校公民教育指引》进行了修订（简称《九六指引》）。该指引是面向回归祖国而编写的，是香港有史以来最正面、最直接谈及国家民族教育的一份文件，使学生重新确认作为中国公民的身份。同时，《九六指引》第一次提出把培养对中国的归属感作为公民教育的宗旨："使学生认识作为公民与家庭、邻里社会、民族国家以至世界的关系，培养积极的态度和价值观，从而对香港及中国产生归属感，并为改善社会、国家及世界做出贡献。"

1997年7月1日，中国对香港恢复行使主权，香港特别行政区的国民教育发生了根本变革。培养合格的中国香港公民成为重中之重，加深学生对香港基本法及中国社会与政治制度的认识、培养对国家和民族的归属感成为国民教育的重点。香港特区政府以《基本法》为指导，以教育局为主要实施机构，出台了一系列指导、推行、保障国民教育的法律法规和政策性文件，以学校教学和社会实践为主要措施，构建了相对完整的国民教育体系。[②]

从1998年9月起，"公民教育科"相继在初中、小学和高中被作为独立科目设立，成为中小学生的必修课。2001年，香港教育局发布了《学会

[①] 吴鹏：《香港推行国民教育的路径分析》，《国际行政学院学报》2017年第4期。
[②] 吴鹏：《香港推行国民教育的路径分析》，《国际行政学院学报》2017年第4期。

学习——课程发展路向》的报告书，推行新的课程改革，将"认识自己的国民身份，致力贡献国家和社会"列为七个学习宗旨之一，并建议将"德育及公民教育"列入基本的学习经历。[①]2002年，香港课程发展议会编订的《基础教育课程指引——各尽所能，发挥所长》将"德育及公民教育"列为关键项目，鼓励学校将其纳入课程规划，促进学生学习，并提出首要任务是培养学生的包括国民身份认同在内的价值观和态度。[②]2004年，为了系统地推广国民教育，特区政府决定成立国民教育专责小组，负责制定推广校外国民教育的策略及计划，并且通过"心系家国"等多部电视系列宣传片，加强香港同胞的国民意识及对国民身份的认同。

此外，香港教育局还采取了一些具体政策，推动国民教育，包括以下内容。

1. 增拨国民教育经费

透过各项资助计划，协助学校推行国民教育。其中包括每年向学校发放如德育及公民教育津贴，每班每年400元，用以进行联课活动、购置参考数据及教学物资等。教育局自1997年起开始推行认识"中国文化活动"资助计划，每项申请的拨款上限为5万元。2004年，教育局举办"赤子情 中国心"学习之旅计划。这些活动都有助于加强学生、教师和家长对中国国情及中国文化的认识，培养国民身份认同，以及鼓励师生们立志贡献国家。

2. 开展师资培训

为教师提供一连串的师资培训课程，加深他们对国家历史、文化、国情等方面的认识，并提高其推行国民教育的策略和技巧。从1997年开始，汉语普通话被官方正式确定为学校核心课程，有的学校开始以汉语作为教学语言。但是香港许多教师本身汉语水平比较低，难以承担汉语教学

---

① 香港特别行政区政府教育局：《学会学习——课程发展路向》，香港特别行政区教育局官网 2012 年 3 月 13 日，http//www.edb.gov.hk/tc/curriculum-development/cs-curriculum-doc-report/wf-in-cur/index.html。

② 香港课程发展议会：《基础教育课程指引——各尽所能，发挥所长》，香港特别行政区政府教育局官网 2013 年 3 月 28 日，http://www.edb.gov.hk/attachment/tc/curriculum-development/4-key-tasks/moral-civic/BECG%203a%20MCE.pdf。

任务。于是，特区政府加强了教师的汉语培训（推行对象包括所有在港公立学校或提供全面课程的私立日间中学、小学任教的英文或普通话科的教师，按"以英语为母语的英语教师计划"聘用的教师及国际学校的教师除外），制定了教师语文能力要求和登记评定标准，目的在于确保所有语文教师达到最基本的语文能力要求。[①]

3. 组织制作教学资源

制作不同类型的教学材料及资源网站，协助老师在校内推动基本法教育和国民教育。为配合学校进行国民教育，教育局制作及出版各类型的学与教资源，如教材套、光盘、录像带、挂图、网上资源、教育电视节目等，协助教师以活泼及多元化的方法教导学生，帮助学生认识祖国。

4. 组织举办教学活动

举办不同类型的活动，例如到金紫荆广场考察及举办与升旗有关的学习活动、升旗训练，并透过认识近代历史及伟人的学习活动等，让学生了解国情、文化和历史等。[②]

5. 发挥社会力量，组建民间国民教育机构

回归后，香港有两大民间组织积极参与推动国民教育：一是香港教育工作者联会及其主持的香港国民教育中心，二是香港国民教育促进会。两大组织都得到了特区政府和教育局的支持。

6. 设立专门研究计划

2002—2003学年，教育局以6所中小学为研究对象，进行了一项名为"以联课活动培养学生的国民身份认同"的研究计划。研究内容包括找出学校以联课活动培养学生的国民身份认同的经验，在推行时的限制和发展等。[③]

---

① 李国章：《2004香港立法会会议上教育统筹局李国章局长对刘慧卿议员的书面回复》，香港政府资讯中官网2004年11月3日，http://www.info.gov.hk/gia/general/200411/03/1103213.htm。

② 徐士强：《我是中国人——香港回归以来国民教育发展述评》，《上海教育科研》2008年第11期。

③ 李国章：《2004香港立法会会议上教育统筹局李国章局长对刘慧卿议员的书面回复》，香港政府资讯中官网2004年11月3日，http://www.info.gov.hk/gia/general/200411/03/1103213.htm。

此外，为增加学生和教师对国旗的认识，并协助各学校在校内开展升国旗的活动，教育局德育及公民教育组专门推出了"学校升国旗"专题网站，鼓励学校在每年7月1日香港特区成立日举行升旗活动，积极推动国民教育。

（二）回归十周年：进一步加强重视国民教育

香港回归十周年之际，时任国家主席胡锦涛视察香港并发表讲话，强调"要重视对青少年进行国民教育"。[①] 香港国民教育由此进入快速发展的新阶段。

经查阅香港政府历任特首施政报告，2007年国民教育首次写入香港特首施政报告（每年十月发布，阐述来年的工作重点），并作为单列的内容要点之一，这种做法一直延续到2011年。在此期间，教学、师资培训、课外活动及与内地青少年交流等多种渠道方式不断加强，基本法学时增加，并提出单独设立"德育及国民教育科"。

在2007年香港特首曾荫权的施政报告中，"国民教育"项下的内容如下：

> 香港回归十年，市民的国家认同不断提高，我们要进一步深化对国家发展的认识、对民族文化的认同，为下一个十年作准备。假如香港人具有国家视野，并以此计划自己未来工作及生活，对个人与香港未来都会有莫大裨益。
>
> 国家主席胡锦涛先生今年六月三十日出席特区政府欢迎晚宴上殷切叮嘱："我们要重视对青少年进行国民教育，加强香港和内地青少年的交流，使香港同胞爱国爱港的光荣传统薪火相传。"
>
> 青少年是我们的未来。为了国家的发展、"一国两制"的发扬光大，特区政府会不遗余力推行国民教育，尤其要重视对青少年进行国民教育，使年轻一代都有爱国爱港的胸怀，有为国家、为民族争光和

[①] 孙承斌、陈斌华：《胡锦涛出席香港特别行政区欢迎晚宴并发表重要讲话》，《人民日报》2007年7月1日。

贡献力量的志气，并以身为中华人民共和国公民为荣。

推动国民教育是一项全社会工程，特区政府会与社会各界，特别是教育界，积极和密切合作，通过种种方法和渠道，包括教学、师资培训、课外活动及与内地青少年交流等，提升青少年对国家发展的了解和认识，对祖国山河大地和人民的认识，对中国历史与文化的认识，使青少年建立民胞物与的情怀、身为中国人的自豪感，以及对国民身份的认同。

我们会继续透过现行中小学课程及新高中课程架构，加强与国民教育有关的学习元素，进一步提高学生对国家的认识以及对国民身份的认同。政府会推动更多学校举行升挂国旗的仪式，鼓励学校成立升旗队；资助团体举办更多青年往内地的考察和交流活动。我们会结合各方面的力量，发挥协同效应，提高国民教育的整体效果。

2008年，时任香港特首曾荫权在施政报告提出：

国民教育是特区政府的既定政策，我们会继续依循"多重进路"的策略，从三个重点推动国民教育：透过课程让学生认识和掌握国家的过去和发展；为学生创造各种学习和交流机会，培养他们的家国情怀；以及鼓励学生对国家的发展做出贡献和承担。

过去一年，我们把握国家发展的机遇和挑战，例如举办北京奥运会、香港协办奥运马术比赛、神舟七号航天员漫步太空、庆祝国家改革开放三十年，以及支援四川抗震救灾和灾后重建等，为教师和学生举办专题讲座系列及培训课程，并设计网上教材。

政府将会投放额外资源，推动国民教育，包括：增加香港学生到内地学习及交流互访的机会、加强教师有关的专业培训与交流，让教师和学生亲身体验祖国的长足发展。现时我们每年资助约五千名中学生往内地学习及交流，名额将会扩大至三万七千人，并包括初中和高小学生。此外，我们会筹建一个名为"薪火相传"的国民教育平台，协同社会各志愿团体的力量，让国民教育的工作，更有策略和系统地推行。

我们会继续资助青年到内地考察，并会增拨资源，设立"青年国民教育资助计划"，资助并支持团体举办以青少年为主要对象的大型国民教育活动，培养爱国爱港的胸怀。①

与此同时，2008年，香港教育局在《新修订德育及公民教育课程架构》中要求学校要进一步加强国民教育。②

2009年，香港特首在施政报告中指出：

推行国民教育，任重而道远，政府一向不遗余力。我们会加强中小学各学习领域中的中国元素，组织学生参加配合国民教育课程的内地交流活动，将学习经历结合课程宗旨和内容，从而达到深化国民教育的目标。

去年，我们投放额外资源，推动国民教育，各项工作已逐一开展。在政府的推动下，"薪火相传"国民教育平台已在年初成立，在本学年政府会资助三万七千名学生参与各项内地交流计划。我们亦透过这平台与志愿团体紧密合作，协调四十五项由非政府机构组织的交流活动，估计有超过二万名学生受惠。同时，国民教育亦列为"优质教育基金"的优先主题。今年，基金拨款资助多项活动，包括加强国民教育学习成效的计划，以及内地考察团等。③

在2010年的施政报告中，时任香港特首曾荫权提出：

推动国民教育是政府的既定方针。政府会与公民教育委员会、

---

① 曾荫权：《香港特区政府2008年施政报告》，香港特区政府2008年。
② 香港特别行政区教育局网：《新修订德育及公民教育课程架构》，2017年1月18日，https://www.edb.gov.hk/tc/curriculum-development/4-key-tasks/moral-civic/revised-MCE-framework2008.html。
③ 曾荫权：《香港特区政府2009年施政报告》，香港特区政府2009年。

区议会、社区团体、国民教育团体和青年团体加强合作。我们会推动更多交流、考察,以及义工活动,让香港市民,尤其年青一代,深入认识国情,加强对国民身份的认同,体会两地同根同心、血脉相连。例如,今年上海举办世界博览会,我们举办和资助青年考察团及义工团参与这项盛事。我们又为今年的广州亚运会和明年的深圳大学生运动会提供义工服务,加强市民对国际盛事的参与及与国家的联系。

我们会进一步增加学生参加内地学习及交流活动的机会。政府的目标是,学生于中、小学阶段内,会获资助参加至少一次内地交流计划。我们会连同各志愿团体,通过"薪火相传"的平台,扩大计划的规模,每年增加四千多个名额,估计在二零一五至一六学年可落实上述目标。为了更好装备老师,我们会提供额外资源,资助准老师到内地参加专业研习班。

教育局会在现有课程的基础上,加深学生对《基本法》的了解,于本学年加强中、小学课程有关《基本法》与"一国两制"的教学支援,同时编制学习教材套。我们亦建议增加学习《基本法》及相关内容的时数。教育局亦会开发《基本法》试题库,透过学校安排,让学生上网回答问题;学校亦可从试题库下载题目,成为有关科目的试题。

教育局会邀请课程发展议会检视中、小学的德育及公民教育课程架构,进一步加强国民教育内容,使这个课题成为独立的"德育及国民教育科",预计可于二零一三至一四学年推行。

此外,公务员事务局也会加强公务员对国家发展及国情认识的培训课程和交流活动。①

值得注意的是,2010年除了提出增加《基本法》学时外,2010年至2011年的"特区政府施政报告"明确提出要设立"德育及国民教育科",

---

① 曾荫权:《香港特区政府2010年施政报告》,香港特区政府2010年。

并预计于 2013—2014 年推行。

与之相应，2011 年 5 月，香港政府正式推出了《德育及国民教育科课程指引（小一至中六）咨询稿》，拉开了香港学校公民教育政策由公民教育转向国民教育的序幕，将国家认同及国民身份认同置于首位，表明其他层次的认同均应建立在国民身份认同的基础之上。这标志着香港学校公民教育政策的重心从普适性的多层次身份认同建构转向了定位准确的国民身份认同建构，青少年国民身份认同建构在学校公民教育具体实践中的核心地位得以明确。

（三）回归十五周年：国民教育起风波

香港特区政府 2010 年提出增设国民教育及德育课程为中小学必修课，并于 2011 年咨询，却引爆争议。2011 年 5 月至 7 月，14 岁的黄之锋与同学发起成立学生组织"学民思潮"，组织轰动香港的"反国教科运动"，举办"全民行动，反对洗脑"万人大游行，发起"撤回课程，占领政总"行动。

对此，2011 年，香港特首施政报告依然强调了"国民教育"的重要性，该项下的内容是：

> 在国民身分认同方面，有系统的国情学习可以让学生更全面和多角度认识祖国，有助提升学生国民身分的认同，从而对国家发展有所承担。
>
> 我们已于本年就推行"德育及国民教育科"进行了公众咨询。学界大都认同推行该科目的理念及其重要性，并就推行模式及时间表、课程内容及支援措施等提出了意见。课程发展议会稍后会提交修订建议，政府会详细考虑。[①]

2012 年 4 月，香港教育局颁布《德育及公民教育课程指引》。《指引》指出，从长远的角度考虑，强调学生对祖国的认同感以及对民族的归属感，

---

① 曾荫权：《香港特区政府 2011 年施政报告》，香港特区政府 2011 年。

提出了在学校课程中设立"德育及公民教育科"的建议。采取独立学科授课的方式进行公民教育，从而加深学生对国家的认识，增强国民身份认同。按计划，2012 年 9 月先在小学试行国民教育课，2013 年起在中学试行，试行期间，学校安排每周一至两节课，3 年后设为中小学必修课。

2012 年 6 月香港国民教育中心向全港中小学派发《中国模式——国情专题教育手册》，手册的目的是通过中国几十年来取得的重大成就来加深香港市民的认同感和归属感。该手册引起香港市民的热烈争议，部分学生、教师和家长担心"德育及公民教育科"的设立会妨碍学生的价值判断和价值选择，反对该学科的设置，并由此爆发了声势浩大的反国民教育科运动——"国民教育科风波"。[①]

这场风波引发了香港大规模的群众游行示威活动，在反对国民教育科的市民占领香港政府总部十天后，行政长官梁振英于 2012 年 9 月 8 日傍晚宣布让步方案：取消三年内开展的期限、学校自行决定是否开科，检讨课程指引，并承诺五年任期内不会再推动国教科独立成科。此后，国民教育风波逐渐平息。

"国民教育科风波"何以发生？对此，香港教育大学教育研究硕士毕业，曾在香港公立小学观课、上课并做实践研究，现在广州从事创意教育的郭丹丹分析："据反映，《中国模式——国情专题教育手册》展现的部分都是国家辉煌的成就，都是很正面的，对不足、缺陷则不提，在香港人看来，我们希望认识国家，但希望是很全面地认识国家，而不只是认识国家的一方面。香港的通识教育，包括历史课程在内的几乎所有教学中，都提出要独立思考、要有批判思维，不能人云亦云、不要完全相信材料上展现的信息。香港的学界、教育界比较严格，学生也从小就具有批判思维，对片面的教材很难接受。"在此后 2014 年"占中"的参与者中，青少年占 90% 以上，其中的中学生又占大多数。有观点认为，"占中运动"一定程度上体现了香港国民教育不足，有必要通过国民教育重塑香港青少年的国家观念，培养其对"一国两制"与"香港基本法"

[①] 吴鹏：《香港推行国民教育的路径分析》，《国家行政学院学报》2017 年第 4 期。

的制度认同，增强其国家民族责任感和归属感。

郭丹丹表示，她当时曾亲历"占中"并对香港小学生做过访谈，她发现父母在政府或类政府部门任职的孩子，会描述"占中"是违法事件，"很理解他们表达诉求的意愿，但他们的做法是违法的"；其他同学则立场不清晰，还有的同学很支持"占中"。

郭丹丹介绍，香港整个社会和教育系统会从小培养孩子的公民意识和参政议政意识。例如，多年来每周末会在维多利亚公园举办香港城市论坛，有电台电视台直播，论坛囊括各种议题，市民均可参与，与专业人士对谈，而每次都会有中学组织学生轮流参加，由学生积极提问并发表自己的看法。小学生则会被带去立法会参观。由此，她感觉，在香港人看来，抛开合法与否不论，"占中"只是青年人表达政治诉求的一种方式，"香港青年并不是想推翻什么或怎样，很多时候只是方法、看法不一样"。

事实上，郭丹丹表示，据她了解，香港的小朋友都知道自己是中国人，香港的学校不论公立还是私立，都是一样的口径，会告诉孩子他们是中国人，有中国文化。对于香港学生来说，香港在很长历史上一直属于中国以及现在是中国不可分割的一部分、一国两制等，这些都是毋庸置疑的常识。此外，香港的传统文化保留得甚至比内地还要多，在中国文化上的传承也是没有问题的。

由此，上述"国民教育科风波"所暴露出来的，或许并不是香港青少年对国民身份认同的问题，而更多是思维方式的不同，显示出进一步推进国民教育的方式方法需要改善。

（四）2016年至今：国民教育持续加强

上述风波过后，笔者注意到，各界对于香港国民教育的推进方式作出了很多反思，其中很重要的一条是避免强推而注重渗透。笔者发现，这在香港特首的施政报告上也有明显体现：从2012年起，"国民教育"从之前持续多年的目录要点中消失了，香港特首不再专门讲国民教育，而是在青少年发展、教育等要点中分散阐述相关内容。

例如，2014年香港特首施政报告中，单列项"培育下一代"下的"开拓视野"中指出：

> 政府正积极探讨将"国际青年交流计划"扩阔到更多地点。民政事务局亦和青年事务委员会合作，资助社区团体安排青年到内地交流和实习，预计名额会由现时的9,600名增至下年度的14,000名。[①]

2015年香港特首施政报告中，单列项"教育"项下的"交流合作"中指出：

> 国家发展一日千里。我们计划资助学生在中、小学阶段最少各一次到内地交流。我们亦会推行试办计划，为公营及直资学校提供资助及专业支援，在2015/16学年起的3年内，将香港与内地中小学缔结姊妹学校的数目倍增至约600所，让姊妹校之间进一步分享经验及提升教与学成效，并减轻负责老师的行政工作。同时，我们会与内地各省市研究扩大和加深交流合作，让青年人透过互访、生活体验、文化和服务合作，以至求职交流等活动拓阔视野。[②]

与此同时，之前已经具备基础的国民教育在香港教育系统中继续推行。其中最为突出的是，通过持续推动，已于2018/19学年落实中国历史在初中成为独立必修科。同时，《基本法》教育、中国语文教育、内地交流等也不断加强。

具体而言，2016年香港教育局施政报告指出：

> 为配合历史教育及学与教策略的最新发展，课程展议会于2014年5月成立专责委员会，全面检视初中中国历史及历史（世界历史）课程，并于2015年11月提出了修订两个历史科课程的理念、原则

[①] 梁振英：《香港特区政府2014年施政报告》，香港特区政府2014年。
[②] 梁振英：《香港特区政府2015年施政报告》，香港特区政府2015年。

及初步方向，以提升学生学习中国历史与世界历史的兴趣与学习效能。同时，教育局通过举办不同主题的内地交流计划，让学生透过亲身体会，从多角度认识国家历史、文化、经济等多方面的发展，巩固和深化课堂学习，并思考个人和香港在国家发展上所担当的角色和责任，以及可掌握的机遇和会面对的挑战。2014/15 学年有超过 50,000 名学生获资助到内地交流。2015/16 学年的资助名额增至约 75,000 个。此外，还有促进内地和香港姊妹学校交流、加强支援少数族裔学生学习中文等内容。

2017 年，粤港澳大湾区概念首次出现在李克强总理的《政府工作报告》中，上升到国家战略的"世界级湾区"呼之欲出，香港特区行政长官林郑月娥在 2017 年的施政报告中指出，将促进香港学生认识国家历史及其他方面的发展，将在 2018/19 学年落实将中国历史在香港特区初中成为独立必修科，推动学生认识中国历史和中华文化。

2018 年是粤港澳深度融合之年，为了配合国家战略发展，广东省将此前出台的广深科技创新走廊建设规划，扩容为"广深港科技创新走廊建设规划"。"粤港澳"深度交流融合的事件越来越多，大量的香港年青一代涌入内地创业发展。教育局于 2018 年 5 月公布了初中中国历史科修订课程大纲，并最快于 2020/21 学年于中一逐级推行。此外，为让学生接受系统的中国历史教育，教育局已于 2018/19 学年落实中国历史在初中成为独立必修科。

《基本法》方面，2016 年 12 月香港课程发展议会重新修订并通过的新《中学教育课程指引》中明确要求：

全港中学须在初中的三年内，预留至少十五个小时教授《基本法》，学校可选择在不同科目或课外活动安排，并须自我检视施行情况。2017 年香港教育局施政报告指出，教育局透过持续发展学与教资源、举办与《基本法》教育相关的学习活动、更新相关课程、进行教师培训以及与内地师生交流计划等形式，进一步推广《基本法》

和"一国两制"的学习。教育局编制 15 小时的"宪法与《基本法》"单元及更新教材,已于 2017 年年中起供学校使用。此前,在 2017 年,香港教育局表示:"现时逾 90% 学校已开设中国历史为独立必修科。至于以其他课程模式推动中史教育的学校,教育局将与学校沟通及提供支援。除非已具明显教学成效,或有非常特殊情况,否则学校应尽可能转推中国史为独立科。"①

此外,2017 年,香港教育局表示已向每所公营及直资小学和中学(包括特殊学校)分别发放过 10 万及 15 万元的一笔津贴,合共约 1 亿 2500 万元,以支援小学常识科、中学中国文学科,以及中小学的中国语文科、中国历史的教师改善教学及让中小学生能够欣赏及传承中华民族的卓越精神与文明。2018 年,香港教育局表示,从 2019/20 学年起,学校可运用新发放的"全方位学习津贴",配合中史课程组织走出课室的多元化体验学习活动。

三 澳门国民教育基本情况

2018 年 5 月,澳门大学中国历史文化中心发布"澳门中小学生中国历史文化认知指数",② 这个针对澳门 14 所中小学的 1,700 多名学生做的问卷调查和综合评估结果显示:澳门小学生的国家认知指数为 78 分,初中生为 71 分。指数为百分制,50 分以上即为正面认知。而根据相关调查发现,澳门华人长期以来普遍使用"澳门人"及"中国人"两个词来指谓自己,这是华人感到最有意义的两种身份。"某种意义上,这个调查印证了澳门的中小学生对国家和民族的认同感",澳门口述历史协会会长林发钦在接受访谈时说。

---

① 梁振英:《香港特区政府 2017 年施政报告(节选)》,《世界教育信息》2017 年 第 3 期。
② 澳门大学:《澳大首次发布澳门中小学生国家历史文化认知指数》,澳门新闻局 2018 年 3 月 29 日,https://www.gcs.gov.mo/showCNNews.php?DataUcn=123528&PageLang=C。

(一)回归前十年：《澳门教育制度》使得公民教育迈进新阶段

回归以前，澳门教育投资长期不足。葡澳政府管制澳门四百多年，真正关心华人教育差不多从20世纪80年代才开始，至1999年澳门回归前，不过十几年的时间。[①]在葡萄牙殖民澳门时期，澳门只有十几所公立学校，仅收葡萄牙人或土生葡人下一代，超过93%的青少年都在私立学校念书，澳葡政府没有给私立学校一分钱。

1991年，澳门颁布重要的教育法规——第11/91/M号法律《澳门教育制度》，这是澳门政府有史以来第一个成文的教育制度，首度为澳门的各级学校教育作出整体规划。这些法规的制定与颁布，使澳门的公民教育迈进一个新的发展阶段。

1993年，《澳门基本法》颁布后，澳门中华教育会编写了《基本法》课本，爱国人士在自己投资的私立学校高中阶段推行《基本法》教育。为了让更多青少年认识和理解《基本法》，澳门每年会举行《基本法》知识问答比赛、短片拍摄设计比赛、话剧比赛，通过喜闻乐见的形式，让青少年和社会大众了解澳门《基本法》的内容和历史。

1. 回归初期："爱国爱澳"写入教育实施纲要

澳门回归后，特区政府认识到"帮助民众建立国民身份，弥补国民教育缺失"的紧迫性，2000年即提出"爱国主义和公民意识应在整个教育领域内得到足够的重视和切实的推行"。澳门教育暨青年局还编辑出版了《国旗、国徽、国歌、区旗、区徽》教材，并附光盘资料，提供给所有学校使用。

2004年10月，澳门教育暨青年局颁布的《澳门特别行政区非高等教育阶段"爱国爱澳"教育实施纲要》指出，爱国、爱澳是澳门居民的优良传统，其精神与情怀作为一种凝聚力和向心力，对澳门的经济发展、社会稳定和文化进步都有着巨大的积极作用。该纲要指出，爱国爱澳有赖全社会的关心和参与，但重点是儿童和青少年。学校作为专门的教育机构，在"爱国爱澳"教育中起着举足轻重的作用。

---

① 郭晓明：《澳门基础教育的回顾与展望》，《澳门城市研究》2018年第1期。

同时，实施"爱国爱澳"教育的原则：一是整体考虑"爱国"和"爱澳"教育，二是把"爱国爱澳"教育与国际视野的培养结合起来，三是从认知、情感、态度、行为等各方面提升"爱国爱澳"教育的效果，四是从儿童的年龄发展特点出发，五是要与学校日常生活相结合，六是学校教育与家庭、社会互动，重视青年工作的作用，七是要充分利用澳门的相关文化资源。

2005年，澳门特别行政区政府财政年度施政报告进一步提出"加强'一国两制'和基本法，以及中国历史文化的教育，增进青少年的国家民族身份认同"。

2. 2006年《非高等教育制度纲要法》颁布，整体改变澳门的非高等教育制度

（1）《非高等教育制度纲要法》颁布：提出应"培养其对国家和澳门的责任感"

"回归以来，澳门教育变革一个很重要的成果就是，2006年颁布实施的第9/2006号法律——《非高等教育制度纲要法》，这个法律整体改变了澳门的非高等教育制度，如学制改革、教育经费的投入制度、课程领导制度，标志着澳门教育法和教育制度的历史发展进入到第二个阶段"，澳门特区政府社会文化司司长办公室顾问郭晓明在接受访谈时这样表示。郭晓明曾担任澳门教育暨青年局督导，亲历了这十几年来，澳门非高等教育相关法律制定和实施的整个过程。

《非高等教育制度纲要法》在教育总目标中明确规定，须"致力培养及促进受教育者爱国爱澳、厚德尽善、遵纪守法的品格，使其有理想、有文化及具备适应时代需求的知识和技能，并养成其健康的生活方式和强健体魄"，尤其应"培养其对国家和澳门的责任感，使其能恰当地行使公民权利，积极履行公民义务"。

2007年起，澳门特别行政区全面落实推行涵盖了幼儿、小学和中学的十五年免费教育，这在全球尚属少数。按照规定，年龄介乎3—15岁的儿童和青少年都须接受义务教育。澳门免费教育的发展主要有以下特点：一是由"义务"过渡至"强制"；二是力求遵循教育均等的公平原则，例如均等学习及成功机会；三是实行有倾斜的补偿措施，特别是对经济有困难家庭和身心有问题的学生予以特别辅助；四是对公立学校和加入免费学校系统的私立学校实行全免政策，对于尚未加入免费教育系统的学校予以学费津贴补助。

（2）《澳门特别行政区非高等教育范畴德育政策》颁布：爱国爱澳教育须进一步加强

2008年11月，澳门教育暨青年局发布的《澳门特别行政区非高等教育范畴德育政策》指明，"自1999年12月20日，中华人民共和国对澳门恢复行使主权以来，澳门进入了一个'一国两制''澳人治澳'、高度自治的新时代，爱国爱澳教育须进一步加强，包括增进年青一代对中国国情和澳门区情的了解，培养他们的民族归属感、对祖国和澳门的认同感，以及整体国家的观念。"

《澳门特别行政区非高等教育范畴德育政策》目标之一就是"对家庭、学校的归属感，对国家和民族的认同感，以及爱国爱澳的情怀"，指明，"爱国爱澳教育是德育工作的重要议题"，并"为品德与公民教育任课教师提供专门培训课程（包括课程开发方面的培训），持续提升其专业能力"，并指出应有效开展各种德育实践活动，"如充分利用各种大型活动，如每年的回归纪念日、国庆等，为学生提供更多的参与社会、服务社会的机会，增进他们与社会的良性互动"，还有"鼓励学校升挂国旗，举办升国旗仪式、欣赏中国传统文化艺术、参观历史文化古迹等方面的活动"，以及"大力推进澳门青年活动及教育领域与内地的交流，鼓励学生利用暑假赴内地旅行，鼓励学生参加国防教育营等各种有意义的活动，使学生在实践活动中得到锻炼"。

（二）回归十五周年：把国情教育落实到课程框架和基本学历要求中

澳门回归以来，特区政府努力推进非高等教育课程变革，最为关键的一步是在2014年颁布和开始逐步实施第15/2014号行政法规——《本地学制正规教育课程框架》，该法规在初中和高中阶段都将"历史"列为必修课。

2014年，澳门教育暨青年局聘请专家和教育界人士先后完成了小学"常识"以及初中和高中"社会与人文"学生需达到的"基本学力要求"（相当于其他地区的课程标准），并分别于2016年和2017年颁布。其中，"人文社会与生活"与历史有关。该部分的目的是"传承历史传统与社会文化"，让学生"了解本地社会的传统与现状，认识中国及世界当前的社会议题，培养他们的人文思维和人文关怀精神。通过认识影响澳门社会发展的中外历史与文化，培养学生尊重和传承历史与文化的意识，以及对澳门与国家的责任感和归属感"。

1. 基本学力要求的实施是国情教育开展的有力支持

郭晓明表示，"过去，澳门的私立学校的课程，政府完全管不到，课程设置有法规规定，但是私立学校可以不执行，教材的使用则完全是自由的，由学校自主决定。"2006年颁布《非高等教育制度纲要法》后，学校必须遵守政府制定的各教育阶段的"课程框架"（相当于内地的"课程计划"）和学生须达到的"基本学力要求"（相当于内地的"课程标准"）；在此前提下，学校可根据自己的特点，开发校本课程，这是一个重要的改变。

到2019年，澳门的15年免费教育的所有年级均会实施新的"基本学力要求"，这是什么意思呢？就是说，凡是在澳门接受教育的中小学生的在校教育，都要达到"基本学力要求"中列明的各项要求。我们分别以小学"常识"、初中"历史"和高中"历史"为例，进行说明。

小学"常识"包括"健康生活""人文社会与生活""自然环境与生活""科学与生活"四个部分，其中，"人文社会与生活"与历史有关。该部分的目的是"传承历史传统与社会文化"，让学生"了解本地社会的传统与现状，认识中国及世界当前的社会议题，培养他们的人文思维和人文关怀精神。通过认识影响澳门社会发展的中外历史与文化，培养学生尊重和传承历史与文化的意识，以及对澳门与国家的责任感和归属感"。在具体要求上，重视培养学生的兴趣，让学生"乐于阅读历史故事，对历史文化感兴趣；能搜集、整理及分析资料，与同学交流讨论澳门历史城区主题"；了解中国历史，"能举例说明中国历史文化源远流长；

能指出中国古代四大发明及其对人类文明发展的贡献；能探讨不同时期重要的历史人物和历史事件对中国的影响"；从生活入手，学习澳门历史，包括"能列举寓居澳门的历史名人，欣赏他们对澳门、中国和世界的贡献；能说明澳门是东西文化荟萃的城市，并尊重不同的文化；能说出澳门是早期东西文化交流的中介地，对东西文化交流与发展有重大贡献；能指出葡萄牙人入居澳门的经过；能透过阅读多样的历史数据，探讨葡萄牙逐步占领澳门的过程及其影响；能描述澳门主权回归的过程及意义"；在世界史方面，要求学生"能指出世界四大文明古国对人类文明发展的贡献；能指出世界民族文化丰富多样，并尊重不同的风俗习惯；能列举世界的主要宗教，并尊重不同宗教信仰"。"这些内容就是国情教育的具体内容，通过'基本学力要求'的实施，使得国情教育的开展有了保障。"澳门教育暨青年局的有关人员在接受访谈的时候表示。

再来看初中的"历史"课程的"基本学力要求"：对学生历史学习的要求是从"人与时间"和"文化渊源与社会发展"两个维度展开的。前者包括"历史演变""制度更迭""人物评析"和"重要史事"四个方面，后者则涉及"文明起源""民族与宗教""思想与文艺"和"科学与技术"。而且，每个维度都包括中国史、世界史和澳门史。"我对照看了现在的历史科'基本学力要求'，比我们读书时候的历史科内容丰富多了。"澳门口述历史协会的陈淑怡表示。近年来，该协会推动越来越多的澳门人了解当地的文化和历史，还开设了"社区导赏志愿者"培训计划。

最后，我们来看看高中"历史"课程：直接从"时代变迁""文化传承与革新""区域联系"和"本土探究"四个方面展开，涵盖中国史、世界史和澳门史三大领域。

2. 自主开发的"历史""中国语文"等教材是国情教育开展的具体保证

在调研中，我们了解到，自从 2008 年以来，澳门教育暨青年局在特区政府的支持下，根据"基本学力要求"，联合本地以及内地的教育资源，组织开发了本地教材。

表1　　　　　　　　　　澳门本地教材的出版情况

序号	教材名称	编者及出版者	进展情况
1	《品德与公民》	人民教育出版社	2008—2010年先后推出三个"试用版",2016年9月出版小学修订版,初中和高中的修订版分别于2018年和2019年出版
2	《书写我城》（初中文学补充教材）	澳门笔会	2014年出版
3	《澳门地理》（初中补充教材）	人民教育出版社	2015年出版
4	中学《历史》	人民教育出版社	2018年9月起供初一和高一学生使用
5	《中国语文》（小学、初中和高中）	广东教育出版社	2019年9月起供一年级学生使用
6	小学《常识》	澳门科学技术协进会	计划2019年9月起供一年级学生使用

据调查了解，以委托人民教育出版社开发的《品德与公民》教材为例，截至2014/15学年，小学教材选用的学校达到学校总数的63%（38间），初中达到了56%（24间），高中达到了51%（21间），受到学校的欢迎，已成为澳门最有影响的《品德与公民》教材。

再看《中国语文》教材，已经委托广东教育出版社和澳门启元出版社承担编写和出版工作。广东教育出版社的文科融合发展中心承担了《中国语文》教材的研发工作，该中心主任李红霞在接受访谈的时候表示："正在编写的这套教材将是澳门首次研发以中华优秀文化为背景、具有澳门特色、满足学生学习需要、符合'基本学力要求'的中文教材，符合澳门中文教育既要面向世界、面向未来，具备国际化的课程视野，又要扎根本土，通过母语学习落实中华传统文化教育的需求。"

其中，根据澳门中文科基本学力要求编写的小学《中国语文》教材已于2018年9月在澳门部分学校试用，澳门教育暨青年局教育研究暨教学改革辅助处黄晢恒处长在接受调研的时候表示："2019年9月起，全澳的小学就可以选用这套《中国语文》教材了。"他同时也表示，"学校有自主选择教材的权利"。

3. 加强师资培训是国情教育开展的有效措施之一

落实国情教育，教师的专业素养至关重要。为协助教师在日常教学中有效地推行课程改革，将"基本学力要求"转化为具体的课堂教学，澳门教育暨青年局近年持续为教师开办多类型的培训活动，如以社会与人文科或历史科骨干教师、科组长为对象的研习课程，该课程由多个单元组成，重点培养骨干教师或科组长的课程规划、管理及实践能力。除此以外，教育暨青年局还将配合基本学力的实施，陆续推出相应的"课程指引"，通过"指引"这一"桥梁"，"可以让学校和教师把'基本学力要求'与日常的教学结合起来。"澳门培正中学中文科主任施虹冰这样说。施老师曾作为"内师"（即内地优秀教师）到澳门的学校工作两年，后来被澳门最好的中学——培正中学聘任。培正也是一所完全学校，也叫"一条龙"学校，从幼儿园一直到高中。

四 对港澳两地国民教育的思考

从上述港澳地区的国民教育基本情况可以发现，港澳两地回归后，两地特区政府为提高港澳同胞的国民意识采取了一系列措施，这对于增强他们的身份认同起到了一定程度的推动作用。然而，殖民统治和殖民教育的影响及回归后未能及时对殖民教育加以彻底地批判和揭露等原因，再加上回归后部分境外反华势力和其所操控的媒体不负责任的失实报道，让港澳部分年轻人对"一国两制"的理解和对国家、民族的认同感存在一定的偏差。在此，我们针对两地的具体情况，进行了一些思考，希望给港澳地区更好地推进"国民教育"以启示。

（一）实施国情教育需要更完善的法律保障

习近平在庆祝香港回归祖国 20 周年大会暨香港特别行政区第五届政府就职典礼曾发表讲话："要完善与基本法实施相关的制度和机制，要加强香港社会特别是公职人员和青少年的宪法和基本法宣传教育。"

回归后，香港澳门两地分别通过制定指引或法律以确保国情教育收到良好的效果。2010—2018 年，香港特区政府、香港教育局在施政报告中从提及设立德育及国民教育科到近几年提到修订历史科课程、强调《基本法》教育；香港课程发展议会、教育局课程发展处德育及公民教育组先后发布《基础教育课程指引——各尽所能，发挥所长》、新修订的《德育公民教育课程架构》《德育及公民教育课程指引》《基础教育课程指引》《中学教育课程指引》，并在以上系列文件指引中"植入"国民教育内容，但似乎没有收到显著效果。当然，2016 年起，香港特区政府、香港教育局在施政报告中从提及设立德育及国民教育科到近几年提到修订历史科课程、强调《基本法》教育，其成效有待观察，值得期待。

与此同时，澳门回归 5 年后，澳门教育暨青年局颁布了《澳门特别行政区非高等教育阶段"爱国爱澳"教育实施纲要》，将"爱国爱澳"写入教育实施纲要；2006 年颁布实施的第 9/2006 号法律——《非高等教育制度纲要法》，其在教育总目标中明确规定，须"致力培养及促进受教育者爱国爱澳、厚德尽善、遵纪守法的品格，……，培养其对国家和澳门的责任感。"[①]2008 年 11 月，澳门教育暨青年局发布的《澳门特别行政区非高等教育范畴德育政策》。可见，澳门有步骤地推进国情教育在本地区的实施，不断取得进展。同时，随着社会向前发展，及时从解决实践中出现的矛盾和问题出发，从进一步提高国情教育发展水平的需要出发，及时修订相关法律，取得的效果有目共睹。

（二）采用校本课程实施国民教育，应加大政府的主导监督作用

香港在推行国民教育中，尚未就教材作出统一要求，教育部门提供给各校的教材选项较多，有些学校甚至可自行编教材。这样一来，存在的问题就众多。比如说，由于编者的政见不一，"教材"就难以形成共识；加上学校教师群体对中国大陆的了解程度参差不齐，他们在教材选择上亦有很大差异。

2002 年，香港教育统筹委员会向政府提交一份理念为"帮助每个人透过终身学习达致全面发展"的《教育制度改革建议》，对香港基础教

---

① 黄欣、刘畅：《"爱国爱澳"写进澳门非高等教育制度纲要法》，中华人民共和国国防部 2014 年 12 月 16 日，http://www.mod.gov.cn/edu/2014-12/16/content_4558206.htm。

育进行全面改革，又将校本课程开发列为香港基础教育开发的紧急核心任务之一，并明确校本课程开发是课程改革的重要组成部分。这一年，课程改革在小学全面推行，香港课程发展议会编订《基础教育课程指引——各尽所能，发挥所长（小一至中三）》。其主导原则是："只要符合中央课程的要求，学校可有弹性地制订校本课程。"2014年，课程发展议会又重新修订了指引，在颁布的《基础教育课程指引——聚焦·深化·持续（小一至小六）》中再次强调："鼓励学校立足于现有优势，持续推行具校本特色的课程发展。其主导原则为：校本课程需兼顾平衡不同的观点和关注，并配合适切的学、教及评价策略。"[①]

而澳门在推行校本课程发展的同时，教育暨青年局近年开始投入资源，开发具本地特色、适应学生发展需要的本地教材或教学资源，以便为学校的课程实施和教师教学提供支持。2016年，教育暨青年局委托澳门科学技术协进会编写澳门小学《常识》教材。该教材以澳门小学常识科的"基本学力要求"为依据，当中包括本澳及中国的相关历史内容。教材全套包括学生用书12册、教师用书12册、教师上课用PPT、习题库、实验包等，预计教材可于2019/20学年起供学校选用。另外，教育暨青年局于2017年与人民教育出版社合作，共同编写及出版澳门初中和高中的历史教材，初中一年级和高中一年级的教材2018/19学年起供学校选用。

在一定程度上，澳门由特区政府统筹主导统一教材的做法，使得其"国民教育"的效果明显优于香港地区。

（三）重视历史学科在国民教育中扮演的重要角色

有专家认为，国民教育的根本在中国历史（国史）教育。在香港，自1960年左右起，历史学科便分为两个互相独立的科目，一个是"中国历史科"，学习中国古代到近现代历史；另一个是"历史科"，主要学习世界历史。到了70年代，中国历史科被设为初中共同核心课程，相当于义务教育阶段的必修课，和中文、英文、数学三门课程并列，可见其

[①] 叶颖、冯航贞：《香港校本课程开发的特点及启示》，《现代教育科学（中学教师）》2015年第4期。

重要性。

1993年，回归前的香港开展教育改革，将历史科设为"人文与社会科目"中的五个子学科之一，初中生必须选修包括中国历史在内的两门学科。自那时起，中国历史不再作为一门必修课存在，地位逐步弱化。2000年，香港教改规定将中国历史划入"个人、社会及人文教育"这个大类，而大类并没有规定具体的科目与课程。2002年起，政府容许中学不以独立科目形式教授中国历史。

一个国家的历史，对于民族意识的建构起到了非常重要的作用。历史不仅是过去发生的事情，还包含人们对它的阐释和评价，关乎人们对当下的认识。爱国主义的培养源于历史教育，树立正确的历史常识，才会有正确的现实认识。进行良好的本国历史教育，也是各国的通行做法。可见，历史学科尤其是国史科在国民教育中扮演的角色不容忽视。

（四）国民教育必须融入生活的方方面面

2010年，香港特区政府在施政报告中提出要在2012年起加强国民教育，建议设立独立的"德育及国民教育科"，并面向社会举办了咨询会。这一举措的结果，引发了持续两年的反对，和多场大规模"占中"游行，致使国民教育成为了香港社会的情绪触发点，并最终以政府让步才使事件逐步平息。

而在澳门，澳门特区政府社会文化司为了使民众进一步认同中华文化，把文化建设作为实现"全面提升市民综合生活素质"这一战略目标的重要组成部分；以中华文化为主流，认识、尊重澳门文化的特色，同时深入开展本澳历史、文化研究，抓紧培养本地各类艺术人才，大力推动本地艺术创作，支持有内涵、有深度、有创意的文化活动。同时，把中小学"公民教育科"和"品德教育科"的必修课中"基本法"的内容编成小故事、漫画、游戏棋、电脑游戏等。把学习内容演变成游戏，让学生在玩中学，在学中玩，这是在寓教于乐中寻找一种自我挑战、寻求成功的过程。这种学习方法不仅为学生所喜爱，而且与素质教育的要求与内涵是一致的。从另一个角度看，这也是一个实践"诚实、守时、服从、沟通"等的教育过程。可见，以和风细雨、潜移默化的方式推进国情教育，所起到的效果更好。"国情教育应该融入到中小学生生活的方方面面。"郭晓明表示。

(五) 增进交流，以促进了解

近年来，香港澳门两地与内地保持良好的教育往来合作，如香港"姊妹学校"项目、促进青年交流的"万人计划"、促进教职工交流的"港澳教育界国庆访京团""华夏园丁大联欢"等；特别是香港国民教育促进会成立后，开展了多项有利于青少年增加对祖国认识的活动。例如2007年参与促成中央电视台在香港落地，在港首创"香港青少年寻根之旅"，为青少年提供了别开生面的国民教育平台和对中华民族血脉相承的感念机会；2015年又组织了"香港青少年饮水思源·东江供水历史追溯团"，为培养中华民族传统美德提供了一个现实的课题。2009年4月，香港国民教育中心在深圳市中英街历史博物馆、广东公安边防六支队"沙头角模范中队"成立了香港青少年内地教育基地。截至2012年4月，该基地已接待香港中小学师生3,000余人次，涉及香港30多所中小学校。2009年，在新中国成立60周年之际，特区政府与社会各界携手合作，推出形式多样的庆祝活动，其中包括"远望六号"航天远洋测量船首次访港活动、粤港澳青年文化之旅、国庆万众同欢嘉年华、香港各界青少年万人大巡游及主题晚会等活动，让香港市民更好地了解国家，见证国家的发展与成就，以提高他们的国民意识。郭丹丹认为，内地和香港仍欠缺互相了解，为此建议增加对话、增进交流，亲身接触比书本教育等渠道的效果会更好。

要让香港、澳门的中小学生了解国家的过去，参与今天的建设，关心明天的发展，就要帮助他们了解和认同中华民族的同根文化，感受到国家的伟大。通过学校、家庭和社会三方面的努力，为当代港澳青少年构建一个知国、爱国、强国的三位一体的环境，增强他们的祖国认同感和民族自豪感，为实现中华民族的伟大复兴和香港社会的繁荣稳定做出积极贡献。

参考文献：

何汉权：《危机与出路：香港中学中国历史科之探讨》，《港澳研究》2014年第4期。

沈本秋：《观念挑战与制度短缺：港人的国家认同建构之困——以香港国民教育问题为例》，《科学社会主义》2016年第5期。

石鸥主编：《教科书评论》，首都师范大学出版社2015年版。

孙东屏：《澳门回归后青少年公民教育的特色》，《青年探索》2009年第6期。

王巧荣：《浅析回归后香港的国民教育》，《当代中国史研究》2018年第2期。

郭晓明：《澳门基础教育的回顾与展望》，《澳门城市研究》2018年第1期。

吴鹏：《香港推行国民教育的路径分析》，《国家行政学院学报》2017年第4期。

徐士强：《我是中国人——香港回归以来国民教育发展述评》，《上海教育科研》2008年第11期。

生态保护地区实现高质量发展的路径探索
——以广东韶关、河源、云浮为例

温盛远　梅天恩　刘远朋　罗娉婷　陈烨[*]

【摘要】本调研以广东韶关始兴红梨村、河源顺天镇、云浮苹塘镇三地作为个案研究，并在广泛阅读乡村旅游扶贫相关文献和实地调查的基础上，运用实地考察法、深入调研法、资料分析法相结合的方法，对生态保护地区高质量发展路径进行探索。本文旨在通过这些求同存异的战略，有效地提升高质量发展水平，帮助落后地区建立独有的品牌名片。

【关键词】广东；生态保护；高质量发展

一　绪论

（一）选题意义
1. 研究背景
（1）推动高质量发展

2018年10月22日至25日，中共中央总书记、国家主席、中央军委主席习近平在广东考察，对广东提出了4个方面的工作要求：一是深化

---

[*]【作者简介】温盛远，男，韶关市广播电视台电视节目中心副总监；梅天恩，男，云浮广播电视台总编室主任；刘远朋，男，河源日报社融合中心运维部主任；罗娉婷，女，广东外语外贸大学新闻与传播学院硕士研究生；陈烨，女，广东外语外贸大学新闻与传播学院硕士研究生。

改革开放，二是推动高质量发展，三是提高发展平衡性和协调性，四是加强党的领导和党的建设。

习近平强调，推动高质量发展，要发挥企业创新主体作用和市场导向作用，加快建立技术创新体系，激发创新活力。要大力发展实体经济，破除无效供给，培育创新动能，降低运营成本，推动制造业加速向数字化、网络化、智能化发展。要深入抓好生态文明建设，统筹山水林田湖草系统治理，深化同香港、澳门生态环保合作，加强同邻近省份开展污染联防联治协作，补上生态欠账。要切实保障和改善民生，把就业、教育、医疗、社保、住房、家政服务等问题一个一个解决好、一件一件办好。

（2）乡村振兴战略

十九大报告中指出要实施乡村振兴战略，提出"农业、农村、农民"问题是关系国计民生的根本性问题，必须始终把解决好"三农"问题作为全党工作重中之重。"农业经营化、农村产业化、农民富裕化"是目前解决"三农、城乡统筹和城乡一体化"问题的有效途径之一。

田园综合体建设、山水林田湖草生态保护修复、新农村示范片建设等项目的实施，是践行乡村振兴战略的创新举措。

（3）提高发展平衡性和协调性

韶关、河源、云浮三地，分别属粤北、粤东北和粤西，均为广东欠发达地区，也是生态保护地区，是广东"一核一带一区"发展战略的生态发展区。

本文选择韶关始兴红梨村、河源顺天镇、云浮苹塘镇三地作为个案研究，从微观个案分析，探索发展路径。

2. 研究目的

高质量发展，就是能够很好满足人民日益增长的美好生活需要的发展，是体现新发展理念的发展，是创新成为第一动力、协调成为内生特点、绿色成为普遍形态、开放成为必由之路、共享成为根本目的的发展。

党的十八大以来，以习近平同志为核心的党中央准确把握复杂局势，科学判断，正确决策，真抓实干，我国经济发展取得了历史性成就，发生了历史性变革。中国特色社会主义进入了新时代，我国经济发展也进入了新时代,我国经济已由高速增长阶段转向高质量发展阶段。

本次调研,聚焦广东韶关、河源、云浮三地,分属粤北、粤东北和粤西,均为广东欠发达地区。三地有共性,也有自身发展的独特性,对三地发展规划进行梳理,并且对现阶段推进高质量发展中存在的原因以及影响进行深入研究分析,旨在通过这些求同存异的战略,有效地提升高质量发展水平,帮助落后地区建立独有的品牌名片。

3. 研究内容

本次调研在广泛阅读乡村旅游扶贫相关文献和实地调查的基础上,以4P理论、4C理论、差异化战略理论、市场分析与差异化定位理论、共生理论为指导,运用实地考察法、深入调研法、资料分析法相结合的方法,针对我国高质量发展,提出路径对策。

(二) 基本概念阐述

1. 山水林田湖草生态保护修复

中共十八大以来,习近平总书记从生态文明建设的宏观视野提出山水林田湖草是一个生命共同体的理念,在《关于〈中共中央关于全面深化改革若干重大问题的决定〉的说明》中强调"人的命脉在田,田的命脉在水,水的命脉在山,山的命脉在土,土的命脉在树。用途管制和生态修复必须遵循自然规律""对山水林田湖进行统一保护、统一修复是十分必要的"。按照国家统一部署,2016年10月,财政部、国土资源部、环境保护部联合印发了《关于推进山水林田湖生态保护修复工作的通知》,对各地开展山水林田湖生态保护修复提出了明确要求。2017年8月,中央全面深化改革领导小组第三十七次会议又将"草"纳入山水林田湖同一个生命共同体。"生命共同体"理念科学界定了人与自然的内在联系和内生关系,蕴含着重要的生态哲学思想,在对自然界的整体认知和人与生态环境关系的处理上为我们提供了重要的理论依据,成为当前和今后一段时期推进生态文明建设的重要方法论。

2. 田园综合体

2017年2月5日,"田园综合体"作为乡村新型产业发展的亮点措施被写进中央一号文件,原文如下:支持有条件的乡村建设以农民合作社为主要载体、让农民充分参与和受益，集循环农业、创意农业、农事体验于一体的田园综合体，通过农业综合开发、农村综合改革转移支付等渠道开展试点示范。

田园综合体是集现代农业、休闲旅游、田园社区为一体的乡村综合发展模式，目的是通过旅游助力农业发展、促进三产融合的一种可持续性模式。"田园综合体"是指综合化发展产业和跨越化利用农村资产，是当前乡村发展代表创新突破的思维模式。

3. 新农村建设

社会主义新农村建设是指在社会主义制度下，按照新时代的要求，对农村进行经济、政治、文化和社会等方面的建设，最终实现把农村建设成为经济繁荣、设施完善、环境优美、文明和谐的社会主义新农村的目标。

中央农村工作会议提出，积极稳妥推进新农村建设，加快改善人居环境，提高农民素质，推动"物的新农村"和"人的新农村"建设齐头并进。

4. 高质量发展

高质量发展是 2018 年国务院政府工作报告首次提出的新表述，表明中国经济由高速增长阶段转向高质量发展阶段。

2018 年 3 月 5 日，提请十三届全国人大一次会议审议的政府工作报告提出的深度推进供给侧结构性改革等 9 方面的部署，都围绕着高质量发展。

（三）研究方法

1. 个案分析法

通过列举生态保护地区在高水平保护中实现高质量发展的差异化路径，在差异中找到共性，分析出具有代表性的实证研究，能够探索出一条差异化发展思路和应对策略，提供可供参考的借鉴经验，路径探索具有一定的指导意义。

2. 实地调查法

本次调研希望通过直接观察以及询问采访的方式对广东韶关、河源、云浮在高水平保护中实现高质量发展进行实地考察，分组对三地的实施项目进行考察，分析第一手资料，探讨高质量发展的改善措施。

3. 资料分析法

资料分析法是指用文字、图像、符号、声频和视频等手段存贮在物质载体上，按照一定逻辑组织的有关知识内容的信息记录，同时可以为其他生态保护地区实现高质量发展提供依据。

二 广东韶关高质量发展建设概况

（一）韶关实现经济高质量发展的现实选择

1. 韶关加快经济高质量发展的路径指引

韶关位于广东省北部，北接湖南，东邻江西，东南面、南面和西面分别与广东省河源、惠州、广州及清远等市接壤。介于北纬23°53′－25°31′，东经112°53′－114°45′之间，东起南雄市界址镇界址村，西至乐昌市三溪镇丫告岭村，全境直线距离东西跨长186.3公里；北自乐昌市白石镇三界圩村，南至新丰县马头镇路下村，南北为173.4公里。辖浈江区、武江区、曲江区、仁化县、始兴县、翁源县、新丰县和乳源瑶族自治县，代管乐昌市和南雄市，共10个街道办事处、4个办事处、93个镇、1个民族乡。全市土地面积1.84万平方千米，韶关市区面积3,468平方千米。韶关地形以山地丘陵为主，河谷盆地分布其中，平原、台地面积约占20%。地势北高南低，海拔1,902米的石坑崆为广东第一高峰。河流主要属珠江水系北江流域，北江以浈江为干流，主要支流有武江、墨江、锦江、翁江、南水。属中亚热带湿润型季风气候，气候宜人。年平均温度为21℃，年平均降雨量为1,700毫米，全年无霜冻期为310天左右，冬季北部有雪。韶关是全国重点林区，广东用材林、水源林和重点毛竹基地，被誉为华南生物基因库和珠江三角洲的生态屏障；林地面积1,911万亩，活立木蓄积量9,054万立方米，森林覆盖率75.05%。

2018年9月28日至29日，中共中央政治局委员、广东省委书记李希到韶关调研，对韶关提出了"全力筑牢粤北生态屏障，打造绿色发展韶关样板，争当北部生态发展区高质量发展排头兵"的目标。

2. 韶关加快经济高质量发展的总体布局

为打造绿色发展韶关样板，争当北部生态发展区高质量发展排头兵，韶关以建设粤北生态特别保护区为契机，提高全域生态保护水平，力争尽快在韶关范围内建成1,000平方公里以上的粤北生态特别保护区，把创建国家公园的过程，变成从韶关样板向国家样板提升的过程；加快建设绿色低碳循环产业体系，在质量上坚持绿色发展、空间上坚持集约发展、动力上坚持创新发展，加快传统产业转型升级，实施百家优质企业"倍增"计划，强化招商引资工作和新兴产业培育力度，加快打造产值超500亿元的先进装备制造产业集群，每个县（市、区）错位形成至少1个产值超100亿元的特色支柱产业集群，切实提高发展质量；把发展旅游文化产业放在更加重要的位置，依托丰富的文化资源，大力发展全域旅游，加快推进"大丹霞、大南华、大南岭、大珠玑"等重点景区建设，全方位拉动经济发展。加强与粤港澳大湾区产业共建、优势互补，着力打造以"八高四铁二航"为骨架、以高质量旅游公路为筋络的综合交通运输体系，通过基础设施硬件建设和营商环境优化，更好地把自身优势产品和优质服务输送到大湾区大市场中去，把契合韶关发展特点的高素质要素资源承接过来，引导大湾区优势行业、龙头企业向韶关功能性转移，构建以特色提升、绿色增长、差异化发展为标志的产业发展路径，实现与大湾区的有机融合、协同发展。

大力实施乡村振兴战略，力争乡村振兴走在全省前列。大力加强基层组织建设，选优配强村党组织书记，严格整顿软弱涣散基层党组织，推进党支部规范化建设，认真落实推动乡镇工作重心下移的双"113"工作机制，推动乡镇（街道）工作力量下沉、工作重心下移；大力发展富民兴村产业，打造更多高品质、口碑好的农业"金字招牌"，把优美的山水田园风光持续转化为农民实实在在的经济收益；坚决打赢脱贫攻坚战，确保2018年全部完成预脱贫任务，到2020年现行标准下农村贫困人口全部脱贫，278个省定贫困村全部出列；全域推进生态宜居美丽乡村建设，坚持整体推进、分类指导、重点带动、连片示范，提升广东北大门形象。

大力推进城市提升，加快建设善美韶关。加快中心城区扩容提质，坚持旧城改造和新城建设并举、硬件建设和城市管理并重，不断提升城市综合承载和辐射带动能力，把芙蓉新区建设成为韶关城市建设、城市生活、城市治理的标杆；加快产城融合，积极谋划建设芙蓉新区科技新城，力争把芙蓉新区科技新城打造成为韶关市都市经济发展的重要引擎，大力推进黄沙坪"互联网+"小镇建设；加快县城和中心镇建设，集中力量做优做强县城，着力打造一批县域副中心，不断增强乡镇的人口聚集和综合服务能力；要扎实推进文明城市创建，强化价值引领，培育文明风尚，擦亮文化品牌，加强城市管理，努力把韶关建设成为"善美之城"，推进韶关在高水平保护中实现高质量发展。

3. 广东粤北南岭山区山水林田湖草生态保护修复试点

（1）基本情况

粤北南岭山区地处国家生态安全格局"两屏三带"南方丘陵山地带的核心区，是北江、东江上游水源涵养区，有世界自然遗产、世界地质公园以及丰富的矿产、森林、生物多样性资源，是华南地区和粤港澳重要的生态安全屏障区域。

粤北南岭山区涉及的行政区主要为韶关市、清远市的连州、阳山部分区域，其中韶关市区域面积占整体的80%以上。因此，本次粤北南岭山区山水林田湖草生态保护修复试点以韶关作为重点，其中广东南岭国家级自然保护区相关项目涉及清远的连州和阳山区域。

表1　　　　　　　　粤北南岭山区主要河流情况表

河流名称	河流级别	发源地	河口	集雨面积（km²）	河长（km）	坡降（‰）
北江	干	江西省石溪湾	三水市思贤滘	46,710	468	0.254
墨江	1	始兴棉地坑顶	始兴江口	1,367	89	2.38
锦江	1	江西省崇义县竹洞	曲江江口	1,625/1,913	104/108	1.17
武江	1	湖南临武三峰岭	粤北南岭山区沙洲尾	3,617/7,079	152/260	0.91
南花溪	2	湖南宜章莽山白公坳	乐昌水口	304/1,188	30/117	3.36

续表

河流名称	河流级别	发源地	河口	集雨面积（km²）	河长（km）	坡降（‰）
南水	1	乳源安墩头	曲江孟洲坝	1,489	104	4.83
滃江	1	翁源船肚东	英德东岸咀	2,703/4,847	92/173	1.24
新丰江	干	新丰县王母点兵	河源	5,813	163	1.29

韶关市拥有丰富的森林资源和独特的森林生态系统，是广东最大的天然生物基因库和生物多样性最丰富的区域，被誉为"物种宝库""南岭明珠"，7个县（市）均被纳入国家重点生态功能区，是华南地区和粤港澳区域的重要生态屏障。拥有各类自然保护区37个（国家级4个、省级12个、市级3个、县级18个），各类湿地公园11个（国家级4个、省级1个、市级1个、县级5个），各类森林公园108个（国家级4个、省级6个、市级和县级98个）。

（2）总体思路与基本原则

总体思路包括全面贯彻党的十八大、十八届三中四中五中全会、十九大精神，落实习近平总书记关于"山水林田湖草是一个生命共同体，对山水林田湖草进行统一保护、统一修复"重要指示，以构建国家南岭重要生态屏障、维护华南地区和粤港澳大湾区生态安全为总体目标，针对粤北南岭山区矿山开发历史遗留生态环境问题突出、土壤环境保护形势严峻、流域水环境风险防控薄弱、生物多样性保护面临压力大、贫困落后等一系列关键问题，坚持山水林田湖草是一个生命共同体的理念，按照整体保护、系统修复、综合治理的方针，突出问题导向，重点实施四大任务及相应的工程，多渠道整合资金，积极探索创建可复制、可推广的新体制、新机制和新模式，加快南岭山地森林及生物多样性生态功能区和水源涵养重要区建设，高标准建设粤北生态特别保护区，努力构建国家南岭重要生态屏障。

基本原则：保护优先、自然恢复；统筹规划，系统治理；问题导向、突出重点；加大投入、整合资金；创新机制、完善制度；试点先行，示范引领。

（3）技术路线与建设目标

针对矿山、土壤、生物多样性、水环境等方面现状和存在的问题，将工程实施区域分为水源涵养与生物多样性保护区、矿山及土壤生态修复区、水污染防控与环境综合整治区、环境安全保障与生态发展区四个生态功能分区，坚持"山水林田湖草是一个生命共同体"的理念，按照整体保护、系统修复、综合治理的方针，坚持自然恢复、统筹规划、创新机制、示范引领等基本原则，突出问题导向，提出重点工程和保障措施，形成严密技术路线。

粤北南岭山区山水林田湖草生态保护修复工程试点的实施期限为2018—2021年，共计4年。2018年开展任务分解、财务落实工作，开展项目前期工作；2019年完成年度项目招投标，开展工程项目实施；2020年继续实施工程项目，开展试点项目中期评估，根据评估结果试点调整部分工程，2021年完成所有试点项目的竣工验收、考核工作等，促进项目的推广应用。

预期效益主要包括：通过2018—2021年生态保护修复试点工程实施，试点区域主要生态环境问题得到解决，环境风险防控能力进一步加强，生态环境质量明显改善，生态承载力和生态系统服务功能有效提升，南岭生态屏障得到巩固和加强，实现"山清水秀、林带环绕、碧湖青田、城美人和"的生态保护修复目标，实现生态保护修复与经济社会发展协同共赢，践行"绿水青山就是金山银山"，为我国实施山水林田湖草生态保护修复提供可借鉴、可复制、可推广的"广东经验"。

（二）韶关推动经济高质量发展的现实样本

1. 红梨村基本情况

红梨村位于马市镇东南部，面积约11平方公里，全村11个村民小组。据统计，全村共有391户，人口1,601人，长期在家人口约为三分之一，大部分青壮年劳动力在外务工。现有耕地面积1,691亩，林地面积3,400亩，以上造种植黄烟、下造水稻制种为主要产业，村内有水电站2座、黄烟育苗场1个、烤烟房3个、大型养猪场1个。现有大安坪古村落、客家围楼（3座）、红梨渡槽、仙羊寨、古榕（樟）树等旅游资源。红梨村距离马市镇3公里、始兴县城13公里，距离韶赣高速马市出口2公里、323国道1公里、始兴火车站11公里，244省道和澄江河从村里穿过，村里主干道有2条（Y417、Y425乡道）。

村党总支、村委会现有工作人员6人，其中书记兼主任1名，文书、计生专干、妇女主任、财务，以及村委委员各1名，文化程度以初中为主，平均年龄近50岁。村党员共有57名，党支部3个。

红梨村山水林田湖草生态保护修复具体实施主要包括：红梨村精准扶贫、创建社会主义新农村示范村建设和文化旅游产业融合发展。

2. 旅游资源概况

表2　　　　　　　　　　　红梨村旅游资源概况

自然风景旅游资源分类	具体情况
地貌	红梨村地处丘陵与山区的过渡地带，地势属南高北低；红梨村东部有丹霞地貌——仙羊寨
水文	澄江河自南向北纵贯红梨三分之二的地域；沽水期流量不少2立方每秒，地下水资源也很丰富
气候	红梨地处亚热带；全年热量充足，冷暖交替明显，春季低温阴雨寡照，夏季炎热高温多湿，秋季昼暖夜凉气爽，冬季寒冷干燥多霜雨少；有利于蔬果种植，盛产黄烟、水稻、花生等
土壤	土壤多为红壤和紫砂壤，这里土层深厚，土壤肥沃
人文景观旅游资源分类	具体情况
历史文化古迹	属于省级文物的红梨渡槽于1979年动工兴建、1981年竣工通水，是尖背水库西干渠配套灌溉设施；同时也是始兴县最大的引水渡槽，曾为当地农田输送甘泉，保证粮食稳产高产
古建筑	红梨村古建筑保存较好，有古道遗迹、大安坪围楼、大安坪祖堂、邓氏贡元牌匾、蛇骨寨围楼门楣石刻、大安坪围楼门楣石刻等历史悠久的建筑
民族风情	红梨村以客家文化为主

图1 红梨村现旅游景点分布图

3. 红梨村生态保护修复阶段性成果

"美丽乡村"建设成果显著。为了响应"美丽乡村"建设同时也为改善村貌以适应旅游业的发展，红梨村、省编办联合广州美术学院，根据整村的发展规划，开展了以"三清理三拆除三整治一美化"为主要内容的人居环境综合整治工作。经过广州美术学院一行29人为期10天的美丽文明村居规划设计，村居环境得到有效提升和改善，乡村环境更加美丽。此外，红梨村还启动实施了"美村行动"，结合古村新貌要求，动员村民开展多轮环境综合整治，拆除废弃泥砖房，做好房前屋后卫生清洁，开展绿化美化。

公共基础设施建设逐渐完善。目前，红梨村村通县公路首期（即Y425线大安坪桥至红梨桥路段）已于2016年11月动工；村公共服务中心（卫生站、老年活动中心、文化活动中心等功能）已完成土地平整和规划设计，目前正在施工阶段；已联系县供电局对整村供电设施情况进行摸底，并结合整村规划提出新农村电网改造计划；按照"一区三园"规划，已完成对大安坪大厅和围楼的首期维修，客家文化产业园（创意农业工坊）已经完成土地平整和规划设计，目前正在按规定开展邀标工作；围楼文化广场已完成混凝土硬化，正在加紧施工建设。

村民对旅游扶贫认同度较高。通过访谈，我们了解到绝大多数的村民已经从红梨村基础设施建设中受益,如危房被改造、享受大安坪广场的建设带来的便利等,并且对旅游扶贫持支持态度,对现阶段红梨村村容村貌的改变表示满意,对未来旅游业的发展表示乐观。

旅游项目和基础设施建设规划方案完备。目前,红梨村已经联合团县委、县广播电视台等单位举办了"红梨柚子节暨精准扶贫项目推介""红梨小吃节"等活动,一定程度上扩大了沙田柚品牌和红梨旅游的影响力。红梨村大部分旅游项目仍然处于规划阶段,但在扶贫工作队与各专家团队的帮助下,通过红梨乡村旅游发展股份有限公司的努力执行,红梨乡村旅游发展的规划方案渐趋完备,旅游项目建设不断完善。

三 广东河源高质量发展建设概况

(一)河源实现经济高质量发展的现实选择

1. 加快经济高质量发展的路径指引

河源地处粤北山区,是广东的生态屏障和生态发展区,这注定河源不能走珠三角地区发展的老路子。在中国特色社会主义进入了新时代,中国经济发展也步入了新阶段的背景下,地处粤北山区的河源如何实现经济高质量发展?

2018年3月7日,习近平总书记到十三届全国人大一次会议广东代表团参加审议时指出,广东要在构建推动经济高质量发展体制机制、建设现代化经济体系、形成全面开放新格局、营造共建共治共享社会治理格局上走在全国前列。"四个走在全国前列",既是对广东的新要求,也指明了广东未来发展的方向,对河源今后的发展也有很强的指导性,这也是统揽河源一切工作的总纲。

省委十二届四次全会提出,牢固树立和践行"绿水青山就是金山银山"的理念,共抓大保护、不搞大开发,以北部山区市县和其他地市山区县为主体,强化生态屏障和水源涵养地功能,坚定不移走绿色发展道路。在高水平保护下实现高质量发展,这是省委赋予包括河源在内的粤北生态发展区的使命,也是河源加快经济高质量发展的路径指引。

2018年8月,广东省委书记李希到河源调研,对河源加快经济高质量发展提出了更为明确的要求,希望河源紧紧抓住粤港澳大湾区建设、绿色发展、构建"一核一带一区"区域发展新格局、实施乡村振兴战略等重大机遇,充分发挥后发优势和生态特色,把后发地区的巨大潜能迸发出来,努力建设广东绿色发展示范区,争当融入粤港澳大湾区的生态排头兵,走出生态河源、现代河源相得益彰的发展新路。

2. 加快经济高质量发展的总体布局

对于广东全省而言,重点是"求质求优",而对于河源这样的欠发达地区来说,通过经济高速增长实现"经济腾飞",是发展"蝶变"进程的一个必经阶段。然而,作为广东省的欠发达生态大市,尤其是河源担负着保护东江水质的重任,绝不能以牺牲环境来谋求发展。河源的困难在于既要"求量求速"又要"求质求优",在经济发展的新阶段,如何实现河源经济高质量发展,是摆在河源面前的现实问题。

新一届市委班子在充分调研分析河源具体实际的基础上,提出了建设"两个河源"的发展思路,就是依托全市约1.3万平方公里的山地资源,建设一个生态河源;依托3,000平方公里的平地资源建设现代化城市,建设一个现代河源。这是中国特色社会主义进入新时代的背景下,河源市委适应我国社会主要矛盾变化和全面建设社会主义现代化国家的必然要求,科学把握经济规律、顺应经济发展客观趋势,创新发展理念、调整发展思路,坚定不移推进发展方式转变、经济结构调整和动力转换,实现经济高质量发展做出的现实选择。

市委七届五次全会对河源加快经济高质量发展做出了全面部署,特别强调提出,推动高质量发展是一场关乎全局的深刻变革。河源要准确把握高质量发展的根本要求,坚决用好改革开放"关键一招",加快建立完善资源高效配置的市场机制、科技创新的动力机制、质量技术标准的引领机制、绿色安全发展的约束机制、科学考核评估的导向机制,推动经济发展质量变革、效率变革、动力变革。

但不容否认的是,当前河源发展不平衡不充分问题表现突出,与"四个走在全国前列"要求相比仍有较大差距,距离实现高质量发展的目标仍有一段路要走。所以河源市委明确，河源必须坚持发展第一要务不动摇，按照省构建"一核一带一区"区域发展新格局的重大决策部署，着力推动与粤港澳大湾区深度对接、高度融合发展，努力实现跨越发展、弯道超车，逐步缩小与珠三角地区的差距，赶上全省发展水平。为此，河源作出了如下战略安排：到2020年完成精准扶贫精准脱贫任务、与全国全省同步全面建成小康社会，到2035年在粤东粤西粤北率先振兴、基本实现社会主义现代化，到2050年与全国全省同步实现社会主义现代化。河源的时序安排是，2018年谋篇布局，2019年提效破局，2020年形成新局，为河源率先振兴和同步现代化打下更加坚实的基础。

3. 实现高质量发展的措施保障

当前，发展速度不快与发展质量不高并存，是必须面对的现实难题。为此，河源提出要处理好"四大关系"，构建起"四个机制"：一是要处理好速度和质量的关系，通过大力引进现代产业项目和提升科技创新能力，着力构建质量效益和总量速度同步提升的体制机制；二是要处理好保护和发展的关系，通过推进生态河源、现代河源"两个河源"建设，着力构建生态与现代协同发展的体制机制；三是要处理好政府和市场的关系，通过全面深化改革尤其是供给侧结构性改革，着力完善使市场在资源配置中起决定性作用和更好发挥政府作用的体制机制；四是要处理好城市和乡村的关系，通过做大做强都市经济和实施乡村振兴战略，着力构建工农互保、城乡互补、全面融合、共同繁荣的体制机制。

河源自然资源丰富，全市林业用地占国土面积的78%，森林覆盖率达74.6%，位居全省地级市前列。华南地区两个最大的水库在河源，尤其是万绿湖，水质常年保持在国家地表水Ⅰ类标准，是东江中下游4,000多万人口的饮用水源地。所以，建设生态文明是河源人民崇高的政治责任和历史使命，要求河源一定要高位推进生态文明建设，用好生态资源，把丰富的生态资源转化为经济资源。对此，河源市委党校经济学教研室主任周金腾认为，粤北生态发展区要依托乡村丰富的生态、历史和人文资源，加快发展乡村休闲产业。按照"宜工则工、宜农则农、宜游则游"

思路，发展生态农业、观光农业、农家乐、乡村民宿、乡村休闲游、田园综合体、生态养生等现代农村新业态，形成农村经济新的增长点。

在实际工作中，河源市委市政府提出要杜绝工业污染企业进入河源，坚守生态底线，保护良好的生态系统，一要积极引进像中兴通讯这样的新电子企业。二要积极发展生态农业。要形成具有河源特色的生态农业品牌，借助大型电商，让河源的生态农产品走向全国乃至全球。三要大力推进生态旅游业的发展。要充分利用传统的旅游资源，更要借助河源巴伐利亚一二期高端旅游产品强势影响，错位发展森林健身游、温泉养生游、乡村休闲游、文化体验游等，让游客有更多的选择，在河源停留更长时间，增强河源对外地游客的磁吸效应，将旅游业打造成河源战略性支柱产业。

在加快经济高质量发展的进程中，河源必须紧紧抓住粤港澳大湾区建设的重大历史机遇，提升河源在粤港澳大湾区的战略功能。对此，河源提出要坚定不移地实施都市经济带动战略，一要坚持高起点规划优化中心城区功能布局，不断提高中心城区的首位度和吸引力，使中心城区真正成为辐射带动各功能片区和县域的核心。二要大力强化园区统筹发展。把河源打造成珠三角产业发展的"战略腹地""战略锚地"，以河源高新区为龙头，各园区根据全市产业发展规划制订详细规划，培育形成优势特色主导产业，构建主业突出、错位发展、优势互补的园区发展新格局。三要加大产业共建力度。推动形成与珠三角产业相同水平、优势互补的区域产业分工合作格局。

（二）河源推动经济高质量发展的现实样本

1. 灯塔盆地田园综合体建设的总体目标

从河源市区出发驱车约半小时，就来到河源市灯塔盆地核心区顺天镇，一个国家级田园综合体正在这里加紧建设。

在顺天镇圩镇，工人们正在加紧对居民住房进行"穿衣戴帽"改造，形成整体风格；沿路是颇具田园风光的"花海"；整齐的瓜棚，显示出蔬果园管理得井然有序；停止使用的村小学楼房正在改造成乡村酒店，3栋农村旧屋正在改造成客栈民宿。

图 2　灯塔盆地田园综合体建设规划图

说明：1. 红色标注部分为原规划范围；2. 绿色标注部分为调整（增加）范围；3. 蓝色标注部分（河流）为调整（增加）范围。

田园综合体是集现代农业、休闲旅游、田园社区为一体的特色小镇和乡村综合发展模式。灯塔盆地田园综合体示范试点项目，于2017年8月经国家财政部批复同意实施，是全国18个田园综合体试点单位之一，规划面积为13,641亩；建设项目47个；项目总投入15亿多元，其中财政资金投入2.7亿多元。

作为广东省的首批国务院批准的田园综合体示范区之一，灯塔盆地田园综合体承担着河源发展新型农业、振兴农村的引领示范作用，也是河源秉承在高水平保护中实现高质量和较高速度发展的示范点。该项目由著名规划公司思朴进行整体规划设计，以"高起点、新理念、大规划、重远景"为宗旨，欲打造河源副中心城市。

2. 灯塔盆地田园综合体建设的总体定位

根据目前编制完成的《广东省河源市灯塔盆地田园综合体建设试点示范实施方案》，灯塔盆地田园综合体将以"农田田园化、产业融合化、城乡一体化"为发展路径，围绕加快优势主导产业转型升级，全域统筹开发，全面完善基础设施，全面带动农村经济发展与农民增收，加快构建产业集群、一二三产业融合、遵循绿色发展、带动农民增收，逐步将规划区打造成为：集特色农业产业结构调整示范、生态循环与绿色安全示范、产业融合集群示范、农村创新创业示范、田园综合体美丽乡村建设示范、利益共享与辐射带动示范、农村集体组织创新改革示范七大功能于一体的粤东北山区特色现代农业田园综合体。

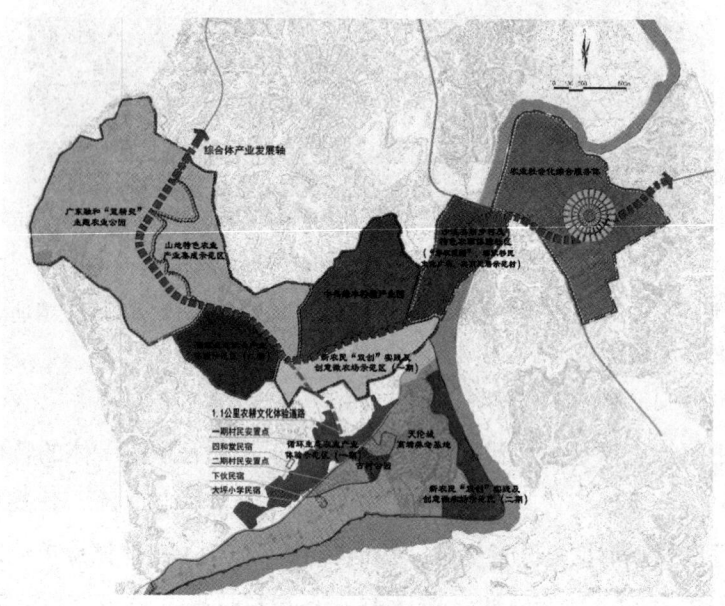

图3 灯塔盆地田园综合体规划

图4 田园综合体内涵

根据总体定位，灯塔盆地田园综合体的建设要融入河源市整体旅游规划的线路统筹战略中去，与粤东北旅游区及珠三角旅游圈进行无缝对接，共同营销、共享市场，使其成为河源线路和当地农业文化旅游线路上的重要节点旅游景区，形成集观光、休闲、购物、体验等功能于一体的有机产业链。同时，充分利用山区特色现代农业发展高科技设施农业，高标准建设蓝莓、柠檬、绿色蔬菜、南药等产业，满足居民对于优质安全农产品的需求同时，为全市特色农产品的种植做出示范及展示。

3. 灯塔盆地田园综合体建设的总体思路

根据总体布局和产业特点，灯塔盆地田园综合体建设规划功能分区共分为七大分区，分别为农业社会化综合服务体及一二三产业融合示范核心、沙溪大坪美丽乡村及特色农事体验社区、新农民"双创"实践及创意微农场示范区、山地特色农业产业集成示范区、循环生态农业生产体验示范园、中兴绿丰柠檬产业园、广东融和"蓝精灵"主题农业公园。

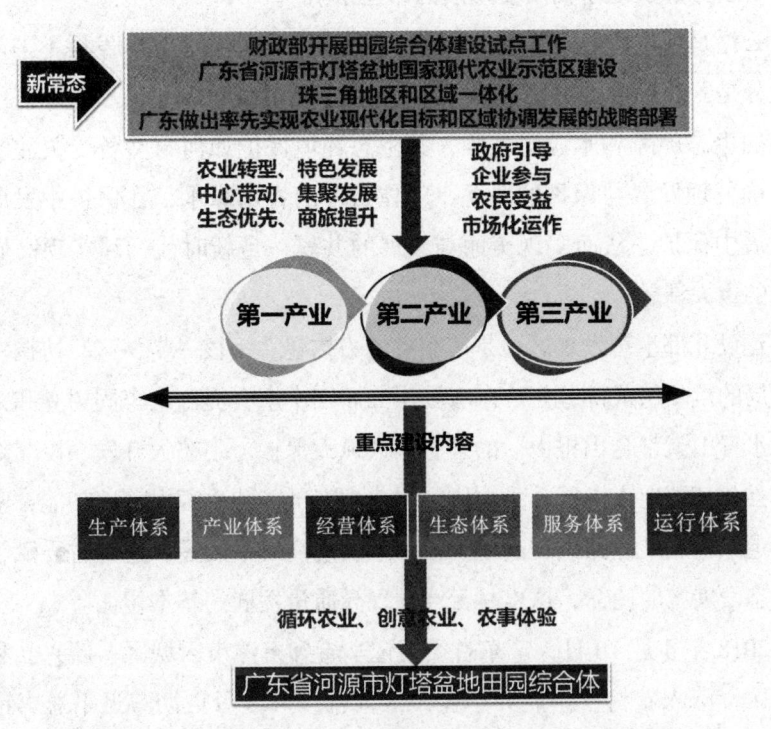

图5 广东省河源市灯塔盆地田园综合体重点建设内容

实施方案还提出了项目的总体发展思路,即以发展"循环农业、创意农业、休闲农业"为总体要求,围绕农业增效、农民增收、农村增绿,重点抓好生产体系、产业体系、经营体系、生态体系、服务体系、运行体系等六大支撑体系建设,实现农村生产生活生态"三生同步"、一二三产业"三产融合"、农业文化旅游"三位一体",积极探索推进农村经济社会全面发展的新模式、新业态、新路径,逐步建成以农民合作社为主要载体,让农民充分参与和受益,集循环农业、创意农业、农事体验于一体的广东省河源市灯塔盆地田园综合体建设试点。

四 广东云浮高质量发展建设概况

(一)云浮实现经济高质量发展的现实选择

1. 云浮加快经济高质量发展的路径指引

云浮是广东省最年轻的地级市,经济总量居全省末尾,发展不平衡、不充分是云浮最大的市情实际。云浮是广东可持续发展生态型新经济区、重要的生态屏障和水源涵养区,其生态环境保护如何自然备受关注。如何正确处理发展与保护的关系,守住云浮的青山绿水,在保护中发展、在发展中保护,从而实现美丽与发展的共赢,是新时代云浮实现高质量发展的重大课题。

建设北部生态发展区,是广东省着力构建"一核一带一区"协调发展新格局的重要组成部分。广东省委十二届四次全会提出,牢固树立和践行"绿水青山就是金山银山"的理念,共抓大保护、不搞大开发,以北部山区市县和其他地市山区县为主体,强化生态屏障和水源涵养地功能,坚定不移走绿色发展道路。在高水平保护下实现高质量发展,这是省委赋予粤北生态发展区的使命,这也是云浮实现高质量发展的基本遵循。

2018年4月10日,广东省委书记李希到云浮市云城区、新兴县和云浮新区,深入农村、企业和产业园区,就深入学习贯彻习近平总书记参加广东代表团审议时重要讲话精神、推动广东实现"四个走在全国前列"

进行调研。李希书记提出要把学习习总书记重要讲话精神与学习习近平新时代中国特色社会主义思想和党的十九大精神,与学习习总书记对广东工作一系列重要指示精神结合起来,一体把握,融会贯通。要全域推进美丽宜居乡村建设,打造农民安居乐业的美丽家园。注重发挥农民主体作用,充分调动农民参与建设的积极性。坚持实事求是、有序推进,既尽力而为,又量力而行,精准施策、分类推进。要充分发挥后发优势,举全市之力抓好乡村振兴战略实施,努力走在全省前列。省委对云浮提出明确的发展定位和发展要求,在今后一个时期,这将是云浮最为核心的中心工作,也是云浮发展的总纲领。

准确把握推动云浮高质量发展面临的矛盾问题,紧紧扭住云浮面对历史担当的责任点,从全局到一域,从现实到长远,聚焦乡村振兴战略,聚力攻坚突破。坚持绿水青山就是金山银山,只有切实保护好良好生态环境,把生态优势转化为可持续发展优势,云浮的高质量发展才大有可为。

2. 云浮加快经济高质量发展的总体布局

目前,云浮市经济发展的质量和效益不高、市场活力不强、创新动力不足,迫切需要高质量发展来突破瓶颈。绿水青山,就是金山银山。没有良好的生态环境,高质量发展无从谈起,美好生活也难以实现。如何成就高质量发展的目标?如何以高质量发展引领系统性变革,反过来推动云浮的生态文明建设?考验的是云浮执政者的治理智慧和发展能力。

作为欠发达山区市,云浮的发展需求是迫切的,但并不意味着要走珠三角"先污染、后治理"的老路。首先是树立发展的底线思维,近几年,云浮共拒绝不符合环保要求的污染项目超过80个,投资总额超过400亿元,在基底不扩的基础上,环保力度也只增不减,用最严格制度守住环保底线,陆续淘汰关闭和清理整顿环境违法违规项目3,700多个。云浮近年空气质量优良率长期保持在90%以上,西江云浮段水质保持Ⅱ类标准,集中式饮用水源水质达标率100%,森林覆盖率逐年提升,2017年达到69.6%,良好的生态环境给高质量发展打下了坚实的基础。

其次是梳理出适宜自身发展的方向理念,云浮市六届四次全会提出要依靠绿水青山发展产业,充分挖掘和利用生态资源优势,全面实施"一县一蓝图""一镇一龙头""一村一特色"行动计划,坚持试点先行、典型示范,切实实现保护生态和发展产业互促共进、相得益彰。云浮围绕"两个课题、一个目标"("两个课题"即产业兴市和乡村振兴,"一个目标"即乡村振兴走在全省前列),聚力把方向、打基础、抓产业、兴乡村、强党建,坚持"东融西联、集聚优势、生态引领、产业兴市、共同缔造"的总体思路,继往开来、创新突破,努力把云浮建设成为环珠三角经济带发展新引擎、粤北生态建设发展新高地,推动乡村振兴走在全省前列。实现"美丽云浮、共同缔造",以新时代新担当新作为助推广东实现"四个走在全国前列"、当好"两个重要窗口",毫无疑问,高质量发展和生态保护将是云浮未来发展的关键词。

(二)云浮推动经济高质量发展的现实样本

1. 苹塘镇省级新农村示范片建设的总体目标

苹塘镇位于云浮罗定市东部,距城区25公里,以风景优美,历史文化底蕴深厚而著称,成功获得2015年省级新农村示范片创建点创建资格,并以此为契机升级打造为云浮全域旅游的亮点工程。

表3　　　　　　苹塘镇省级新农村示范片基本概况

分类	具体描述
示范片范围	苹塘镇下属谈礼、周沙、墩仔、良官、龙吉村委等5个村委会51个自然村,核心自然村是良官村委会的山下、马汗塘、新埔、龙塘和龙吉村委会的梅子阁及周沙村委会的妥村共6个自然村
示范片人口	20,244人,有农户4,688户
地貌	属喀斯特地貌,石灰岩地区,境内石山峰林,清秀挺拔,汶泉水资源丰富
旅游资源	拥有聚龙洞风景区、全国重点文物保护单位"岭南第一摩崖石刻"《龙龛道场铭并序》、"中国美丽田园"稻田景观等丰富的旅游资源。
产业资源	村民主要种植水稻,拥有稻康、金瓯米等知名大米品牌;还有罗定市海惠生态农业发展有限公司新农村建设支柱产业
民俗风情	当地传承着山歌、剪纸等传统民间文化;民风淳朴,传颂着"一泉润三县"的美好和谐故事

苹塘镇省级新农村建设示范片的总体建设目标:以新农村建设为核

心，以产业发展为支撑，农民增收为根本，基础设施为保障，公共服务为配套，基层治理为重点，机制创新为突破，将示范片区域打造成一个展现"泷州泉耕新村"的新农村综合体，成为广东省新农村建设的样板。

新农村示范片建设围绕"秀美、宜居、宜业"的目标，美化村庄、发展产业、提升服务，建设特色鲜明、村貌美观、产业文化亮点纷呈的特色村。培育一村一品特色产业、围绕村庄整治规划设计、村庄环境整治、村容村貌改善等方面，开展美丽乡村培育建设，实现生活污水集中处理、美丽庭院、绿化进村、安全饮用水、文体活动场所全覆盖，实现建设美丽幸福苹塘的总目标。

2. 苹塘镇省级新农村示范片建设阶段性成果

截至2017年12月，示范片共投入建设资金2.8亿元，其中省专项资金5,289.04万元，整合其他项目资金485万元，企业投入20,660万元，群众自筹1,576.86万元，村庄环境综合整治效果明显。村庄道路、停车场、电力电讯、给排水、污水处理、环卫设施、美化绿化、亮化工程、标识系统等基础配套设施相继建成并投入使用，村容村貌焕然一新。示范片核心区的绿道（山下、马汗塘至新埇，新埇至白石围，白石围至深坑边）已建成，该绿道总长度约2.5公里，是罗定示范片核心区精品线路，每年吸引着大量游客前来观光休闲。

图6 苹塘镇完善各项基础设施建设，打造生态宜居环境

图 7　多批客商在苹塘镇参观考察，了解苹塘各项投资环境

图 8　深盟"走进中国美丽田园"徒步行暨苹塘稻田音乐会在苹塘镇举办

示范片得天独厚的自然优势和地理条件，吸引了众多客商积极参与当地产业发展并取得了较好的成果。示范片内以"合作社"为组织载体，实行"公司+理事会+农户"的现代农业经营模式，实现了连点、成线、

扩面建设并充分发挥出经营增收效益，走出了一条标准化、产业化、规模化生产经营之路。同时，得益于省级新农村示范片建设项目的实施，直接带动乡村旅游的持续发展，农家乐从无到有逐步兴起。示范片区村民人均收入和村集体经济收入逐年提高，形成"农业增效、农村发展、农民增收"的良好局面。

图9 来自珠三角和本地区的近2万人次游客参与了徒步行和苹塘稻田音乐会活动

图10 中国工程院院士黄璐琦调研组到苹塘镇调研南药种植情况

3. 苹塘镇省级新农村示范片建设的借鉴意义

加强生态文明建设,推动绿色发展,是实现高质量发展的本质要求。云浮要在乡村振兴当中走在全省前列,就必须依靠绿水青山发展产业,最大限度把生态优势转化为产业优势,释放出生态文明的最大红利,坚定不移走生态优先的绿色发展之路。

苹塘镇省级新农村示范片的建设之路就如同一个缩影,只有站在全局的高度,高起点谋划,自上而下同心发力,不断完善"共谋、共建、共管、共享"理念,健全"自治、德治、法治"治理体系,充分发挥群众主体作用,做实人居环境综合整治,做细"十百千"新农村创建,优化农村基层治理模式,才能共同缔造美丽宜居和谐新农村,才能让广大群众在共建共享中拥有获得感、幸福感、安全感。只有着力培育文明乡风,不断提高乡村社会文明程度,加强农村思想道德和公共文化建设,挖掘和弘扬优秀传统乡土文化,树立先进典型示范带动,才能提升群众的精神风貌,焕发出乡村文明的新气象。

当前,云浮经济总量不大,发展质量和效益还不高,民生短板比较突出,如何找准发力点和突破口成为关键。以建设美丽宜居乡村为先导,以现代特色农业产业为支撑,政府有了实实在在推进工作的抓手,群众的满意度也不断增强,乡村振兴的文章也可以说是一气呵成。云浮市苹塘镇省级新农村示范片建设有其自身的特点,但这一样板式的生动实践,说明了粤西经济欠发达地区在坚持生态优先的前提下,实现高质量发展的路径依然宽广,甚至大有可为。

只有牢牢把握高质量发展的根本要求,把人民对美好生活的向往作为我们的奋斗目标,真抓实干,紧紧把握粤北山区生态发展定位和绿色发展要求,才能在实现美丽与发展共赢中营造绿色生态优势,进而转化为实实在在的高质量发展。

五 结语

本文通过个案分析法、实地调查法、资料分析法等方法,以广东韶关红梨村、河源顺天镇、云浮苹塘镇三地作为个案研究，对生态保护地区发展路径进行探索。

高质量发展既吸收和继承了创新、协调、绿色、开放、共享新发展理念的理论精髓，又结合新时代新特征提出了新要求。推动高质量发展必须把新发展理念作为引领发展的理论指引和行动指南，贯穿到谋篇布局各方面、各环节，落实到发展全过程。

(一) 强化对经济高质量发展的顶层设计

党的十九大指出，中国特色社会主义进入新时代，我国经济已由高速增长阶段转向高质量发展阶段。推动高质量发展，就要建设现代化经济体系，这是跨越关口的迫切要求和我国发展的战略目标，更是包括韶关、河源、云浮等欠发达地区实现赶超进位的现实选择。

推动高质量发展是一个系统工程，必须结合实际，强化顶层设计，加强资源统筹，创新发展理念，抓紧出台推动高质量发展的指标体系、政策体系、标准体系、统计体系、绩效评价、政绩考核办法，让本地今后在推动高质量发展上有所遵循，实现本地区发展的理念、目标、制度到具体领域具体环节的全方位变革。特别要强化思想观念的解放，冲破传统思维束缚，实现变中求进、变中求新、变中突破，以新的眼光和思路来谋划新时代经济高质量发展工作。

(二) 探索构建经济高质量发展的指标评价体系

强化标准引领，大力实施标准化战略，就要加快建立由政府主导制定的标准和市场自主制定的标准共同构成的新型标准体系，为推动高质量发展提供技术支撑。全面提升标准化水平，着力完善产品标准、工程标准、生产和生活服务标准、基本公共服务标准，严格生态环保标准。

构建反映高质量发展水平层次、经济协调稳定可持续性、创新动力，以及开放程度、环境质量、社会保障能力、社会和谐程度的指标体系和统计方法；建立针对各地市、各级党政部门推进高质量发展的考核评价体系，并科学设计相应的考核评价程序以及评价结果使用机制。国家质量监督检验检疫总局发展研究中心主任付文飙建议，以全要素生产率、质量竞争力指数、公共服务质量满意度等为重点，构建符合新发展理念的质量统计评价体系。

具体到实际工作中，推动经济高质量发展，必须强化督查考核，进一步完善对中央、省、市决策部署、工作要求的执行、监督、考评、奖惩等工作机制，落实主体责任，把绩效考核作为督查工作、推动工作的有力抓手，确保令行禁止、落地落实，确保推动经济高质量发展的目标任务的落地实施。对标高质量发展要求，进一步完善政绩考核，把推动高质量发展相关年度评价作为各级党政领导班子和领导干部政绩考核的重要组成部分，科学设置指标权重，完善分类差异化考核机制，引导各地在推动高质量发展上下硬功夫。

（三）发挥好政策对经济高质量发展的引领作用

要实现经济高质量发展目标，必须强化政策护航，以提高发展质量、改善经济效率、促进社会公平、增强可持续性为取向，形成以财政、货币政策为基础，以产业、区域政策为引领，以消费、投资、社会等政策为支撑，各方面政策协同配合、良性互动的高质量发展政策保障体系。

具体来讲，财政政策要把握稳中求进的总基调，优化财政资源配置，调整财政支出结构，引领产业升级和实体经济发展，推进城乡统筹和区域协调发展，提高社会保障和公共服务水平。比如，在支持实体经济发展方面，就要强化政策引领，做好加减法，"减法"方面，继续推进简政放权，落实降成本政策措施，全方位为企业减负；"加法"方面，推动资源要素向实体经济集聚、政策措施向实体经济倾斜、工作力量向实体经济加强，增强企业获得感与竞争力。货币政策则应在坚持去杠杆政策导向的基础上，进一步实施定向倾斜，如加强金融机构对民营企业、中小微企业等的扶持力度等。人才政策就要着力破除束缚人才发展的思想观念和体制机制障碍，释放人才红利，创新人才引进模式，优化人才服务保障，以人才为动力推动产业转型升级，为推动经济高质量发展提供人才队伍保障。

（四）着力探索新旧动能转换路径

顺利实现经济发展阶段转变，关键在于经济发展动能转换。从实践中可以看出，经济发展新旧动能接续转换比较顺畅的地区，经济发展态势较好；否则，经济发展就比较困难。对于韶关、河源、云浮三市来说，要实现经济发展阶段转变，更要做好经济发展动能转换这篇大文章。

全国政协经济委员会副主任石军在接受采访时曾表示，新旧动能转换是运用创新手段，将已经弱化的动能转化为持续增强的动力，培育新技术、新业态、新产业与改造提升传统产业协同推进，形成高质量发展的强大动力。[①] 具体来说，着力做好四方面工作。一是做大新兴产业，既包括物联网、云计算、电子商务等新产业新业态，也包括工业制造中的智能制造、大规模定制化生产等，还涉及第一产业中适度规模经营的家庭农场、股份合作制企业以及农村一二三产业融合发展等，加大力度支持新技术、新模式、新业态、新产业，实现"无中生有"，打造经济增长的新引擎。二是树立质量第一、效益优先的目标导向，集聚创新人才和企业家等创新型主体，建立激发各种要素活力的制度机制。三是做好传统动能的改造提升，三市的传统产业占国民经济比重较大，传统产业动能改造提升尤为重要，要让老经济释放新动能，在新体制、新机制、新技术、新模式基础上做好加法。四是以新发展理念为指导，紧紧抓住供给侧结构性改革这条主线，以质量第一、效益优先为导向，从提高供给质量出发，用改革的办法推进结构调整，减少无效和低端供给，扩大有效和中高端供给，增强供给结构对需求变化的适应性和灵活性，提高全要素生产率，使供给体系更好地适应需求结构变化。

（五）实现美丽乡村建设与经济高质量发展相得益彰

韶关、河源、云浮都是欠发达地区，生态资源丰富，如何把生态资源转化为经济优势，将是三地着力探索高质量发展的重大命题。在此，党中央提出的实施乡村振兴战略可成为推动经济发展的重要抓手，把生态资本变成富民资本，将生态优势转变为经济发展优势，实现美丽乡村建设与高质量发展的相得益彰。

在思想理念上要认识到，美丽乡村建设不是单纯搞好乡村环境，而

---

① 李彤：《明晰新旧动能转换路径 专家：从四方面推动经济高质量发展》，人民网 2018 年 1 月 22 日，http://finance.people.com.cn/GB/n1/2018/0122/c1004-29778536.html。

是要在乡村经济发展基础上建设和谐宜居美丽乡村；推动乡村经济发展，绝不能以牺牲乡村生态环境为代价，而要实现经济发展与环境保护相互促进。这就要求坚持以绿色发展理念为引领。绿色发展理念强调，既要金山银山，又要绿水青山；既要坚守生态环境底线，不以牺牲生态环境为代价实现发展，又要充分利用生态环境，让生态环境优势充分转化为经济发展优势。当前，在绿色发展理念引领下，全国各地探索形成了多种"自然—经济—社会—文化"复合型生态经济，值得三地借鉴。

走融合发展之路。融合发展要求突破传统产业边界、区域空间边界和要素功能边界。就农业产业而言，应推动一二三产业融合发展和多功能发展。就区域空间而言，应实现产村融合、产城融合和区域融合、城乡融合。就要素功能而言，应追求生产要素、生态要素、文化要素相互融合。实践证明，融合发展是现代产业的重要特征，是满足消费者多元化需求的必然趋势，也是实现美丽乡村建设与经济高质量发展相得益彰的基本路径。

（六）以生态环境高水平保护推动经济高质量发展

生态优势是韶关、河源、云浮三市发展的核心优势，保护环境是为了更好的发展。生态环境是关系党的使命宗旨的重大政治问题，对三市来说更是如此，必须坚定不移走生态优先、绿色发展新道路，贯彻创新、协调、绿色、开放、共享的发展理念，进一步增强环境保护的政治自觉、行动自觉，强化监管、综合防治，坚决打好大气、水、土壤污染防治攻坚战，让三市的天更蓝、地更绿、水更清、环境更优美，加快形成节约资源和保护环境的空间格局、产业结构、生产方式、生活方式，给自然生态留下休养生息的时间和空间。

在具体实践中，三市要处理好三大关系。一要处理好发展与保护的关系，正确认识生态环境建设和经济发展的辩证统一关系，摒弃以牺牲环境为代价的发展模式，在守住生态、安全、环保底线前提下，积极发展低碳循环经济，积极发展"生态+"经济，在保护中寻求发展，在发展中坚持保护。二要处理好政府与市场的关系，一方面，生态环境建设作为政府的职能担当，充分发挥政府"有形之手"对生态环境的管理和调控作用，强化生态环境硬约束，另一方面，积极运用"无形之手"，发挥市场机制的决定性作用，运用市场经济杠杆引导各类主体和社会资本进入大气、水、土壤污染等环境治理和生态修复项目。三要处理好长期与短期的关系，认识到生态环境建设具有长期性、艰巨性和系统性的特点，要从化解当前突出矛盾和问题入手，立足当前、着眼长远，构建生态环境可持续发展的长效体制机制。

（七）进一步提升政府治理能力

完善与高质量发展要求相匹配的政府治理结构，加大"放管服"改革力度，进一步优化商事审批流程。上海交通大学陈宪教授建议，更好地发挥政府在营造创新生态中的作用，加快新动能和新经济的形成。更好地发挥政府在区域规划中的引导作用，如粤港澳大湾区城市群规划，应打破行政区划对经济社会发展的束缚，减少土地低效开发，提升中心城市集聚高端要素的功能。华南理工大学田秋生教授建议，持续降低制度性交易成本，形成低成本生产生活环境。尽快实施市场负面清单制度，改革用地管理制度，消除市场准入的隐形障碍。进一步创新政务服务方式，提高服务效率。①

由于生态保护地区高质量发展情况较为复杂，本文仅从个案研究的角度，探索了生态保护地区实现高质量发展的路径。

参考文献：

丁红都：《争当学习实践习近平新时代中国特色社会主义思想排头兵 在高水平保护中实现高质量发展》，《南方日报》2018年10月13日。

韩长赋：《实施乡村振兴战略 推动农业农村优先发展》，《人民日报》2018年8月27日。

何立峰：《大力推动高质量发展 建设现代化经济体系》，《学习时报》2018年12月9日。

---

① 广东省政府发展研究中心创新产业研究处：《广东经济高质量发展的路径和对策建议——构建推动经济高质量发展体制机制研讨会主要观点综述》，《广东经济》2018年第5期。

林瑞荣、云伟歆:《深入学习贯彻习近平总书记重要讲话精神 扭住"两新一前列"战略定位 奋力开创云浮高质量发展新局面》,《云浮日报》2018年9月10日。

刘俊、陈清浩、韩安东:《粤北深调研|践行"两山",云浮如何实现高水平保护下的高质量发展? 答案在这!》,《南方日报》2018年9月27日。

刘俊、蒋才虎、韩安东:《粤北深调研|践行"两山",河源如何实现高水平保护下的高质量发展?》,《南方日报》2018年9月27日。

魏士国、王小静:《既要"无中生有",又要"有中出新":加快新旧动能接续转换》,《人民日报》2018年3月30日。

徐林、岳宗:《以习近平总书记重要讲话精神为指导 努力在实施乡村振兴战略中走在全省前列》,《南方日报》2018年4月11日。

徐林、岳宗:《李希到河源调研 深入学习贯彻习近平新时代中国特色社会主义思想 建设绿色发展示范区 争当融入粤港澳大湾区的生态排头兵》,《南方日报》2018年8月30日。

苹塘镇:罗定市人民政府门户网站,www.luoding.gov.cn。

广东省大学生网络意识形态安全教育现状及对策
——基于广东省 35 所高校的调研

朱颖　林紫晴　李嘉颖　蔡妙妙　郑雅*

【摘要】 网络意识形态不仅是传统意识形态在网络空间的延伸，还因为网络的介入而呈现出新的传播特点。在新媒体时代，多元意识形态传播的网络环境容易导致大学生的意识形态走向失控，甚至产生文化认同危机。

本报告根据向广东省 35 所高校的 619 名大学生发放调查问卷所收集到的数据，总结出大学生网络意识形态安全教育存在的问题，并深入分析了大学生在网络意识形态安全领域的教育现状、学习态度和教育需求等。最后，报告从大学生自身、高校、政府和媒体的角度出发，提出相应的策略，试图构造一个提高大学生网络意识形态安全意识的系统，提升大学生的政治思想觉悟。

【关键词】 网络意识形态；意识形态安全；大学生

---

* 【作者简介】朱颖，女，广东外语外贸大学新闻与传播学院教授；林紫晴，女，广东外语外贸大学新闻与传播学院 2015 级本科生；李嘉颖，女，广东外语外贸大学新闻与传播学院 2015 级本科生；蔡妙妙，女，广东外语外贸大学新闻与传播学院 2015 级本科生；郑雅，女，广东外语外贸大学新闻与传播学院 2016 级本科生。

一　绪论

(一) 研究缘起

1. 网络意识形态安全重要性

意识形态建设是国家建设的重要方面，是一个社会反映经济基础所要进行的思想建设。习近平总书记在多次讲话中强调意识形态安全的重要性，他提出"经济建设是党的中心工作，意识形态工作是党的一项极端重要的工作""能否做好意识形态工作，事关党的前途命运，事关国家长治久安，事关民族凝聚力和向心力"。

一定程度上，网络意识形态是意识形态在网络空间的延伸。随着互联网的普及和人们在媒介使用习惯方面的变化，主流意识形态的传播主体、传播方式和传播渠道已经发生了变化，非主流意识形态借助互联网大行其道，给国家安全带来新挑战。正如习近平总书记所说，"互联网已经成为舆论斗争的主战场。在互联网这个战场上，我们能否顶得住、打得赢，直接关系我国意识形态安全和政权安全"。在十九大报告中，习近平总书记指出"意识形态领域斗争依然复杂，国家安全面临新情况"，提出要牢牢掌握意识形态工作领导权，加强互联网内容建设，建立网络综合治理体系，营造清朗的网络空间。

2. 互联网信息传播的复杂性

由于网络空间具有开放性、匿名性、交互性的特点，网络信息良莠不齐、泥沙俱下的现象一直难以管理，这为西方敌对势力的意识形态传播提供了乘虚而入的机会。在技术层面，西方发达国家的信息技术长期占据世界领先地位，掌握并垄断着互联网研发的核心技术。此外，英语作为全球计算机系统的开发和软件编程语言，拉开了以英语为第一语言的西方发达国家与其他国家在计算机发展领域的"信息鸿沟"。在信息技术相对不发达的情况下，我国对西方社会思潮的传入与控制处于相对被动位置。

在内容层面，近年来，各种西方社会思潮通过网络在我国进行传播，如自由主义、无政府主义、享乐主义、拜金主义、极端个人主义。这些思潮擅于炒作社会事件，煽动群众负面情绪，以达舆论走向"呲必中国"的极端结果，严重冲击了我国的传统文化、道德准则、价值观念和意识形态安全。

除了"外忧"，体现在"内患"上的网络信息传播的复杂性同样严重影响网络意识形态安全。随着互联网商业模式的兴起，越来越多公民借助互联网将自己的劳动成果变现。在这个过程中，为了吸引公众目光，引起轰动，牟取更多的利益，一些不法分子在网络上编织危害国家安全的政治谣言，抹黑政府形象，严重影响党和国家的网络意识形态工作的开展。

3. 大学生思想素质的特殊性

大学生是国家未来的建设者和接班人，这一群体的政治素质和文化水平直接关系到国家的前途命运。大学生思想活跃，接受新鲜事物能力强，具有较高的认知能力，对政府事务的关注度普遍高于其他人群，但他们社会经验较少，没有接受系统的意识形态教育，目前仍处于人生观、价值观形成的时期，对黑白是非的辨别能力不强。同时，大学生作为社会新技术、新思想的前沿群体，是拥有互联网高普及率的人群，善于从网络中获取资讯，全球化进程中潮水般涌入的各种文化思潮和价值观念通过网络进入大学生的视野，冲击着大学生的思想。多元意识形态传播的网络环境容易导致大学生的意识形态走向失控，甚至产生文化认同危机。因此，必须针对大学生群体进行网络意识形态安全教育。

4. 高校教育具有不可替代性

高校是大学生人生观、价值观形成期间最重要的四年的主要生活环境，高校开设的课程、开展的活动具有科学系统性、正确引导性和明确目的性，在加强大学生网络意识形态安全教育方面，高校当仁不让处于主体地位。

目前，大部分高校关于网络意识形态安全的教育散见于思政课程、校媒宣传、教师言传身教，在网络发展日新月异的时代，这些教育方式所发挥的作用亟待考量。如何革新大学生网络意识形态安全教育的内容和方式，发挥高校在网络意识形态安全教育方面应有的作用，是新时代抛给高校的重大新课题。

（二）研究意义

本研究通过对大学生网络意识形态安全教育现状进行调查，了解大学生在网络意识形态方面的认知现状与实践行为，以及高校在网络意识形态安全教育方面的工作开展情况，有助于提高社会各界对大学生网络意识形态安全教育的重视，维护马克思主义在大学生网络意识形态中的主导地位，也推动网络意识形态安全教育领域的理论创新。

本研究还分析了网络意识形态安全教育现状及其存在的问题，并为高校及政府相关部门提供行之有效的改进对策，有助于改善网络意识形态安全观的传播效果，推动网络意识形态安全教育工作开展，从而建立清朗的网络空间。

（三）国内外研究现状

1. 国内研究现状

当下互联网发展迅速，成为意识形态传播中不容忽视的重要途径。在知网同时搜索关键词"网络""意识形态"，得出文献有9,686篇，主要研究分为三个方面。

（1）网络意识形态安全与大学生心理

张宝君在《90后大学生心理特点解析与对策》一文中分析了大学生群体的心理特点，认为大学生价值观不稳定、易受互联网文化影响。严建雯和汪莹的《大学生心理特征视阈下高校马克思主义理论学习的实证研究》中认为，当代大学生在思想和行为上受到国内、国际环境的影响，体现在思想活动和身心发展的差异性、选择性和独立性日渐突出，追求个性，但心理素质较差；有强烈的爱国热情，但又缺乏坚定的政治方向，对大学生思想政治教育具有相当程度的逆反心理和抵触情绪等方面。这样的心理给大学生思想政治教育工作带来了一定的挑战。

（2）网络意识形态安全与网络技术

网络意识形态安全的开展离不开网络技术的支持。邱小玲的《论执政党在网络技术条件下的意识形态建设》中提到，网络文化便是一种技术文化，是新媒介技术与文化主体交融的结晶，网络技术给党的意识形态工作带来挑战，西方网络技术的强势造成不平衡的信息流动，使其意识形态呈现出强势。技术是双刃剑，给传统意识形态传播带来风险的同时也带来机遇。张志安、聂鑫的《互联网语境下意识形态传播的特点、挑战和对策》中提到大数据挖据可用于抓取和分析网络媒介上文本量巨大的意识形态话语，可以助力于了解民众意识形态情况。

在新增的研究成果中，学者们较为集中地关注新兴互联网技术对高校意识形态影响。如何玄的《网络直播对大学生社会主义核心价值观教育的影响与对策研究》、刘镇、张凡龙、蒋一新的《视频社交软件对大学生思想意识形态影响的实证分析》，都是结合新媒体技术来进行分析，具有较强的现实性。

（3）网络意识形态安全教育现状

第一，从理论角度探讨高校网络意识形态安全教育，认为"人本理念是高校网络安全教育的价值追求，人本精神是高校网络安全教育的基本内涵，人本原则是高校网络安全教育的实践路径"[1]，强调"以人为本"的科学发展观是构建网络安全体制的基本原则。

第二，从时代背景下探讨网络意识形态安全教育的问题。部分学者探讨了新媒体对大学生网络意识形态安全教育存在渗透，并具有时效性和交互性、整合性和隐蔽性、社会化和政治化、本土化和商业化的特点。[2]也有学者认为在网络新媒体时代环境下，网络新媒体的碎片化弱化了高校师生的意识形态安全意识，新媒体的开放化加剧了西方社会思潮的意识形态渗透，同时新媒体的去中心化消减了对马克思主义主流意识的认同，并表示在这种环境下高校网络意识形态安全教育需要重新思考策略。[3]

第三，从方法策略方面研究大学生网络意识形态安全教育的问题。

---

[1] 顾娟、高鸣：《"人本"哲学视域的高校网络安全教育》，《教育理论和实践》2012年第12期。

[2] 刘左元、李林英：《对新媒体环境下大学生意识形态安全的认知与思考》，《学校党建和思想教育》2012年第3期。

[3] 伍廉松：《网络新媒体视域下高校意识形态安全建设研究》，《教育评论》2017年第5期。

如张衡在《大学生网络安全教育的策略研究》一文中提出，在当前教育体系中，大学生网络意识形态安全教育存在认知不全面、内容单一以及教育资源缺失的问题，提出网络意识形态安全教育改革需要从认知方面、内容方面以及体系方面进行，做到"知、行、管"三效合一。

2. 国外研究现状

在 Sage、Taylor&Francis、Wiley Online 等资源库以关键词"ideolog""ideological""Internet"等关键词搜索，发现国外相关研究主要集中在三个方面。

（1）网络意识形态安全与政治关系

政治意识形态构成了社会，任何想要了解某一特定意识形态的人都需要学习它，这是 Michael Flynn 关于意识形态和政治理论的"概念性方法"的基本观点。学者 Freeden 提出，政治意识形态构成"可识别集群"的概念，这些集群中的一些概念形成了一种意识形态的"核心"，但似乎都是在概念空间竞赛中互相推搡，他将"成功的意识形态"定义为"允许其核心概念发展，直到它们不可避免地开始侵入其他核心概念的生存能力"[1]。

（2）网络意识形态安全与网络技术

英国学者 Brienne Winston 在《媒介的产生——技术决定论抑或文化决定论》中从媒体研究出发提出了技术决定论叙述 A 和技术决定论叙述 B，实指硬技术决定论和软技术决定论。不论是硬技术决定论还是软技术决定论，都体现了技术对社会方方面面，包括社会意识形态的重要影响。作为媒介决定论这一研究传统中最有影响的代表人物，加拿大传媒学家麦克卢汉把技术看作是人的延伸，技术或者媒体对人类精神心理结构和社会组织方式造成了巨大的影响。而当计算机和互联网络广泛应用后，目前有大批学者沿袭麦克卢汉的媒体决定论传统，研究信息技术的全球化影响问题，并迅速成为一种文化研究时尚。

---

[1] Michael Freeden, *Ideologies and Political Theory: A Conceptual Approach*, Oxford: Clarendon Press, 1996.

（3）网络意识形态安全与教育现状

有学者认为当前网络安全局势越来越复杂，为了维护本国的网络安全，促进国家社会稳定发展，防止他国意识形态侵蚀，政府部门和高校都将大学生网络安全教育特别是网络意识形态安全教育放在十分重要的位置。[1] 例如美国开展国家网络安全教育计划，成立国家卓越学术中心，充分利用高校专业化平台培养网络安全人才，[2] 提高学生网络意识形态安全防范意识。

针对当前网络安全教育的现状及问题，有学者指出，在网络安全形势日益严峻的当下，当前行业内普遍缺乏能预防、检测并应付解决网络安全攻击的高素质人才，这和高校在教学过程中缺乏网络安全课程设置，无法为行业输送合格人才有着必然联系。[3] 亦有学者通过对当前网络安全教育项目的分析，认为其中存在对承受风险人群的错误鉴定及对网络安全教育方法理解不当两大缺陷。[4] 而对于相应的解决方案，可以看到国外的研究既有理论层面的探讨，如在教学过程中引入数据分析为学习者提供针对性强、个性化的训练方案，[5] 亦有实践层面上的研究创新，例如通过对美国本科生开设信息系统及信息技术课程的 278 所商学院的调查研究，构建新的网络安全课程模型；[6] 或是专门为青少年设置的网络安全教

---

[1] Norum P. S, Weagley R. O. "College Students, Internet Use, and Protection from Online Identity Theft", *Journal of Educational Technology Systems*, Vol.36, No.35, 2007, p.45-59.

[2] Jones S., Johnson-Yale C., Millermaier S. "U.S. College Students' Internet Use: Race, Gender, and DigitalDivides", *Journal of Computer-Mediated Communication Monday*, Vol.14, No.10, 2009, p.244-264.

[3] Samuel C. Yang, Bo Wen. "Toward a Cybersecurity Curriculum Model for Undergraduate Business School: A Survey of AASCB-accredited institution in United States", *Journal of Education for Business*, Vol.92, No.1, 2017.

[4] Korpela, Karina. "Improving Cyber Security Awareness and Training Programs with Data Analytics", *Information Security Journal: a Global Perspective*, 2015, p.24: 72.

[5] Korpela, Karina. "Improving Cyber Security Awareness and Training Programs with Data Analytics", *Information Security Journal: a Global Perspective*, 2015, p.24: 74.

[6] Samuel C. Yang, Bo Wen. "Toward a Cybersecurity Curriculum Model for Undergraduate Business School: A Survey of AASCB-accredited institution in United States". *Journal of Education for Business*, Vol.92, No.1, 2017.

育平台等。[1]

(四) 核心概念界定：网络意识形态

目前，国内有关网络意识形态的涵义大致可以分为三类：

第一类认为网络意识形态是传统意识形态在网络空间的延伸。赵惜群认为，所谓网络意识形态，并非是指网络空间中自然生成的各种意识形态及其所构成的观念体系，而是指现实社会意识形态在网络空间的表现方式和传播形式。[2] 李怀杰等认为，网络意识形态是指国家及各级管理部门基于多元互联网平台进行文化生产、思想教育、价值传播、舆论引导的社会主义意识形态的总成。[3] 这类观点看到了网络意识形态与传统意识形态的内部关联性，但忽视了网络媒介的介入已然改变了传统意识形态的传播主体、传播内容和传播形式，因此我们不能把网络意识形态看作是现实生活中意识形态在网络上的简单投射和反映，要看到网络意识形态的超时空渗透、复杂多元性和自由交互性等特点。

第二类认为网络意识形态是指导网民进行网络活动的有机思想体系。张宽裕认为，网络意识形态是网民看待网络世界的有机思想体系，代表着网民的利益，指导着网民的"行为"，并通过虚拟社会反作用于现实社会。[4]

黄冬霞提出了第三种涵义，她认为"网络意识形态是在线上社会与线下社会、网民个体与现实个体高度融合互相渗透的背景下，网民借助数字化符号化信息化中介系统而进行的信息、知识、精神的共生共享活动中形成的有机体系，是网民在网络社会中具有符号意义的信仰和观念

---

[1] Geoff Skinner, Heba A. F. "Cyber Security Education for Children Using CLAC (Cloud Adaptive Learning Courses): A Position Paper on Cyber Security for Younger Demographics", *Annual International Conference on Infocomm Technologies in Competitive Strategies*, 2017.

[2] 赵惜群、黄蓉：《我国网络意识形态安全长效机制的构建》，《湖南科技大学学报》（社会科学版）2014年第6期。

[3] 李怀杰、吴满意、夏虎：《大数据时代高校网络意识形态建设探究》，《思想教育研究》2016年第5期。

[4] 张宽裕、丁振国：《论网络意识形态及其特征》，《学校党建与思想教育》2008年第2期。

表达方式的综合,其核心是价值观念。"①本文对网络意识形态的定义倾向第三种观点。

(五) 创新之处

1. 视角创新

目前,基于党和国家层面的网络意识形态安全的探讨已经有一定的成果,网络意识形态建设工作的大政方针是明确的、势在必行的。但是,针对大学生群体开展的网络意识形态安全教育的研究则较少,而且主要集中在理论层面的讨论,主要研究方法是定性研究,缺乏定量研究,在真正了解大学生在网络意识形态安全教育方面的心理动向方面存在缺陷。本文从大学生自己的角度来考察大学生对网络意识形态的认知和实践,探讨高校在大学生网络意识形态教育的不足之处,可以补充以往研究的不足。

2. 观点创新

本报告研究高校在大学生网络意识形态安全教育的现状,并针对高校和大学生两大网络意识形态安全观传播主体提出了改进对策。有别于前人提出的具有强指导性、强系统性的策略,本文旨在精细高校教育方式及提高学生安全意识,提出具有强实践性、强针对性的措施,部分观点具有创新性。

二 研究设计

本研究采取问卷调查法和深度访谈法相结合的方法,对广东省35所高校的621名大学生进行问卷调查,并结合问卷发现的问题,对部分调查对象进行了深度访谈。具体设计如下。

(一) 调查的总体工作安排

1. 文献研究

在调查之前,参考阅读多篇文献,包括有关网络意识形态安全、网

---

① 黄冬霞、吴满意:《网络意识形态内涵的新界定》,《社会科学研究》2016年5月。

络文化安全、大学生思想政治教育现状等的专著和论文，获得了有关网络意识形态建设、网络文化安全以及大学生意识形态安全的基本情况，从而能够较为科学地设计问卷。

2. 问卷调查

结合相关文献，经过组内讨论，完成了问卷设计的初稿。将初稿在广东外语外贸大学内派发50份，进行小范围前测，并根据测试结果和反馈，结合现实状况对问卷进行修改。

正式调查阶段，研究组对广东省35所高校的621名大学生发放问卷，回收有效问卷619份。高回收率也保障了调研结果的可靠性。

3. 深度访谈

根据问卷调查的统计结果，研究组接着采用访谈法，深入了解大学生对网络意识形态安全教育的认知和态度及大学网络意识形态安全教育的现状和不足。访谈对象包括来自广东外语外贸大学、中山大学、华南师范大学、嘉应大学、暨南大学的8位大学生，其中包括2位学校官方公众号的负责人、2位大学生自媒体运营者。除此之外，研究小组还对来自广东外语外贸大学、中山大学、广东工业大学、暨南大学的6位大学教师进行深度访谈，了解高校教师对调查问题的相关看法。

（二）问卷调查内容

调查问卷为"广东省大学生网络意识形态安全教育现状调查"，内容主要有三部分：1. 被调查者的基本资料；2. 大学生网络意识形态安全现状调查；3. 大学生网络意识形态安全教育现状调查。

（三）样本及其结构

本次问卷调查目前是以广东省35所高校2013—2017年秋季入学的本、专科大学生为抽样总体，包括中山大学、华南理工大学、华南师范大学、华南农业大学、广州大学、广东外语外贸大学、广州中医药大学、广东药科大学、广东工业大学、广州美术学院、星海音乐学院、广东财经大学、广东金融学院、广东海洋大学、暨南大学、深圳大学、汕头大学、北京理工大学珠海学院、吉林大学珠海学院、北京师范大学珠海分校、中山大学新华学院、华南理工大学广州学院、广东技术师范学院、五邑大学、东莞理工学院、南华工商学院、南方医科大学、天恋学院、广东农工商职业技术学院、广东工商职业学院、肇庆学院、韩山师范学院、顺德职业技术学院、仲恺农业工程学院、佛山科学技术学院。共回收619份有效问卷。

表1　　　　　　　　　　样本基本信息情况

统计题项	类别	频率	百分比（%）	累计百分比（%）
性别	男	277	44.7	44.7
	女	342	55.3	100
年级	大一	118	19.0	19.0
	大二	170	27.5	46.5
	大三	229	37.0	83.5
	大四	102	16.5	100
专业性质	文科	236	38.1	38.1
	理科	142	22.9	61.0
	工科	159	25.7	86.7
	医学	30	4.9	91.6
	艺术	48	7.8	99.4
	体育	4	0.6	100
政治面貌	群众	61	9.8	9.8
	党员	41	6.6	16.4
	团员	515	83.2	99.6
	民主党派	2	0.4	100
学校	中山大学	50	8.0	8.0
	华南理工大学	41	6.6	14.6
	华南师范大学	31	5.0	19.6
	广州大学	50	8.0	27.6
	广东外语外贸大学	53	8.6	36.2
	广州中医药大学	36	5.8	42.0
	广东药科大学	59	9.5	51.5
	广东工业大学	58	9.4	60.9

续表

统计题项	类别	频率	百分比（%）	累计百分比（%）
学校	广州美术学院	15	2.4	63.3
	星海音乐学院	25	4.0	67.3
	北京理工大学珠海学院	22	3.6	70.9
	吉林大学珠海学院	12	1.9	72.8
	广东财经大学	23	3.7	76.5
	广东金融学院	19	3.0	79.5
	深圳大学	12	1.9	81.4
	暨南大学	22	3.6	85.0
	东莞理工学院	2	0.3	85.3
	汕头大学	1	0.2	85.5
	中山大学新华学院	1	0.2	85.7
	五邑大学	17	2.7	88.4
	北京师范大学珠海分校	12	1.9	90.3
	华南农业大学	14	2.3	92.6
	华南理工大学广州学院	1	0.2	92.8
	南华工商学院	2	0.4	93.2
	南方医科大学	1	0.2	93.4
	天恋学院	1	0.2	93.6
	广东农工商职业技术学院	1	0.2	93.8
	广东工商职业学院	1	0.2	94.0
	广东技术师范学院	3	0.5	94.5
	广东海洋大学	7	1.1	95.6
	肇庆学院	9	1.5	97.1
	韩山师范学院	1	0.2	97.3
	顺德职业技术学院	13	2.1	99.4
	仲恺农业工程学院	1	0.2	99.6
	佛山科学技术学院	2	0.4	100

三 统计分析

(一) 广东省大学生网络意识形态安全现状

1. 大学生普遍认为网络意识形态安全重要

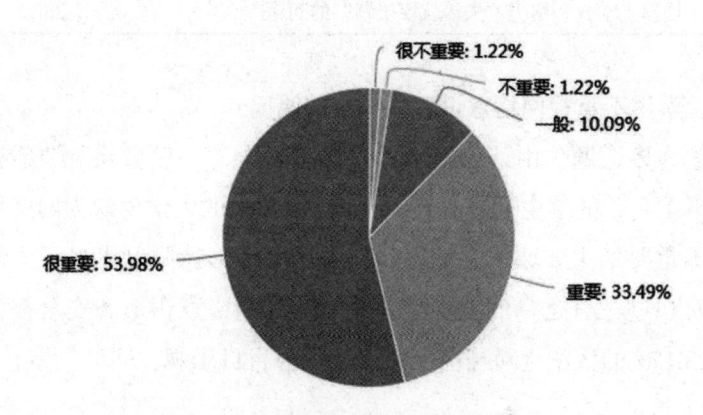

图1 网络意识形态安全的重要性

如图1所示，本题设置了五个选项："很重要""重要""一般""不重要""很不重要"，分别对应5分、4分、3分、2分、1分，本题均值高达4.38分，由此看出，大学生普遍认为网络意识形态安全是重要的。

2. 大学生重视网络意识形态安全的原因

该题为多选题，由认为网络意识形态安全"很重要"和"重要"的大学生回答。由表2可以看出，81.64%的学生认为网络意识形态安全重要是出于维护社会和谐稳定的需要；选择防止敌对势力的意识形态渗透、意识形态无处不在和宣传党政、团结人心均超过50%。大学生对网络意识形态安全重要原因的认知以社会维稳、反渗透、意识形态无处不在和正面宣传为主。

表2　　　　　　　认为网络意识形态安全重要的原因

选项	比例（%）
宣传党的理论、路线和方针、政策，凝聚团结人心	53.32

续表

选项	比例（%）
防止敌对势力的意识形态渗透	64.51
意识形态无处不在	62.41
出于维护社会和谐稳定的需要	81.64
把握主动权，解决"失语就要挨骂"的问题	38.11

3. 大学生不重视网络意识形态安全的原因

该题为多选题，由认为网络意识形态安全"一般重要""不重要"和"很不重要"的学生回答。表3显示，68.29%的大学生认为网络意识形态安全不重要的主要原因是觉得过分强调意识形态限制了多元价值观发展，也有超过三分之一的大学生认为是当前网络意识形态安全教育缺乏导致，23.17%的大学生对当前网络安全形势盲目乐观。

表3　　　　　　　　认为网络意识形态安全不重要的原因

选项	比例（%）
在我们的教育体系中很少被强调	36.59
过分强调意识形态限制了多元价值观发展	68.29
当前的网络意识形态环境安全	23.17
其他	7.32

4. 大学生对网络意识形态工作内容的了解

对受访大学生来说，线上的网络舆论引导、加强网络意识形态安全教育和完善网络安全相关法律法规是网络意识形态工作内容中最为重要的三个部分。加强文化自信也占有较重要的地位。

表4　　　　　大学生对网络意识形态安全工作内容的了解情况

选项	比例（%）
线下的理论创新	54.13
线上的网络舆论引导	72.17

续表

选项	比例（%）
加强网络意识形态安全教育	75.99
加强党管意识形态的作用	41.74
完善网络安全相关的法律法规	71.71
宣传主流价值观抵御外来异质文化影响	42.05
加强文化自信	63.76
其他	1.68

5. 大学生对《网络安全法》的关注

大学生普遍对《网络安全法》缺乏关注和了解。在受访者中，52.14%的学生听说过《网络安全法》的出台但没有具体关注过，41.9%的学生没听过也没关注过，只有5.96%的学生一直在关注。

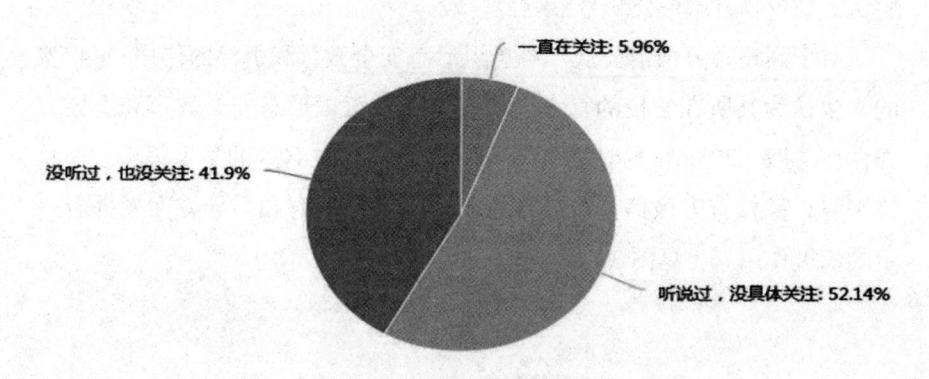

图2 大学生对《网络安全法》的关注情况

6. 高校网络意识形态安全工作面临的挑战

如表5所示，有86.39%的学生认为网络信息良莠不齐、真假难辨是最大的挑战；超过半数的大学生选择了理论对现实问题解释力不够及高校意识形态教育机制不健全。由此可见，大学生网络意识形态安全工作面临的挑战主要是网络环境复杂，理论跟不上现实及高校意识形态教育机制不健全。

表 5　　　　　　　大学生网络意识形态安全工作面临的挑战

选项	比例（%）
理论对现实问题解释力不够	60.24
网络信息良莠不齐，真假难辨	86.39
高校意识形态教育机制不健全	55.2
党管意识形态，但具体责任不清	31.04
西方意识形态通过网络进行渗透	36.09

7. 高校官方微信公众号对大学生网络意识形态安全教育的影响

高校官方微信公众号是高校进行意识形态教育的途径之一。调查中设置了一个大学生对自己所属高校的官方微信公众号影响力的满意度调查，五个选项："很满意""满意""一般""不满意""很不满意"，分别对应 5 分、4 分、3 分、2 分、1 分，本题均值为 3.43 分，可见大学生认为高校官方微信公众号影响力一般。

对于高校官方微信公众号对意识形态安全教育和引导的作用，44.5% 的学生认为其所在学校的官方微信公众号在意识形态安全教育和引导方面做得一般，27.06% 的学生认为有一定效果，12.84% 的学生很满意。总体来看，高校官方微信公众号在意识形态安全教育和引导方面发挥着一定的积极作用。（见图 3）

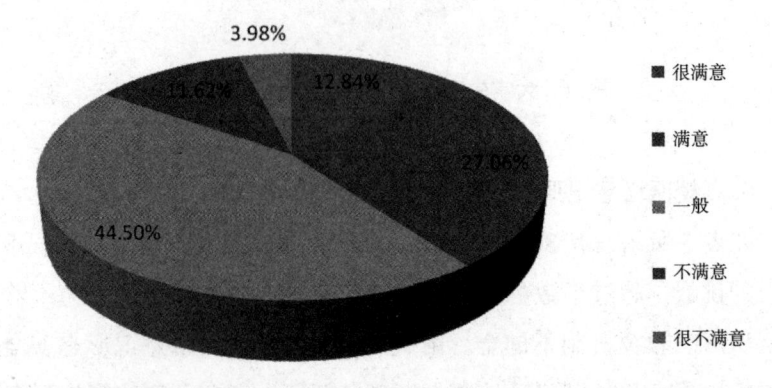

图 3　学校官方微信公众号在意识形态安全教育和引导方面起到的效果

8. 大学生主流意识形态认同的影响因素

为了更直观地展示和便于统计，我们采用了"李克特量表"作为问卷设计形式，即每一道陈述题后面均有对该题认同程度的五个选项，如"几乎没有影响""影响力小""影响一般""影响力大""影响力很大"等类型的五种回答，分别记为1、2、3、4、5分，每个均值就是所有被调查者对该道题的回答所得到的总分的平均分，这一均值可说明被调查者的态度强弱。

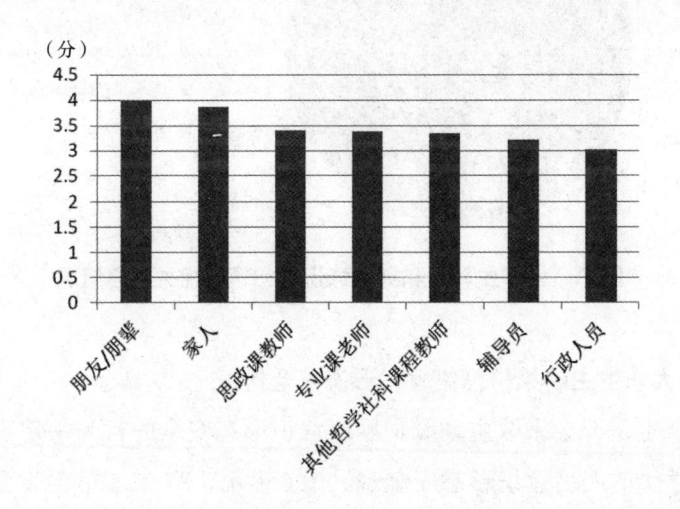

图 4 不同群体对学生主流意识形态认同的影响程度

注：几乎没有影响 =1 分, 影响力小 =2 分, 影响一般 =3 分, 影响力大 =4 分, 影响力 很大 =5 分。

如图 4 所示，在大学生选择各群体对学生主流意识形态认同的影响程度时，朋友/朋辈及家人的均值分别为 3.98 分和 3.86 分，高于各类老师及辅导员和行政人员的均值。可以看出，学生主流意识形态认同受朋友/朋辈及家人这两类关系更为亲近的群体的影响更大，高校教师、辅导员和学校行政人员的影响力还有待进一步提升。

9. 大学生参与传播意识形态领域相关内容情况

大学生对党的理论、路线、方针、政策等相关内容的转发和评论会体现出大学生对意识形态领域的关注。如图 5 所示，63.91% 的学生不会转发评论党的理论、路线、方针、政策等相关内容，但会点开看。总体看来，多数大学生对意识形态领域信息会关注，但不会通过评论或转发参与其中并扩散，参与传播意识不强。

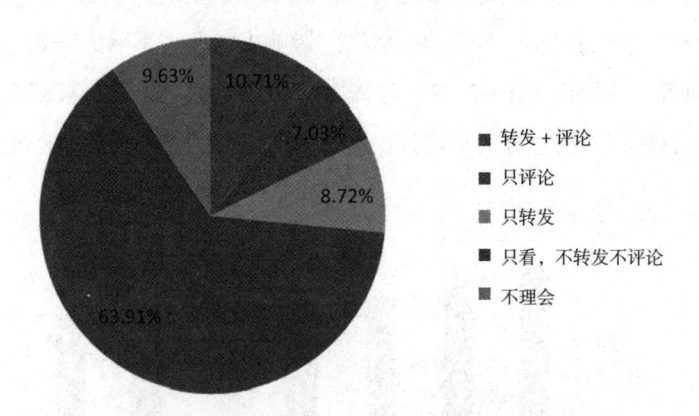

图 5 大学生转发和评论意识形态领域相关内容情况

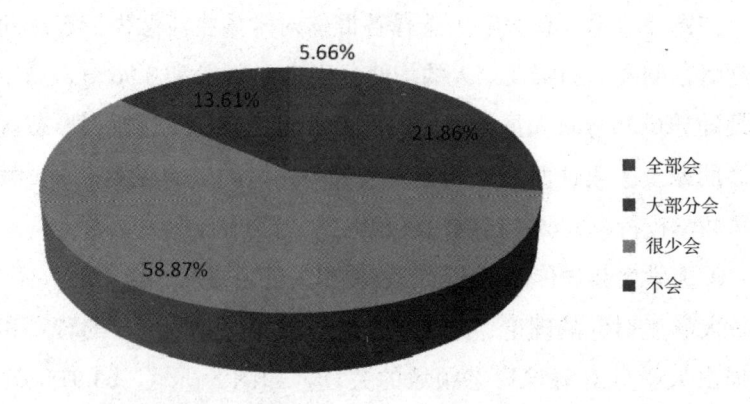

10. 大学生主动维护网络意识形态安全情况

大学生是否会采取主动维护网络意识形态安全的行为一定程度上反映了大学生的网络意识形态安全观。图 6 显示，27.52% 的学生会主动维护网络意识形态安全，如澄清举报网络谣言，但大多数学生较少或不会主动维护网络意识形态安全。大学生维护网络意识形态安全的主动性亟需加强。

图 6 大学生主动维护网络意识形态安全的情况

(二) 广东省大学生网络意识形态安全教育现状

1. 相关课程以思想政治类课程为主

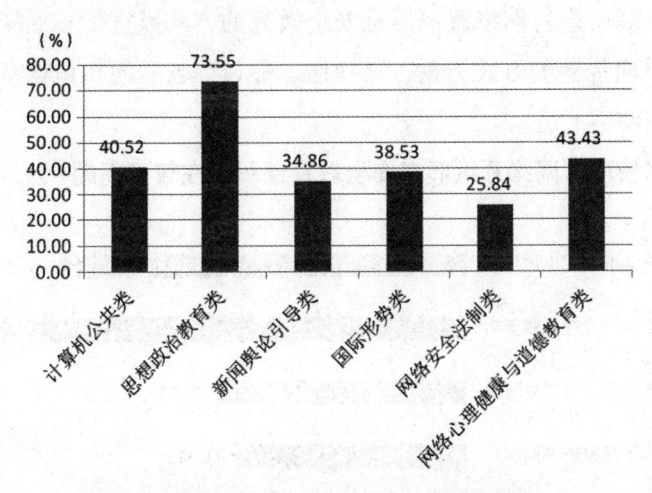

图7 高校设置网络安全教育课程的情况

- 计算机公共类：40.52
- 思想政治教育类：73.55
- 新闻舆论引导类：34.86
- 国际形势类：38.53
- 网络安全法制类：25.84
- 网络心理健康与道德教育类：43.43

大学生网络意识形态安全的形成离不开高校的教育。由图7可以看出，目前高校设置的与网络意识形态安全教育有关的课程主要是思想政治教育类课程，73.55%的学校有开设，但是专门针对网络意识形态安全的课程如网络安全法制课等极少有学校专门开设。跟网络意识形态安全密切相关的新闻舆论引导类课程开设也不够。

2. 教育方式以宣传、上课、讲座为主

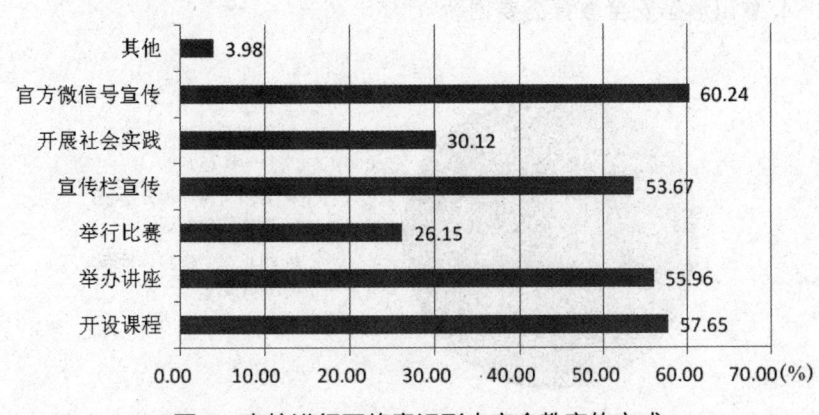

图8 高校进行网络意识形态安全教育的方式

- 其他：3.98
- 官方微信号宣传：60.24
- 开展社会实践：30.12
- 宣传栏宣传：53.67
- 举行比赛：26.15
- 举办讲座：55.96
- 开设课程：57.65

如图 8 所示，高校进行网络意识形态安全教育的方式主要有官方微信号宣传、开设课程（包括线上和线下）、举办讲座和宣传栏宣传。从中看出，高校进行网络意识形态安全教育的方式以宣传、上课、讲座等偏向于单向传播的方式为主，互动性、参与性较强的知识竞赛、社会实践等方式使用不足。

3. 高校现有网络意识形态安全教育课程存在较多问题

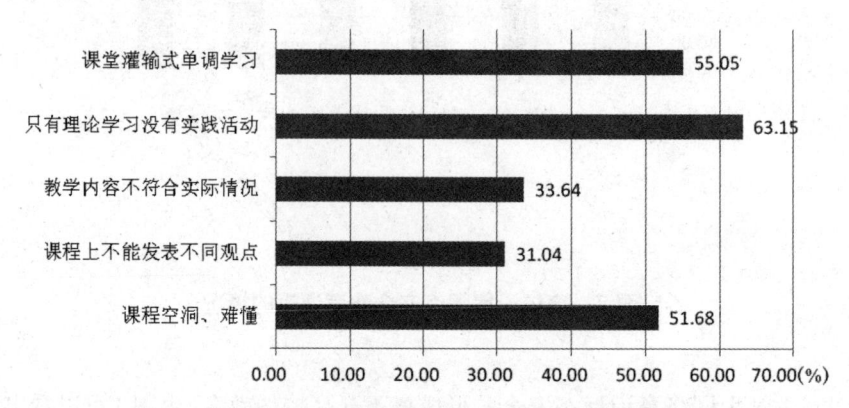

问题	百分比
课堂灌输式单调学习	55.05
只有理论学习没有实践活动	63.15
教学内容不符合实际情况	33.64
课程上不能发表不同观点	31.04
课程空洞、难懂	51.68

图 9　高校现存网络意识形态安全教育课程存在的问题

如图 9 所示，学生们认为高校现存网络意识形态安全教育课程存在的问题主要有：只有理论学习而没有实践活动，课堂灌输式单调学习以及课程空洞、难懂。总体来看，高校现存网络意识形态安全教育课程存在课程空洞难懂、形式单一、与实践脱轨、内容僵化等问题。

4. 意识形态安全教育需要创新

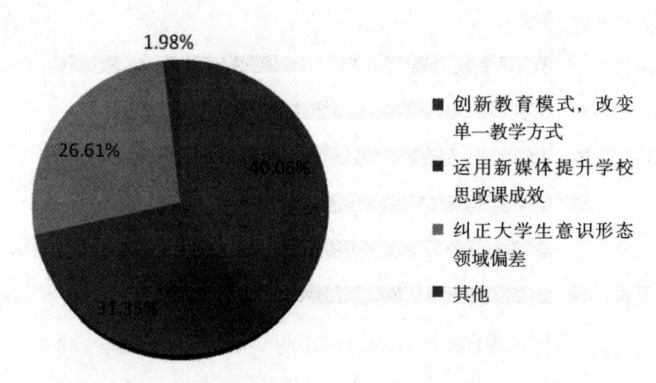

- 创新教育模式，改变单一教学方式 40.06%
- 运用新媒体提升学校思政课成效 31.35%
- 纠正大学生意识形态领域偏差 26.61%
- 其他 1.98%

图 10　大学生网络意识形态安全教育的重点

如图 10 所示，40.06% 的学生认为大学生网络意识形态安全教育的重点是创新教育模式、改变单一的教学方式，31.35% 的学生认为是运用新媒体提高学校思想政治理论课的成效。总体来看，大学生认为网络意识形态安全教育的重点应是教育模式和传播方式上的创新。

关于大学生意识形态安全教育如何创新的问题，学生认为主要有思想政治教育方法创新、意识形态教育工作管理机制创新和意识形态理论宣传创新三个方面，比例分别为 33.03%、36.54% 和 27.83%。

四　大学生网络意识形态安全教育现状

（一）大学生网络意识形态安全的总体认知程度

1. 大学生对网络意识形态安全重要性的认知

本次调查的 619 名大学生中，53.98% 的学生认为网络意识形态安全非常重要，超过半数，该题均值高达 4.38 分（满分值设置为 5 分）。而认为网络意识形态安全不重要和很不重要的学生（分值分别为 2、1 分）仅各占 1.22%。通过对大学生的访谈了解到，学生都意识到意识形态安全是维护国家稳定大局的必要之策。在问卷调查中，意识形态安全重要性原因选择最多的选项正是维稳维和，其次是防止敌对势力的意识形态渗透，这反映出意识形态重要性已被大学生广泛认知并理解。

2. 大学生对网络意识形态工作内容的了解度

调查显示，受访学生对网络意识形态工作内容的了解大多数停留在线上的网络舆论引导、加强网络意识形态安全教育、完善网络安全相关的法律法规、加强文化自信这四方面，而对加强党管意识形态的作用和宣传主流价值观抵御外来异质文化影响两方面的了解和接触偏少。此调查结果反映出高校以及社会各界需要在这两方面加强工作，提高大学生的重视程度和接收度。对于《网络安全法》这一有效促进网络意识形态安全教育的内容，大多数大学生并不是很了解。《网络安全法》在高校传播、解释工作亟待加强。

3. 大学生对网络意识形态的辨别能力及态度

目前，多样化的意识形态跃然舞台，自由主义、拜金主义、享乐主义、民主社会主义、新左派、新权威主义等不同思想观念纷纷登场，意识形态的"碎片化"已现端倪。

在进一步访谈中，学生都表示，目前我国意识形态看似"安全"，其实暗流涌动。在知乎、微博等网络平台出现了多种意识形态。如在人人网出现的李硕、刘仲敬之流，如微博上常见的"美分党""精日""小粉红"等，他们不同的话语背后是相互冲突的意识形态。"非主流"的意识形态对"主流"意识形态的冲击仍不容忽视。有学生观察到，西方国家插手其他国家事件，通过最直观的思维方式进行"短平快"的渗透，具有很强的煽动性。

整体上看，大学生对目前意识形态流动以及发展有着大致掌握，对其他意识形态的安全性具有一定的辨别能力，并且有一定的反渗透意识和警惕性。

4. 大学生同辈间渗透力以及舆论领袖影响力

有关各群体对学生主流意识形态认同的影响程度调查显示，朋友／朋辈群体影响程度最大。在受访中，有学生认为同辈之间的意识形态影响相比于消极被动接受大学教育要强很多。同辈间的渗透是一种相对平等的交流，甚至没有察觉到渗透过程，更加具备影响力。

大学生正处于自我同一性的建立阶段，个体的目标、价值观等特质在这一时期逐渐整合为统一的个人框架，容易受到网络的影响。有学生承认，在意识形态引导方面，网络舆论领袖发挥着一定的作用。尤其是同辈网络舆论领袖会更愿意运用漫画、视频等新潮的语言去解释意识形态，更契合年轻人的语境和心境。针对大学生群体，重视同辈之间的网络意识传播力度，特别是同辈舆论领袖的积极发声与正确引导，有利于促进大学生的心理认同。

（二）大学生网络意识形态安全行为表现特征

1. 大学生维护网络意识形态主动性仍有待提高

随着今天多媒体的兴起、公众参与意识与能力的提升，在社会文化领域中出现的所谓"青春期危机"现象——显性的政治宣传、灌输一定程度上脱离了日常生活，忽视了大学生群体的态度与接受方式偏好，导致相关内容的传播效度有所下降。

调查显示，对于党的理论、路线、方针、政策等相关内容的转发和评论，63.91%的受访者不会转发评论，但会点开看；分别有7.03%和8.72%的学生只评论或只转发相关信息。而在主动维护我国网络意识形态安全方面，主动维护网络意识形态安全的学生比例也不高。

总体看来，主动参与宣传并且维护网络意识形态安全的大学生占少数，侧面反映出大学生在此方面的参与度有待加强。

2. 互联网成为大学生意识形态领域斗争的主要阵地

互联网技术的使用为意识形态的多元化奠定了基础，大学生被允许在互联网空间中平等而自由地表达，这正是互联网技术的多元化属性在实际运用中的表现，各种亚意识形态在网络空间中相互碰撞，大学生从中接触各种意识形态，发表、转发或者产生疑惑，增加了国家对社会的整合难度。

网络已成为意识形态领域斗争的主阵地，是意识形态渗透与反渗透的关键领域。加强网络环境建设和进一步落实网络法律法规，有利于在传播平台上掌握主导，积极引导大学生接收和认可主流网络意识形态。

（三）广东省大学生网络意识形态安全的教育现状

1. 广东省大学生网络意识形态安全教育总体特征

（1）网络意识形态安全教育被日益重视

习近平在网络安全和信息化工作座谈会上谈到"我们党过不了互联网这一关，就过不了长期执政这一关。为此要推进网信法治建设、人才队伍建设，加强网信领域党的建设，为网络强国建设提供有力保障"。因此，政府实施网信领军人才、高端人才、青年专家、特殊人才选拔培养计划，设立网络空间安全一级学科，授予29所高校网络空间安全一级学科博士授权点，创建国家网络安全人才与创新基地。如中山大学、华南理工大学获批网络空间安全一级学科博士学位授权点。广东其他高校也相继开设网络安全相关专业，如广东外语外贸大学的网络空间安全专业。

（2）高校新媒体平台建设被日益重视

微信公众平台作为学生网络意识形态安全教育的重要平台，越来越受到高校的重视。根据调查，广东省高校都开设了官方微信平台，并在平台内容方面进行网络安全意识教育。部分学校平台建设处于领先位置，如华南师大微信公众号在全国高校排行榜位列前茅，华南师大的"晚安华师"也在高校间有一定影响力。但是也仍然存在部分高校微信公众号影响力不足，因而开展网络安全意识教育效果不明显的情况。

2. 广东省大学生网络意识形态安全教育不足之处

（1）自主进行，缺乏指导

近年来我国越来越重视网络安全，出台了一系列法律法规规范网络空间，出台了《国家网络空间安全战略》来指导中国网络安全工作，维护国家在网络空间的主权、安全、发展利益。但是在网络安全教育方面仍然缺乏宏观指导，各高校虽有网络安全教育方面的意识与措施，但是存在随意性、分散性以及缺乏连贯性。

而部分欧美国家在网络安全教育方面则走在前沿，如美国于2010年启动国家网络空间安全教育计划（National Initiative of Cybersecurity Education，NICE）。[①] 从人才培养、技术创新以及教学平台建设三方面进行高校网络安全教育建设。澳大利亚利用新型网络安全教育系统、网络安全教育活动的开展和实施等综合方法提升大学生网络安全教育水平。[②] 但是我国对大学生的网络安全教育不够系统化，仍然是学校自主进行，力度、效度都大打折扣。

（2）形式单一，教育零散

网络意识形态安全教育不是孤立的，它包含网络技术、网络意识形态、网络行为等多方面的内容，涉及到技术、思想、法律知识、网络道德与心理健康等方面的学习。但是调查结果显示，高校网络意识形态安

---

① "Sternstein A. Cyber Staffing"，*Government Executive*，2011.
② 谭玉、张涛、吕维霞：《大学生网络安全教育的国际比较及启示》，《电子政务》2017年第2期。

全教育仍然是以课堂和宣传为主，缺乏实践活动。而根据各大高校开设课表与访谈结果看，不少高校并没有专门的网络意识形态安全教育课程，而是依托于其他课程存在，如一些必修课——思想政治教育类课程（马原、毛概、思修和近代史）、形势与政策，和一些公选课，如中大的计算机网络信息安全基础，广外的计算机安全与维护等。这些课程都涉及部分网络意识形态安全的内容，但是不完整。

而根据高校辅导员的访谈结果，高校网络安全意识形态教育工作处于一种零散的状态，传导至学生，经常是以"零散""任务式"的形式开展。如两学一做、学习十九大会议精神，中央部署是长期性、系统性地学习，但落实到学生身上可能是参加一次学习讲座、写一篇学习心得，学生真正能内化的东西很少，学生就会处于无感状态。

（3）灌输教育，效果式微

根据调查结果，51.68%学生反映，在与网络意识形态安全教育相关的课程中，存在老师教授内容空洞、难懂，63.15%学生认为课程只有理论学习，并不与实践活动相结合。这反映出高校课堂老师在教授学生知识时只注重讲，而不注重互动，处于一种灌输知识的状态。这种单方面的灌输容易让学生产生反感，而大班教学，上课人数太多也会使学生吸收知识的效果大打折扣，效率不高，这也说明意识形态的教育方式和传播途径需要有所创新。

（4）人才缺乏，供需矛盾

根据与高校老师和辅导员的访谈结果，大部分高校缺乏面向学生的专业网络意识形态安全教育人才。人才的缺乏直接导致课程开设方面不能满足学生要求，比如现存的涉及网络意识形态安全教育方面的课程中，除了政治思修类课程以及国际形势类课程是所有大学生的必修课程，其他课程都是面向部分学生开设，如新闻宣传与舆论引导类面向新闻学院学生开设，网络技术安全课程以学校公选课形式存在或者是面向信息学院的学生开设，选修人数有限。

此外，在宣传领域，学校官微是对学生进行网络意识形态安全教育的很好的平台，但是部分学校在建设官微中缺乏创造性人才，官微运营者缺乏一定的媒介素养,能熟练运用各种宣传技巧并迎合大学生语境、采取多种方式进行宣传的全媒体人才不多,导致官微并不能很好发挥它的教育作用。

五 大学生网络意识形态安全教育的对策

(一) 高校层面

1. 明确网络意识形态安全教育目标

大学生网络意识形态安全教育目标是为教育发展提供方向,也是开展大学生网络意识形态安全教育活动的首要步骤。具体来说,其目标是通过教育实践将主流意识形态传递给大学生网民,增进其对网络意识形态现状的了解,同时将反映社会意识形态本质的网络意识形态内化为自身的思想体系和行为准则,并能外化为其自觉维护社会主义意识形态,抵制异质性意识形态的一系列行为。

2. 创新高校思想政治教育课堂方式

高校思想政治理论教育对于大学生的人生观、价值观和世界观的塑造发挥重要作用,习近平曾强调:"高校思想政治工作关系高校培养什么样的人、如何培养人以及为谁培养人这个根本问题。"把思想政治工作贯穿教育教学全过程,关键是要发挥好高校思想政治理论课程的意识形态塑造作用。

首先,高校在教学实践中应该适度开放更多的空间进行内容开放的讨论。单方面的知识灌输缺乏互动,要增强教学效果,让思想政治理论入脑入心,必须让学生通过积极的讨论进行主动的思考;其次,做到理论与社会实际的相互结合。通过对具体案例的现实分析,积极挖掘现实事件的意识形态本质,才能更好改善大学生的认知,引发主流意识形态认同;最后,推动网络意识形态教育的长期化、系统化。当前很多网络意识形态教学工作往往以"零散""任务式"的形式开展,但网络意识形态的教育应当是长期而系统的,如此才真正有利于学生主流意识形态的内化。

3. 壮大高校意识形态安全教育

高校意识形态安全教育队伍主要由思想政治理论课程的老师和高校辅导员组成。教育队伍的质量决定着教学质量和学生意识形态教育的质量，要想在学生意识形态教育方面取得成效，必须保证教育队伍质量高水平发展。

首先，严格仔细选拔、培训、管理思想政治理论课教师队伍，努力打造一支"既能把专业知识讲得透彻，又能真正走进学生内心"的教学团队。高校教师要坚持教育者先受教育，通过学习精品示范课堂的教育方式，吸取精华，不断更新教育理念和教育手法，积极跟上时代步伐，生动形象地进行传播教育，营造一个良好的课堂学习氛围。同时，可以通过引入全新课堂考核机制，例如将学生意见和反馈、学习效果纳入考核因素，激励高校教师的工作热情，做到真正把教育模式创新落实到实践层面。

其次，积极调动高校辅导员工作积极性，通过辅导员掌握学生思想动态，并在日常生活中多与学生沟通，积极解决学生网上网下的问题。辅导员要深入学生群体，听取学生意见，做到及时反馈沟通，不断完善自身的意识形态教育模式，不能坐在办公室里做宣传工作和意识形态教育工作，要深入一线。

最后，加强高校基层工作者的思想建设。一些高校基层工作者缺乏一定的媒介素养、政治素养和工作素养，在实际工作中存在形式主义、官僚主义和教条主义的作风，人为造成学生与学校的割裂和二元对立，降低学校公信力和学生对学校的信任感，使意识形态教育工作效果大打折扣。因此，基层工作者要积极参与思想培训和工作方式培训，增强媒介素养、政治素养，学会运用科学的理论方法指导实践。

4. 发挥高校官媒传播引导及影响力

随着网络新技术革新，新媒体时代已经到来，微信、微博、知乎、豆瓣等社交性媒体平台发展迅猛，逐渐在媒体格局中占据一隅，掌握着不可忽视的话语权和传播力、引导力、影响力。CNNIC发布的第42次《中国互联网络发展状况统计报告》显示，截至2018年6月，我国网民规模已达 8.02 亿。而高校学生是新技术的较早接收者和采用者，更是网络使用的主力军之一。微信微博等社交媒体凝聚了大量的高校学生用户，在社交话语环境下结成高校群体和舆论。面对传播格局的嬗变，目前各大高校都顺应时代潮流，逐渐建立起官方微博、微信公众号等平台。据调查发现，高校官方媒介虽然已经在全国各地铺展开来，但在意识形态教育的影响力和传播效果方面，还存在着一定提升空间。

高校官方微信微博等平台应该建立固定的运营机制，配合高校的意识形态教育等相关活动，及时有效地更新，与时代呼声和国情大事接轨，定期推出意识形态教育，发挥好教育学生和传递信息的媒体功能，实现高校官方媒介栏目的品牌化和权威性，起到引导学生正确解读意识形态的作用。

高校官方微信微博平台在引导过程中，应当极力避免对社会意识形态宣传的政策、方针、会议内容生搬硬套的操作，而应与大学生的具体生活实际紧密结合，转变传播语态，以更为亲民、平等的姿态进行交流，运用大数据直观显示、H5 交互式、平台形象卡通化处理等解读方式，增强内容的可读性、趣味性，以喜闻乐见的形式将内容呈现给受众，做值得大学生信赖的官方媒体。

除此之外，高校媒介还可发起学生调查，定期收集和分析数据，得出本校学生画像特征，得知本校学生的爱好、心理特征、最近思想动态等，进而在"个性化"的理念指导下，有针对性地传播内容，及时答疑解惑。

在内容建设中，高校媒介应主动设置议程，在微博和微信平台发起话题和征集活动，建设投稿机制，鼓励大学生挖掘生活中的正能量、生活思想反馈等，发表用户生产内容，引导受众参与到意识形态建设中来。

在精细化经营已有的官方媒体平台同时，高校官方还应紧跟媒体潮流，积极进行新的平台建设。据了解，已有百所高校或团委入驻抖音、快手等短视频平台，开通了官方号。这一举措利用了短视频活泼、形象化、具象化、高校学生用户多的特点，在新的平台"开疆拓土"，主动建设网络意识形态安全教育阵地。

5. 各高校及社会媒体进行联动传播

高校意识形态教育还需和社会多方力量共同合作推进。各高校可按照省市单位联盟，打通高校之间的壁垒，和省级以上媒体进行联动，借助媒体资源整合优势和先进的传播技术，联动打造有思想、有温度、有品质的作品，在青少年价值观形成和确定的关键时期，"引导青少年扣好人生第一粒扣子"。

如在两会、党代会等政治事件，阅兵仪式、奥运会等重大媒介事件发生时，筛选出和大学生受众群相贴近的内容，适当补充背景介绍，加入大学生活特色元素，推出符合当前大学生生活、大学生感兴趣的短视频、卡通化形象符号、亲民化讲述的产品。借助优质媒介产品，各高校通过自身微博微信官方渠道和院系班集体间一对一地进行媒介产品投放，在平台上发起话题参与，形成高校群共同打造的高质量、高话题的学习和信息传达氛围建设。

除此之外，媒体应借助其资源优势，增设在校大学生的发声平台或者 H5 交互产品，和高校联动，发起宣传，号召参与，使大学生通过助力形式、在青年专属通道"青年说"等方式，发出属于大学生群体的声音，促进大学生的民情得以上达，提高大学生自动参与意识形态交流的积极性，构建互动有效的传播双向产品，做到"举旗帜、聚民心、育新人"的时代要求。

6. 营造和谐多元化的校园文化氛围

单一课堂学习逐渐不能满足价值取向多元化、文化需求多样化、渠道创新化的潮流趋势，阻碍了大学校园文化氛围建设，忽视了校园文化的作用和功能。从多元需求来看，校园文化建设必须在马克思主义思想的指导和社会主义核心价值引领下，进行改革创新，发挥其文明倡导、主流意识形态引领的作用。

高校需要突破单向的讲座模式，举办平等多元对话形式，在多方观点的交流和碰撞下，有利于激发学生自主思考，发现正确意识形态的合理性和重要性，从而更自觉地维护和遵循，达到"二面提示"的传播效果。

同时高校需要加强文化活动建设，依托红色文化节、"中国梦·我的梦"主题文化活动、"追寻革命足迹、传承红色基因"实践主题品牌活动建设,采取演讲、知识竞赛、朗诵比赛、摄影展、征文、合唱、视频征集等各种形式,使大学生有所发挥、有所参与、有所感受,体会到活力且具有正能量的校园氛围。通过日益文明和谐的校园文化氛围建设,吸引大学生在丰富多样的校园活动中逐渐树牢主流意识形态。

(二)学生层面

1. 主动学习,加深知识理解

作为网络意识形态安全教育的客体,大学生应该积极学习网络意识形态安全的相关知识:一方面,积极学习有关网络文化安全的相关法律法规,增强网络意识形态安全的法制意识;另一方面,通过媒介教学、课堂教学等多种形式,深入了解有关网络意识形态安全的相关内容,并在学习过程中主动发挥自我教育的主观能动性,将主流意识形态安全内容内化到自身的道德体系中。

2. 知行合一,强化责任意识

有关各群体对学生主流意识形态认同的影响程度调查显示,朋友/朋辈群体影响程度最大。这就意味着,大学生不仅要通过积极的学习了解、发自内心地接受、认同并信仰社会主义意识形态,更应该承担起维护网络意识形态安全的责任,积极地对身边的朋友施加影响。互联网的产生给予学生一个更为便捷的成为"意见领袖"的平台,大学生应该积极通过各种网络媒介积极宣传社会主义的一系列理论、方针、政策,揭示一系列社会"正能量"事件的主流意识形态本质,并通过平等开放的交流,引导自己身边的大学生群体积极思考并给予正当引导,并自觉与西方意识形态霸权作斗争。

3. 理性思考,提升辨别能力

泥沙俱下的网络信息流中蕴含着各种外来意识形态潜移默化间的渗透。一方面,大学生应当主动提升网络信息处理能力,学会将获取到的信息进行鉴别、归纳、分类、储存记忆,根据自己的经验与目标筛选网络信息;另一方面,大学生应当提升自我管控能力,在面对真假难辨的网络意识时不盲目轻信,随波逐流,而应时刻保持对西方意识形态领域渗透的警惕意识，一切行为以维护主流意识形态为出发点，承担作为社会主义接班人的责任。同时，大学生在学习中应不断提高自身的马克思主义思想水平，自觉抵制西方意识形态的宣传渗透，抵制拜金主义、享乐主义和极端个人主义等。在学习中不断培养批判思维，避免成为"单向度的人"。

参考文献：

陈振：《我国网络文化安全的法制建设》，《淮阴师范学院学报》（哲学社会科学版）2013年第1期。

高舰：《我国网络意识形态安全建设研究》，北京交通大学硕士论文，2016年。

何永利：《我国网络文化安全保障机制与体系构建》，合肥工业大学硕士论文，2012年。

贾海利：《互联网视角下我国意识形态传播存在的问题及对策研究》，河北师范大学硕士论文，2016年。

冯茜、黄明理：《中国网络主流意识形态面临的挑战与应对》，《华南师范大学学报》（社会科学版）2017年第4期。

何玄：《网络直播对大学生社会主义核心价值观教育的影响与对策研究》，电子科技大学硕士论文，2018年。

黄蓉，赵惜群：《大学生网络意识形态安全教育路径分析》，《当代教育理论和实践》2015年第7期。

李宁蒙：《我国网络文化安全政策分析》，《新闻世界》2014年第3期。

刘春泉：《网络安全法 执法管辖权需明确》，《第一财经日报》2017年11月1日。

刘镇、张凡龙、蒋一新：《视频社交软件对大学生思想意识形态影响的实证分析》，《中国多媒体与网络教学学报》2018年第8期。

马瑞妮：《网络文化安全建设的法律问题研究》，西安理工大学硕士论文，2007年。

秦红：《"互联网+"时代网络政治传播的困境和优化策略》，《湖北社会科学》2016年第9期。

邱小玲：《论执政党在网络技术条件下的意识形态建设》，《中共天津市委党校学报》2007年第4期。

谭玉、张涛、吕维霞：《大学生网络安全教育的国际比较及启示》，《电子政务》2017年第2期。

唐珊：《网络传播视角下我国意识形态安全问题研究》，湖北工业大学硕士论文，2015年。

王丹：《论"微时代"亚文化对大学生的负面影响——以人人网为例》，《东南传播》2012年第3期。

严建雯、汪莹：《大学生心理特征视阈下高校马克思主义理论学习的实证研究》，《思想教育研究》2012年第11期。

杨洋、胡近：《高校网络思想政治教育话语创新探析》，《中国电化教育》2018年第9期。

张宝君：《90后大学生心理特点解析与对策》，《思想理论教育导刊》2010年第4期。

张衡：《大学生网络安全教育的策略研究》，《科技与企业》编辑部会议论文集，2017年1月14日。

张志安、聂鑫：《互联网语境下意识形态传播的特点、挑战和对策》，《出版发行研究》2018年第9期。

钟乐海，《新时代提升高校主流意识形态话语权的必要性与实践路径研究——以网络空间话语权为视角》，《河南广播电视大学学报》2018年第4期。

翟洁：《意识形态及网络意识形态》，《赤子》2016年第3期。

周东怡、程瑶：《"微时代"背景下主流意识形态话语权构建探析》，《教育教学论坛》2018年第38期。

周福战、牟霖：《新时期高校网络意识形态工作的形势和对策》，《大连理工大学学报》（社会科学版）2017年第4期。

［意］安东尼奥·葛兰西：《狱中札记》，曹雷雨、姜丽、张跃译，中国社会科学出版社2000年版。

［德］马克思、恩格斯：《德意志意识形态》，中共中央马克思恩格斯列宁斯大林著作编译局译，人民出版社2003年版。

"Andrew Vincent, Ideology and the community of politics", *Journal of Political Ideologies*, Nov.19, 2007.

Christain Fuchs, "Society and ideological impacts of deep packet inspection internet surveillance", Apr.15, 2013.

Freeden, *Ideologies as communal resources*, in this symposium.

Freeden, op. cit., Ref.1, p.150.

WWW.HATE.COM: White Supremacist Discourse on the Internet and the Construction of Whiteness Ideology.

附：
广东省大学生网络意识形态安全教育现状调查

亲爱的同学：

您好！我们是来自广东外语外贸大学的学生，目前正在开展一项关于《广东省大学生网络意识形态安全教育现状》的研究。该问卷将作为学术研究的一部分，我们诚邀您填写本问卷。我们将对您的回答严格保密，请您放心填答。

最后，感谢您抽出宝贵的时间回答我们的问卷，谢谢您的支持！

【释义】网络意识形态：意识形态是与一定社会的经济、政治直接联系的观念、观点、概念的总和，它是社会的经济基础、政治制度、人与人的经济关系、政治关系的反映，如：奴隶主意识形态、封建主意识形态、资产阶级意识形态、无产阶级意识形态。网络意识形态是意识形态在网络空间的延伸。

您的基本资料（仅供研究之用，请放心作答）

1. 性别：（1）男 □ （2）女 □
2. 您的学校：_____
3. 您的学科：（1）文科 □ （2）理科 □ （3）工科 □ （4）艺术 □ （5）医学 □
4. 您的年级：（1）大一 □ （2）大二 □ （3）大三 □ （4）大四 □
5. 您的政治面貌：（1）群众 □ （2）党员 □ （3）民主党派 □
6. 你认为网络意识形态安全重要吗？**（打分题）**

（重要程度自左向右依次递增，不重要为1，非常重要5，请选择你认为的程度分值）

A. 1 □　　B. 2 □　　C. 3 □　　D. 4 □　　E. 5 □

7. 你认为网络意识形态安全重要的原因在于？**（多选）**

A. 宣传党的理论、路线和方针、政策，凝聚团结人心

B. 防止敌对势力的意识形态渗透

C. 意识形态无处不在

D. 出于维护社会和谐稳定的需要

E. 把握主动权，解决"失语就要挨骂"的问题

8. 你认为网络意识形态安全不重要的原因在于？**（多选）**

A. 在我们的教育体系中很少被强调

B. 过分强调意识形态限制了多元价值观发展

C. 当前的网络意识形态环境安全

D. 其他

9. 你认为网络意识形态工作内容有哪些？**（多选）**

A. 线下的理论创新

B. 线上的网络舆论引导

C. 加强网络意识形态安全教育

D. 加强党管意识形态的作用

E. 完善网络安全相关的法律法规

F. 宣传主流价值观抵御外来异质文化影响

G. 加强文化自信

H. 其他 _____

10. 《网络安全法》已于2017年6月1日起施行，你可听说过，可有关注？

A. 一直在关注

B. 听说过，没具体关注

C. 没听过，也没关注

11. 你认为《网络安全法》的施行，是否有利于大学生网络意识形态安全工作的开展？

A. 有帮助

B. 大概有帮助，但是不知道是什么帮助

C. 没帮助

D. 不清楚

12. 你认为当前大学生网络意识形态安全工作的挑战主要来自哪些方面？（多选）

A. 理论对现实问题解释力不够

B. 网络信息良莠不齐，真假难辨

C. 高校意识形态教育机制不健全

D. 党管意识形态，但具体责任不清

E. 西方意识形态通过网络进行渗透

13. 你认为你所属学校的官方微信公众号的影响力如何？（打分题）

（自左向右依次递增，影响力最小为1，最大为5，请选择你认为的程度分值）

A. 1 □   B. 2 □   C. 3 □   D. 4 □   E. 5 □

14. 你认为你所属学校的官方微信公众号在意识形态安全教育和引导方面做得如何？（打分题）

（自左向右依次递增，影响力最小为1，最大为5，请选择你认为的程度分值）

15. 你认为以下群体对学生主流意识形态认同影响程度如何？（打分题）

（自左向右依次递增，影响程度最小为1，最大为5，请选择你认为的影响程度分值）

群体	1分	2分	3分	4分	5分
朋友/朋辈					
家人					
思政课教师					
专业课老师					
其他哲学社科课程教师					
辅导员					
行政人员					

16. 对于党和国家的一些政策、主张等，有些人会在微信朋友圈或是微博上发出一些质疑或抨击之声，这是否会影响您对这些政策、主张的评判？

A. 影响很大

B. 影响较大

C. 影响很小

D. 影响较小

E. 没有影响

17. 你会不会在社交平台上转发、评论党的理论、路线、方针、政策等相关内容（如十九大会议内容等）

A. 评论+转发

B. 只评论

C. 只转发

D. 不评论不转发，但是点开看

E. 不理会这类信息

18. 当您看到关于我们国家、政府的负面信息会怎么做？

A. 直接转发

B. 弄清楚状况

C. 看情况，但持悲观态度

D. 不关心

19. 你是否主动维护网络意识形态安全，如在网络平台上澄清举报网络谣言？

A. 全部会

B. 大部分会

C. 看情况，较少

D. 不会

20. 你学校设置了以下哪些网络安全教育课程呢？（多选）

A. 计算机公共类（涉及网络安全方面的）

B. 思想政治教育类

C. 新闻宣传和舆论引导

D. 国际形势类课程

E. 网络安全法制类

F. 网络心理健康和道德教育类

21. 你学校的网络意识形态安全教育主要以哪种形式开展呢？（多选）

A. 课程（包括线上和线下）

B. 讲座

C. 比赛

D. 宣传栏

E. 社会实践

F. 其他 _____

22. 你认为高校在网络意识形态安全教育课程中存在哪些问题？**（多选）**

A. 课程空洞、难懂

B. 课程上不能发表不同观点

C. 教学内容不与实际相结合

D. 只有理论学习，没有实践活动

E. 课堂灌输式单调学习

23. 有些人一听到"意识形态"就反感，你认为原因在于？

A. 讲述方式太刻板，不接地气

B. 传播方式落后于时代

C. 历史因素的影响

D. 意识形态领域应顺其自然，不需管控

E. 其他 _____

24. 当前大学生意识形态安全教育亟待创新，你认为哪个方面的创新最重要？

A. 思想政治教育方法创新

B. 意识形态教育工作管理机制创新

C. 意识形态理论宣传创新

D. 其他 _____

25. 你认为大学生网络意识形态安全教育重点是？

A. 创新教育模式，改变单一的教学方式

B. 运用新媒体提高学校思想政治理论课的成效

C. 纠正大学生对于意识形态领域的认识偏差

D. 其他 _____